NCS
한국산업
인력공단
직업능력평가

서원각 goseowon.com

PREFACE

우리나라 기업들은 1960년대 이후 현재까지 비약적인 발전을 이루었다. 이렇게 급속한 성장을 이룰 수 있었던 배경에는 우리나라 국민들의 근면성 및 도전정신이 있었다. 그러나 빠르게 변화하는 세계 경제의 환경에 적응하기 위해서는 근면성과 도전정신 이외에 또 다른 성장 요인이 필요하다.

최근 많은 공사·공단에서는 기존의 직무 관련성에 대한 고려 없이 인·적성, 지식 중심으로 치러지던 필기전형을 탈피하고, 산업현장에서 직무를 수행하기 위해 요구되는 능력을 산업부문별·수준별로 체계화 및 표준화한 NCS를 기반으로 하여 채용공고 단계에서 제시되는 '직무 설명자료'에서 제시되는 직업기초능력과 직무수행능력을 측정하기 위한 직업기초능력평가, 직무수행능력평가 등을 도입하고 있다.

한국산업인력공단에서도 업무에 필요한 역량 및 책임감과 적응력 등을 구비한 인재를 선발하기 위하여 고유의 직업능력평가를 치르고 있다. 본서는 한국산업인력공단 신입사원 채용대비를 위한 필독서로 한국산업인력공단 직업능력평가의 출제경향을 철저히 분석하여 응시자들이 보다 쉽게 시험유형을 파악하고 효율적으로 대비할 수 있도록 구성하였다.

신념을 가지고 도전하는 사람은 반드시 그 꿈을 이룰 수 있습니다. 처음에 품은 신념과 열정이 취업 성공의 그 날까지 빛바래지 않도록 서원각이 수험생 여러분을 응원합니다.

STRUCTURE

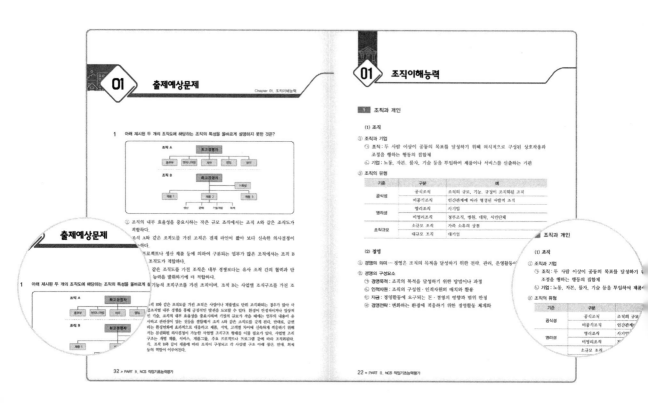

핵심이론 정리

NCS 기반 직업기초능력평가에 대해 핵심적으로 알아야 할 이론을 체계적으로 정리하여 단기간에 학습할 수 있도록 하였습니다.

출제예상문제

적중률 높은 영역별 출제예상문제를 상세하고 꼼꼼한 해설과 함께 수록하여 학습 효율을 확실하게 높였습니다.

면접

면접의 기본과 면접기출을 수록하여 취업의 마무리까지 깔끔하게 책임집니다.

CONTENTS

PART

I

한국산업인력공단 소개

01 기업소개

1 비전 및 경영전략체계

(1) 설립목적

근로자 평생학습의 지원, 직업능력개발훈련의 실시, 자격검정, 숙련기술장려사업 및 고용촉진 등에 관한 사업을 수행하게 함으로써 산업인력의 양성 및 수급의 효율화를 도모하고 국민경제의 건전한 발전과 국민복지 증진에 이바지한다(한국산업인력공단법 제 1조).

(2) 미션과 비전

미션	**우리는 기업과 근로자의 인적자원개발을 지원하여 일을 통해 행복한 나라를 만든다.** 한국산업인력공단 전 임직원은 최고의 HRD 서비스를 통해 기업과 근로자가 지속 성장·발전할 수 있도록 지원하여 국민경제의 건전한 발전과 복지증진에 기여하겠습니다.
비전	**전 국민의 평생고용 역량을 키우는 No.1 HRD 파트너** **"Beyond Job, Towards Lifetime Value"** 공단의 인적자원개발 사업을 통해 국민 누구나 안정적인 고용을 유지하고 변화에 적응하여 경력개발을 할 수 있도록 지원하는 고객이 가장 먼저 찾는 최고의 파트너가 되겠습니다.

(3) 경영전력체계

① 핵심가치
  ㉠ Harmony 화합·소통
  ㉡ Responsibility 책임
  ㉢ Diversity 다양성
  ㉣ Know-how 전문성

② 전략목표 및 전략과제

전략목표	전략과제
맞춤형 직업능력개발 지원 강화	• 일-학습 병행을 통한 현장 직무 적응력 제고 • 수요자 중심 훈련 지원을 통한 직무능력 향상 • 숙련기술을 통한 맞춤형 취업역량 향상
현장 중심의 직업능력평가 역할 제고	• 현장중심 NCS 활용을 통한 공정 평가 확산 • 국가자격 공정평가체계 강화 • 산업현장을 반영한 자격·일자리 연계 강화
글로벌 플랫폼 기반 일자리 지원 강화	• 우수 외국인력 도입을 통한 중소기업 성장 지원 • 글로벌 네트워크 연계 해외취업 내실화 • 국제 교류협력을 통한 인적교류 지원 강화
혁신을 통한 사회적 가치 실현	• 사회적 가치 창출을 위한 지속가능경영 확대 • 변화를 선도하는 기관 혁신역량 강화 • 미래 지향 업무방식 혁신 시스템 구축

2 주요업무

(1) 능력개발

① 일·학습병행 지원

② 지역·산업 맞춤형 인력양성체계 구축

③ 중소기업 HRD역량 강화 지원

④ 근로자 직무능력 향상 지원

⑤ 청년 및 취약층 일자리 지원

⑥ 전국민 능력개발 향상 지원

(2) 능력평가

① 국가자격시험 문제출제 및 관리

② 국가기술자격시험 시행

③ 국가전문자격시험 시행

④ 국가자격제도 개선

⑤ 자격종목 신설·폐지 및 정비

⑥ 국가자격정보 포털 Q-net 홈페이지 운영

⑦ 국가기술자격증 발급 및 관리

⑧ 국가자격취득자 계속교육 등 사후관리

⑨ NCS기반 및 출제기준 제·개정

⑩ 과정평가형자격제도

⑪ 국가역량체계(NQF)구축

(3) 외국인고용지원

① 고용허가제 한국어능력시험(EPS-TOPIK)시행

② 송출국가 현지주재원 운영

③ 외국인구직자 명부 인증·관리

④ 근로계약체결 및 사증발급인정서 발급 지원

⑤ 외국인근로자 입국지원

⑥ 외국인근로자 취업교육 및 대행업무 접수

⑦ 외국인근로자 고용·체류지원

⑧ 외국인고용허가제 관련 보험 업무

⑨ 송출국가 공공기관과의 협력체제 구축

⑩ 외국인근로자 관련 민간지원단체와의 협력

⑪ 고용특례(외국국적동포) 외국인 취업교육 실시

(4) 해외취업지원/국제교류협력

① 국가간·국제기구와의 교류협력

② 자격의 국가간 상호인정 사업

③ 개발도상국 직업훈련 사업 지원

④ 개성공단 직업훈련센터 운영

⑤ 해외취업 알선과 연수 과정 운영

⑥ K-Move

(5) 숙련기술진흥 · 기능경기대회

① 대한민국명장, 숙련기술전수자, 우수숙련기술인 선정/지원

② 이달의 기능한국인 선정/홍보

③ 숙련기술장려캠페인 등 숙련기술인 우대 풍토조성

④ 대한민국산업현장 교수단 구축/운영

⑤ 숙련기술인 국민스타화 사업

⑥ 국내기능경기 개최, 국제기능올림픽대회 개최 및 참가

⑦ 민간기능경기 개최 지원

(6) 국가직무능력표준(NCS)

① 국가직무능력표준(NCS) 개발 및 활용 · 확산

② NCS 및 활용패키지 개발 · 보급 및 매뉴얼 관리

③ NCS 워킹그룹(WG) 심의위원회 운영 · 관리

④ NCS 활용 관련 SC, RC 협력 및 지원

⑤ NCS 기반 훈련기준 정비 · 고시

⑥ NCS 기업 활용 컨설팅 지원

⑦ 공공기관 NCS 활용 지원

⑧ NCS 통합포털사이트 관리

⑨ NCS 기반 근로자 경력개발지원, 직업기초능력 관리

⑩ NCS Q&A센터, NCS 위키피디아 운영

02 채용안내

1 인재상 및 인사교육제도

(1) 인재상

人材像 : HRDKorea-Star	
Human(인간답고)	⇒ 사회인
Reformative(창조적이며)	⇒ 창조인
Dynamic(열정적인)	⇒ 행동인
Knowledge based Learner(지식기반 학습인)	⇒ 학습인

(2) 인사교육제도

① 인사교육제도 … 공정한 평가와 실적중심의 인사관리

　㉠ 정기승급 : 매년 1회

　㉡ 승진 : 능력과 성과에 따른 공정한 승진인사 실시(승진검증을 위한 승진자격Pass제 실시)

　㉢ 이동배치 : 순환전보 원칙하에 근무희망을 반영한 적재적소 배치 구현

　㉣ 평가/보상 : 인사평가의 공정성 제고를 위한 전산시스템 구축, 평가제도 고도화

　㉤ 근무처 : 본부, 부설기관, 지역본부 및 지사

　㉥ 근무시간

　　• 전일제(주 40시간) : 월~금요일(09:00~18:00), 주 5일 근무

　　• 시간선택제(20시간) : 월~금요일(09:00~14:00 또는 14:00~18:00), 주 5일 근무

　㉦ 휴가 : 연차휴가, 특별휴가 등

② 직원의 핵심역량 강화 및 경쟁우위의 핵심인재 육성

　㉠ 성과지향 직무역량 교육
- 공단의 목표와 비전 달성을 위한 직무중심의 전문인력 육성교육 실시
- HRD(능력개발)전문가, 자격관리전문가, 국제인력전문가 육성을 위한 교육과정 체계화

　㉡ 역할지향 리더십역량 교육 : 직급별 교육니즈 발굴을 통한 맞춤형 교육 실시
　　※ 글로벌비즈니스리더(1급), 가치창출리더(2급), 목표지향리더(3급), 성과중심리더(4~5급), 자기개발리더(6급)과정으로 직급별 리더십교육 차별화

　㉢ 가치지향 공통역량 교육 : CEO의 경영방침, 조직의 핵심가치, 공직자의 수행태도 등에 초점을 두고 전 임직원이 공통적으로 갖추어야 할 가치함양교육실시

　㉣ 미래지향 핵심리더 육성
- 공단을 이끌어 갈 잠재인력을 선발하여, 소양과 역량을 키움으로써 지속가능성장을 구현하기 위한 장기교육과정
- HRD정책역량, 경영스킬 및 이론 및 고급관리자로 성장할 수 있도록 관리역량 배양

　㉤ 변화지향 R&D역량 교육
- 공단의 연구역량을 강화하고 우수성과물을 공유함으로써, 위기대응과 발전을 위한 역량배양과정
- 연구직 장기교육과정, R&D 컨퍼런스, 국가직무능력표준전문인력 양성과정 등

　㉥ 상시학습문화 조성
- 역량기반 경력개발제도(CDP) 및 e-HRD시스템 구축
- 문제해결중심 학습조직(CoP) 활성화
- 자기주도학습(Self-Directed Learning) 지원 확대

(1) 채용분야 및 인원

일반직 6급(총 85명)

모집 단위		합계	서울·인천 권역	강원 지역	부산 권역	대구 권역	광주 권역	제주 지역	대전 권역
구분		85	17	2	15	17	18	1	15
일반	일반행정	55	12		4	13	13		13
	데이터 분석	2			2				
	정보기술	2			2				
공단 인턴경력자	일반행정	6	2		1	1	1		1
울산지역 인재	데이터 분석	3			3				
	정보기술	2			2				
고졸 인재	일반행정	6	1		1	1	2		1
지역제한 (강원, 제주)	일반행정	3		2				1	
장애	일반행정	3	1			1	1		
보훈	일반행정	3	1			1	1		

※ 서울·인천권(서울, 인천, 수원, 의정부, 성남, 안성, 부천), 강원(춘천, 강릉), 부산권(부산, 창원, 울산, 진주), 대구권(대구, 안동, 포항, 구미), 광주권(광주, 전주, 순천, 목포), 대전권(대전, 청주, 천안, 세종)

※ 데이터분석, 정보기술 : 울산 배치예정

※ 채용분야·권역별 중복지원 불가하며, 추후 지사신설 등 조직개편에 따라 권역별 지사소재 지역 확대(변경) 가능

(2) 지원자격 및 근무조건

① 지원자격

구분	지원자격
모든 지원자 공통조건	• 최종합격자 발표 후 임용 즉시 근무가능한 자(불가능시 합격취소) • 국가공무원법 제33조 및 우리 공단 인사규정 제24조의 결격사유에 해당하지 않는 자로서 남자는 병역을 필하였거나 면제된 자(단, 고졸인재 지원자는 병역과 무관하게 지원 가능) • 성별 및 연령 제한 없음. 다만, 공단 인사규정 제48조(정년)에 따라 만60세 이상자는 지원할 수 없음
일반 (일반행정, 데이터분석, 정보기술)	• 제한없음(학력, 거주지역 등에 관계없이 지원가능)
공단 인턴경력자 (일반행정)	• 2018년 7월 이후 우리 공단 청년인턴 수료자 – 해당 청년인턴 근무 기간 중 중도퇴사한 미수료자는 동 모집단위 지원불가
울산지역인재 (데이터분석, 정보기술)	• 「혁신도시조성 및 발전에 관한 특별법」 제29조의 2(이전공공기관 등의 지역인재 채용 등)에 따라 대학원을 제외한 <u>최종학력 기준*, 울산광역시에 소재한 대학교나 고등학교를 졸업**</u>하였거나 졸업예정인 자 * 사이버대학, 평생교육기관, 독학학위 취득자, 학점인정학위 취득자 등은 해당학력을제외한 최종학력 기준 ** 접수마감일 기준 졸업증명서 또는 졸업예정증명서 제출이 가능하여야 함
고졸인재 (일반행정)	• 접수마감일 기준, 최종학력이 고졸이거나, '22. 2월 고등학교 졸업예정인 자 – 접수마감일 기준, 고교 검정고시 합격자, 대학 중퇴자 지원 가능 – 접수마감일 기준, 전문학사 이상 학위 취득(예정)자 지원 불가(수업연한 마지막 학기 재·휴학 또는 졸업유예자 지원 불가하며, 졸업예정자가 아닌 대학 재학, 휴학 중인 자는 지원 가능)
지역제한–강원, 제주 (일반행정)	• 접수마감일 기준, 주민등록 주소지 기준 해당지역(강원도, 제주도) 거주자
장애 (일반행정)	• 접수마감일 현재, 「장애인복지법」 제32조에 따른 등록 장애인
보훈 (일반행정)	• 접수마감일 기준, 「국가유공자 등 예우 및 지원에 관한 법률」에 따른 취업지원대상자 ※ 접수마감일 기준 취업지원대상자 자격유지자에 한함 ※ 가점 비율은 국가보훈처에서 발급하는 취업지원대상자 증명서에 따름

② 근무조건
- 수습임용 기간(3개월) 근로 후 소정의 평가를 거쳐 정규임용
- 보수 및 복무 등 : 공단 규정에 따름
- 권역(지역)별 모집단위 최종합격자는 공단 규정에 준하여 임용 후 5년 간 해당 권역
  (지역) 소재기관에서 근무하여야 함
※ 단, 직제개편, 정원의 변경 또는 이사장이 필요하다고 인정할 때에는 예외 적용가능

(3) 전형절차 및 일정

① 채용전형 절차

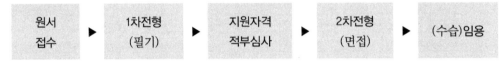

원서 접수 ▶ 1차전형(필기) ▶ 지원자격 적부심사 ▶ 2차전형(면접) ▶ (수습)임용

※ 1차 전형 합격자에 한하여 2차 전형단계 응시 가능

② 채용일정

구분	전형 일정(일시)	합격자 발표	비고
지원서 접수	8. 2(월)~8. 11(수) 15시까지		인터넷 접수
1차전형 (필기시험)	8. 28(토) 오전 10시	9. 7(화) 17시 예정	시험당일 09:30까지 시험장 입실완료
	지역(예정) : 서울, 부산, 대구, 광주, 대전		
지원자격 적부심사	9. 2(목)~9. 3(금) 중		
2차전형 (면접시험)	9. 13(월)~9. 16(목) 중, 울산(예정)	9.30(목) 17시 예정	일시, 장소 등 세부내용 별도 공지 예정

※ 필기 및 면접 전형 장소 등 세부사항은 대상자에게 별도 공지 예정
※ 필기 시험장소는 지원한 권역별로 지정지역에서 시행되며, 장소 변경요청 불가(권역별 지원인원이 시험장 수용인원을 초과하는 경우, 지원순서 등에 따라 인근 타지역 시험장으로 배정가능)
※ 상기 내용은 사정에 따라 변경될 수 있으며, 변경 시 지원서를 접수한 채용사이트 등을 통해 안내예정

㉠ 1차 전형(필기시험)

모집단위		평가영역(문항수)	총 문항수	시험시간	비고
일반직 6급	일반행정	직업능력(40), 한국사(20), 영어(20)	80문항	80분	객관식 5지 택일형
	정보기술	직업능력(20), 한국사(20), 전산학(40)	80문항		
	데이터분석	직업능력(20), 한국사(20), 데이터분석(40)	80문항		

※ 직업능력 : 조직이해능력, 의사소통능력, 수리능력, 문제해결능력, 직업윤리, 자원관리능력 및 직무수행능력(직무 상황에 관한 처리, 대응능력 등)을 평가

※ 한국사 : 전 범위

※ 영어 : 문법, 어휘, 독해, 비즈니스 영어 등

※ 데이터분석 : 조사방법론, 통계학개론

※ 전산학 : 전산학개론(데이터베이스, 전자계산기구조, 운영체제, 소프트웨어공학, 데이터통신)

• 합격자 결정기준 : 모집단위별 필기시험 총점의 60% 이상 득점자 중 가산점을 가산한 총점 고득점 순으로 채용예정인원의 2~5배수 선발

※ 단, 채용인원 1명인 모집단위의 경우 5배수, 채용인원 2명인 경우 3배수, 채용인원 3명이상인 경우 2배수 선발(동점자 발생 시 직업능력영역 고득점자 순 합격자결정)

㉡ 2차 전형(직무수행능력면접)

• 대상 : 필기전형 합격자

• 평가내용 : 모집단위별 NCS기반 채용 직무기술서 참고

※ 면접방법은 다(多)대 다(多) 질의응답 방식 및 집단토론 방식 병행예정(상세내용 추후공지 예정)

• 합격자 결정기준 : 모집단위별 면접전형 총점의 60% 이상 득점자 중 가산점을 가산한 총점의 고득점 순으로 채용예정인원 1배수 선발

※ 동점자 발생시 필기전형(가산점포함) 고득점자 순 합격자 결정

03 관련기사

산업인력공단, 해외취업 원하는 청년에 최고 파트너

– 취업 정보에서 모의 면접·이력서 첨삭까지 도움

산업인력공단이 해외 취업을 희망하는 청년들을 지원하기 위해 발 벗고 나섰다. 해외취업 K-Class는 일정 수준 이상 취업 준비가 된 구직자를 대상으로 한 해외취업 지원 심화 프로그램이다. 취업상담부터 기업분석, 이력서 첨삭, 모의면접까지 취업 전 과정을 지원한다. 미국과 일본, 사무직과 서비스직 등 국가와 직무별 과정을 개설하고, 해외 취업 경력자와 전문 강사를 섭외해 소수정예 과정으로 운영되는 게 특징이다.

이 프로그램은 수강생과 강사의 일대일 관리가 이뤄지는 만큼 수강생의 만족도가 높다. 공단이 수강생을 대상으로 자체 만족도 조사를 실시한 결과, 5점 만점에 4.54점을 기록했다. 수강생들은 컨설팅을 통한 취업 준비 수준 파악, 개인별 이력서 첨삭과 모의면접, 현지 취업자와 소통 프로그램 등에 호평을 쏟아냈다.

특히 모의면접이 취업에 큰 도움이 됐다는 평가다. 산업인력공단 관계자는 "화상면접에서 놓치기 쉬운 카메라 위치 같은 물리적 환경부터 개인별 면접 답변에 대한 피드백, 주요 질문에 대한 답변 방향을 세세하게 짚어준다"고 설명했다.

올해 3월 시작한 해외취업 K-Class는 벌써 13명의 청년에게 미국, 일본, 중동 지역에서 원하던 직장을 마련해줬다. 공단은 해외취업 K-Class 과정 종료 후에도 수료생에게 지속적으로 취업 정보를 제공하는 사후 관리 서비스도 제공한다.

공단은 올해 하반기 미국 디자인 분야와 일본 IT 과정 등을 확대해 운영할 계획이다. 어수봉 산업인력공단 이사장은 "해외취업에 관심 있는 구직자라면 4개 해외취업센터에서 운영 중인 해외취업 프로그램에 적극 참여하기 바란다"며 "앞으로도 청년의 열정을 뒷받침할 수 있는 다양한 프로그램을 마련하겠다"고 강조했다.

2021. 7. 26.

면접질문	• 현재 공단의 해외취업 프로그램을 보강한다면 어떤 것이 있을지 말해보시오.

NCS 도입 후... "이직률 줄고 신입사원 적응도 상승"

– 노동부–산인공, NCS 활용 사례집 발간

고용노동부와 한국산업인력공단은 21일 '일터 현장을 바꾸는 힘, 국가직무능력표준(NCS) 활용 우수사례집'을 발간한다고 20일 밝혔다.

NCS는 산업현장에서 직무를 수행하는데 필요한 능력을 국가가 표준화 것으로, 이 사례집은 NCS를 활용하고 있는 기업, 공공기관, 특성화고, 훈련기관 등 13곳의 운영사례와 성과를 소개했다.

서울랜드, 스코넥엔터테인먼트, 디오텍코리아, 거제제일해양, 대한미용사회중앙회, 산전정밀, 아메코시스템, 한국우편사업진흥원, 한국전력거래소, 한국남동발전, 창원기계공고, 그린자동차직업전문학교, 우진플라임 등이다.

일례로 서울랜드는 평균 근속연수 1년 미만으로 인력난에 시달렸으나 유원시설 업무특성을 반영한 NCS 기반의 채용방식으로 바꾼 후 월평균 이직률이 9.7%→4%로 감소했다.

전력거래소는 신입사원 교육기간이 6개월에서 2개월로 단축됐고 응시자 만족도는 80% 이상을 유지했다. 남동발전 역시 맞춤형 인재 선발로 신입사원 조직적응도가 상승했다.

송홍석 노동부 직업능력정책국 국장은 "NCS가 일터 현장에서 사람을 키우는 일의 핵심 기제로 활용될 수 있도록 우수사례와 노하우를 공유하고 더 많은 기업의 참여를 독려하며 최선을 다해 지원하겠다"라고 밝혔다.

2021. 7. 20.

면접질문 • 국가직무능력표준(NCS)이 공정사회를 구현하는데 어떤 역할을 하는지 본인의 생각을 말해보시오.

PART

II

NCS 직업기초능력평가

01 조직이해능력

1 조직과 개인

(1) 조직

① 조직과 기업
　㉠ 조직: 두 사람 이상이 공동의 목표를 달성하기 위해 의식적으로 구성된 상호작용과 조정을 행하는 행동의 집합체
　㉡ 기업: 노동, 자본, 물자, 기술 등을 투입하여 제품이나 서비스를 산출하는 기관

② 조직의 유형

기준	구분	예
공식성	공식조직	조직의 규모, 기능, 규정이 조직화된 조직
	비공식조직	인간관계에 따라 형성된 자발적 조직
영리성	영리조직	사기업
	비영리조직	정부조직, 병원, 대학, 시민단체
조직규모	소규모 조직	가족 소유의 상점
	대규모 조직	대기업

(2) 경영

① 경영의 의미 … 경영은 조직의 목적을 달성하기 위한 전략, 관리, 운영활동이다.

② 경영의 구성요소
　㉠ 경영목적: 조직의 목적을 달성하기 위한 방법이나 과정
　㉡ 인적자원: 조직의 구성원·인적자원의 배치와 활용
　㉢ 자금: 경영활동에 요구되는 돈·경영의 방향과 범위 한정
　㉣ 경영전략: 변화하는 환경에 적응하기 위한 경영활동 체계화

③ 경영자의 역할

대인적 역할	정보적 역할	의사결정적 역할
• 조직의 대표자	• 외부환경 모니터	• 문제 조정
• 조직의 리더	• 변화전달	• 대외적 협상 주도
• 상징자, 지도자	• 정보전달자	• 분쟁조정자, 자원배분자, 협상가

(3) 조직체제 구성요소

① **조직목표** … 전체 조직의 성과, 자원, 시장, 인력개발, 혁신과 변화, 생산성에 대한 목표

② **조직구조** … 조직 내의 부문 사이에 형성된 관계

③ **조직문화** … 조직구성원들 간에 공유하는 생활양식이나 가치

④ **규칙 및 규정** … 조직의 목표나 전략에 따라 수립되어 조직구성원들이 활동범위를 제약하고 일관성을 부여하는 기능

예제 1

주어진 글의 빈칸에 들어갈 말로 가장 적절한 것은?

> 조직이 지속되게 되면 조직구성원들 간 생활양식이나 가치를 공유하게 되는데 이를 조직의 (㉠)라고 한다. 이는 조직구성원들의 사고와 행동에 영향을 미치며 일체감과 정체성을 부여하고 조직이 (㉡)으로 유지되게 한다. 최근 이에 대한 중요성이 부각되면서 긍정적인 방향으로 조성하기 위한 경영층의 노력이 이루어지고 있다.

① ㉠ : 목표, ㉡ : 혁신적 　　　② ㉠ : 구조, ㉡ : 단계적

③ ㉠ : 문화, ㉡ : 안정적 　　　④ ㉠ : 규칙, ㉡ : 체계적

[출제의도]
본 문항은 조직체계의 구성요소들의 개념을 묻는 문제이다.
[해설]
조직문화란 조직구성원들 간에 공유하게 되는 생활양식이나 가치를 말한다. 이는 조직구성원들의 사고와 행동에 영향을 미치며 일체감과 정체성을 부여하고 조직이 안정적으로 유지되게 한다.

답 ③

---

(4) 조직변화의 과정

환경변화 인지 → 조직변화 방향 수립 → 조직변화 실행 → 변화결과 평가

(5) 조직과 개인

개인	지식, 기술, 경험 →	조직
	← 연봉, 성과급, 인정, 칭찬, 만족감	

2 조직이해능력을 구성하는 하위능력

(1) 경영이해능력

① 경영 … 경영은 조직의 목적을 달성하기 위한 전략, 관리, 운영활동이다.
　㉠ 경영의 구성요소 : 경영목적, 인적자원, 자금, 전략
　㉡ 경영의 과정

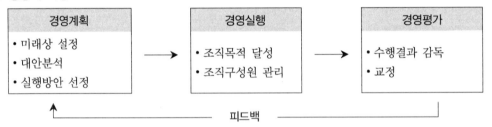

　㉢ 경영활동 유형
　　• 외부경영활동 : 조직외부에서 조직의 효과성을 높이기 위해 이루어지는 활동이다.
　　• 내부경영활동 : 조직내부에서 인적, 물적 자원 및 생산기술을 관리하는 것이다.

② 의사결정과정
　㉠ 의사결정의 과정
　　• 확인 단계 : 의사결정이 필요한 문제를 인식한다.
　　• 개발 단계 : 확인된 문제에 대하여 해결방안을 모색하는 단계이다.
　　• 선택 단계 : 해결방안을 마련하며 실행가능한 해결안을 선택한다.
　㉡ 집단의사결정의 특징
　　• 지식과 정보가 더 많아 효과적인 결정을 할 수 있다.
　　• 다양한 견해를 가지고 접근할 수 있다.
　　• 결정된 사항에 대하여 의사결정에 참여한 사람들이 해결책을 수월하게 수용하고, 의사소통의 기회도 향상된다.
　　• 의견이 불일치하는 경우 의사결정을 내리는데 시간이 많이 소요된다.
　　• 특정 구성원에 의해 의사결정이 독점될 가능성이 있다.

③ 경영전략

　㉠ 경영전략 추진과정

전략목표설정	환경분석	경영전략 도출	경영전략 실행	평가 및 피드백
• 비전 설정 • 미션 설정	• 내부환경 분석 • 외부환경 분석 （SWOT 등）	• 조직전략 • 사업전략 • 부문전략	• 경영목적 달성	• 경영전략 결과 평가 • 전략목표 및 경영전략 재조명

　㉡ 마이클 포터의 본원적 경쟁전략

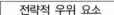

		전략적 우위 요소	
		고객들이 인식하는 제품의 특성	원가우위
전략적 목표	산업전체	차별화	원가우위
	산업의 특정부문	집중화	
		（차별화 + 집중화）	（원가우위 + 집중화）

예제 2

다음은 경영전략을 세우는 방법 중 하나인 SWOT에 따른 어느 기업의 분석결과이다. 다음 중 주어진 기업 분석 결과에 대응하는 전략은?

강점(Strength)	• 차별화된 맛과 메뉴 • 폭넓은 네트워크
약점(Weakness)	• 매출의 계절적 변동폭이 큼 • 딱딱한 기업 이미지
기회(Opportunity)	• 소비자의 수요 트렌드 변화 • 가계의 외식 횟수 증가 • 경기회복 가능성
위협(Threat)	• 새로운 경쟁자의 진입 가능성 • 과도한 가계부채

내부환경 외부환경	강점(Strength)	약점(Weakness)
기회 (Opportunity)	① 계절 메뉴 개발을 통한 분기 매출 확보	② 고객의 소비패턴을 반영한 광고를 통한 이미지 쇄신
위협 (Threat)	③ 소비 트렌드 변화를 반영한 시장 세분화 정책	④ 고급화 전략을 통한 매출 확대

[출제의도]
본 문항은 조직이해능력의 하위능력인 경영관리능력을 측정하는 문제이다. 기업에서 경영전략을 세우는데 많이 사용되는 SWOT분석에 대해 이해하고 주어진 분석표를 통해 가장 적절한 경영전략을 도출할 수 있는지를 확인할 수 있다.

[해설]
② 딱딱한 이미지를 현재 소비자의 수요 트렌드라는 환경 변화에 대응하여 바꿀 수 있다.

답 ②

④ 경영참가제도

  ㉠ 목적

    • 경영의 민주성을 제고할 수 있다.
    • 공동으로 문제를 해결하고 노사 간의 세력 균형을 이룰 수 있다.
    • 경영의 효율성을 제고할 수 있다.
    • 노사 간 상호 신뢰를 증진시킬 수 있다.

  ㉡ 유형

    • 경영참가 : 경영자의 권한인 의사결정과정에 근로자 또는 노동조합이 참여하는 것
    • 이윤참가 : 조직의 경영성과에 대하여 근로자에게 배분하는 것
    • 자본참가 : 근로자가 조직 재산의 소유에 참여하는 것

예제 3

다음은 중국의 H사에서 시행하는 경영참가제도에 대한 기사이다. 밑줄 친 이 제도는 무엇인가?

> H사는 '사람' 중심의 수평적 기업문화가 발달했다. H사는 이 제도의 시행을 통해 직원들이 경영에 간접적으로 참여할 수 있게 하였는데 이에 따라 자연스레 기업에 대한 직원들의 책임 의식도 강화됐다. 참여주주는 8만2471명이다. 모두 H사의 임직원이며, 이 중 창립자인 CEO R은 개인주주로 총 주식의 1.18%의 지분과 퇴직연금으로 주식총액의 0.21%만을 보유하고 있다.

① 노사협의회제도
② 이윤분배제도
③ 종업원지주제도
④ 노동주제도

---

(2) 체제이해능력

① 조직목표 : 조직이 달성하려는 장래의 상태

  ㉠ 조직목표의 기능

    • 조직이 존재하는 정당성과 합법성 제공
    • 조직이 나아갈 방향 제시
    • 조직구성원 의사결정의 기준
    • 조직구성원 행동수행의 동기유발
    • 수행평가 기준
    • 조직설계의 기준

ⓛ 조직목표의 특징

- 공식적 목표와 실제적 목표가 다를 수 있음
- 다수의 조직목표 추구 가능
- 조직목표 간 위계적 상호관계가 있음
- 가변적 속성
- 조직의 구성요소와 상호관계를 가짐

② 조직구조

ㄱ 조직구조의 결정요인 : 전략, 규모, 기술, 환경

ㄴ 조직구조의 유형과 특징

유형	특징
기계적 조직	• 구성원들의 업무가 분명하게 규정 • 엄격한 상하 간 위계질서 • 다수의 규칙과 규정 존재
유기적 조직	• 비공식적인 상호의사소통 • 급변하는 환경에 적합한 조직

③ 조직문화

ㄱ 조직문화 기능

- 조직구성원들에게 일체감, 정체성 부여
- 조직몰입 향상
- 조직구성원들의 행동지침 : 사회화 및 일탈행동 통제
- 조직의 안정성 유지

ㄴ **조직문화 구성요소**(7S) : 공유가치(Shared Value), 리더십 스타일(Style), 구성원(Staff), 제도·절차(System), 구조(Structure), 전략(Strategy), 스킬(Skill)

④ 조직 내 집단

ㄱ **공식적 집단** : 조직에서 의식적으로 만든 집단으로 집단의 목표, 임무가 명확하게 규정되어 있다.

예 임시위원회, 작업팀 등

ㄴ **비공식적 집단** : 조직구성원들의 요구에 따라 자발적으로 형성된 집단이다.

예 스터디모임, 봉사활동 동아리, 각종 친목회 등

(3) 업무이해능력

① 업무 : 업무는 상품이나 서비스를 창출하기 위한 생산적인 활동이다.

    ㉠ 업무의 종류

부서	업무(예)
총무부	주주총회 및 이사회개최 관련 업무, 의전 및 비서업무, 집기비품 및 소모품의 구입과 관리, 사무실 임차 및 관리, 차량 및 통신시설의 운영, 국내외 출장 업무 협조, 복리후생 업무, 법률자문과 소송관리, 사내외 홍보 광고업무
인사부	조직기구의 개편 및 조정, 업무분장 및 조정, 인력수급계획 및 관리, 직무 및 정원의 조정 종합, 노사관리, 평가관리, 상벌관리, 인사발령, 교육체계 수립 및 관리, 임금제도, 복리후생제도 및 지원업무, 복무관리, 퇴직관리
기획부	경영계획 및 전략 수립, 전사기획업무 종합 및 조정, 중장기 사업계획의 종합 및 조정, 경영정보 조사 및 기획보고, 경영진단업무, 종합예산수립 및 실적관리, 단기사업계획 종합 및 조정, 사업계획, 손익추정, 실적관리 및 분석
회계부	회계제도의 유지 및 관리, 재무상태 및 경영실적 보고, 결산 관련 업무, 재무제표 분석 및 보고, 법인세, 부가가치세, 국세 지방세 업무자문 및 지원, 보험가입 및 보상업무, 고정자산 관련 업무
영업부	판매 계획, 판매예산의 편성, 시장조사, 광고 선전, 견적 및 계약, 제조지시서의 발행, 외상매출금의 청구 및 회수, 제품의 재고 조절, 거래처로부터의 불만처리, 제품의 애프터서비스, 판매원가 및 판매가격의 조사 검토

다음은 I기업의 조직도와 팀장님의 지시사항이다. H씨가 팀장님의 심부름을 수행하기 위해 연락해야 할 부서로 옳은 것은?

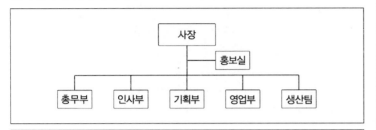

　　H씨! 내가 지금 너무 바빠서 그러는데 부탁 좀 들어줄래요? 다음 주 중에 사장님 모시고 클라이언트와 만나야 할 일이 있으니까 사장님 일정을 확인해주시구요. 이번 달에 신입사원 교육·훈련계획이 있었던 것 같은데 정확한 시간이랑 날짜를 확인해주세요.

① 총무부, 인사부
② 총무부, 홍보실
③ 기획부, 총무부
④ 영업부, 기획부

답 ①

[출제의도]
조직도와 부서의 명칭을 보고 개략적인 부서의 소관 업무를 분별할 수 있는지를 묻는 문항이다.
[해설]
사장의 일정에 관한 사항은 비서실에서 관리하나 비서실이 없는 회사의 경우 총무부(또는 팀)에서 비서 업무를 담당하기도 한다. 또한 신입사원 관리 및 교육은 인사부에서 관리한다.

　　ⓛ 업무의 특성
　　• 공통된 조직의 목적 지향
　　• 요구되는 지식, 기술, 도구의 다양성
　　• 다른 업무와의 관계, 독립성
　　• 업무수행의 자율성, 재량권

② 업무수행 계획
　　㉠ 업무지침 확인 : 조직의 업무지침과 나의 업무지침을 확인한다.
　　ⓛ 활용 자원 확인 : 시간, 예산, 기술, 인간관계
　　㉢ 업무수행 시트 작성
　　• 간트 차트 : 단계별로 업무의 시작과 끝 시간을 바 형식으로 표현
　　• 워크 플로 시트 : 일의 흐름을 동적으로 보여줌
　　• 체크리스트 : 수행수준 달성을 자가점검

Point ≫ 간트 차트와 플로 차트

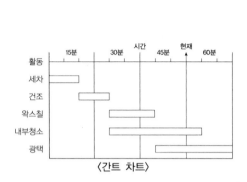
〈간트 차트〉

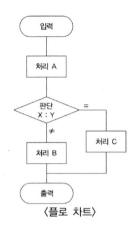
〈플로 차트〉

예제 5

다음 중 업무수행 시 단계별로 업무를 시작해서 끝나는 데까지 걸리는 시간을 바 형식으로 표시하여 전체 일정 및 단계별로 소요되는 시간과 각 업무활동 사이의 관계를 볼 수 있는 업무수행 시트는?

① 간트 차트
② 워크 플로 차트
③ 체크리스트
④ 퍼트 차트

---

③ 업무 방해요소
   ㉠ 다른 사람의 방문, 인터넷, 전화, 메신저 등
   ㉡ 갈등관리
   ㉢ 스트레스

(4) 국제감각

① 세계화와 국제경영
- ㉠ 세계화 : 3Bs(국경 ; Border, 경계 ; Boundary, 장벽 ; Barrier)가 완화되면서 활동범위가 세계로 확대되는 현상이다.
- ㉡ 국제경영 : 다국적 내지 초국적 기업이 등장하여 범지구적 시스템과 네트워크 안에서 기업 활동이 이루어지는 것이다.

② 이문화 커뮤니케이션 … 서로 상이한 문화 간 커뮤니케이션으로 직업인이 자신의 일을 수행하는 가운데 문화배경을 달리하는 사람과 커뮤니케이션을 하는 것이 이에 해당한다. 이문화 커뮤니케이션은 언어적 커뮤니케이션과 비언어적 커뮤니케이션으로 구분된다.

③ 국제 동향 파악 방법
- ㉠ 관련 분야 해외사이트를 방문해 최신 이슈를 확인한다.
- ㉡ 매일 신문의 국제면을 읽는다.
- ㉢ 업무와 관련된 국제잡지를 정기구독 한다.
- ㉣ 고용노동부, 한국산업인력공단, 산업통상자원부, 중소기업청, 상공회의소, 산업별인적자원개발협의체 등의 사이트를 방문해 국제동향을 확인한다.
- ㉤ 국제학술대회에 참석한다.
- ㉥ 업무와 관련된 주요 용어의 외국어를 알아둔다.
- ㉦ 해외서점 사이트를 방문해 최신 서적 목록과 주요 내용을 파악한다.
- ㉧ 외국인 친구를 사귀고 대화를 자주 나눈다.

④ 대표적인 국제매너
- ㉠ 미국인과 인사할 때에는 눈이나 얼굴을 보는 것이 좋으며 오른손으로 상대방의 오른손을 힘주어 잡았다가 놓아야 한다.
- ㉡ 러시아와 라틴아메리카 사람들은 인사할 때에 포옹을 하는 경우가 있는데 이는 친밀함의 표현이므로 자연스럽게 받아주는 것이 좋다.
- ㉢ 명함은 받으면 꾸기거나 계속 만지지 않고 한 번 보고나서 탁자 위에 보이는 채로 대화하거나 명함집에 넣는다.
- ㉣ 미국인들은 시간 엄수를 중요하게 생각하므로 약속시간에 늦지 않도록 주의한다.
- ㉤ 스프를 먹을 때에는 몸쪽에서 바깥쪽으로 숟가락을 사용한다.
- ㉥ 생선요리는 뒤집어 먹지 않는다.
- ㉦ 빵은 스프를 먹고 난 후부터 디저트를 먹을 때까지 먹는다.

출제예상문제

1　아래 제시된 두 개의 조직도에 해당하는 조직의 특성을 올바르게 설명하지 못한 것은?

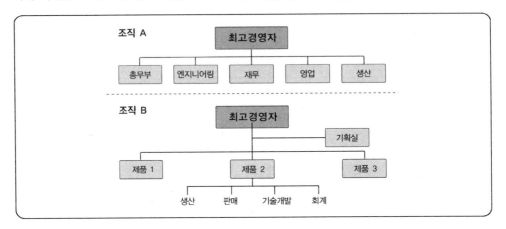

① 조직의 내부 효율성을 중요시하는 작은 규모 조직에서는 조직 A와 같은 조직도가 적합하다.

② 조직 A와 같은 조직도를 가진 조직은 결재 라인이 짧아 보다 신속한 의사결정이 가능하다.

③ 주요 프로젝트나 생산 제품 등에 의하여 구분되는 업무가 많은 조직에서는 조직 B와 같은 조직도가 적합하다.

④ 조직 B와 같은 조직도를 가진 조직은 내부 경쟁보다는 유사 조직 간의 협력과 단결된 업무 능력을 발휘하기에 더 적합하다.

⑤ 조직 A는 기능적 조직구조를 가진 조직이며, 조직 B는 사업별 조직구조를 가진 조직이다.

　조직 B와 같은 조직도를 가진 조직은 사업이나 제품별로 단위 조직화되는 경우가 많아 사업조직별 내부 경쟁을 통해 긍정적인 발전을 도모할 수 있다. 환경이 안정적이거나 일상적인 기술, 조직의 내부 효율성을 중요시하며 기업의 규모가 작을 때에는 업무의 내용이 유사하고 관련성이 있는 것들을 결합해서 조직 A와 같은 조직도를 갖게 된다. 반대로, 급변하는 환경변화에 효과적으로 대응하고 제품, 지역, 고객별 차이에 신속하게 적응하기 위해서는 분권화된 의사결정이 가능한 사업별 조직구조 형태를 이룰 필요가 있다. 사업별 조직구조는 개별 제품, 서비스, 제품그룹, 주요 프로젝트나 프로그램 등에 따라 조직화된다. 즉, 조직 B와 같이 제품에 따라 조직이 구성되고 각 사업별 구조 아래 생산, 판매, 회계 등의 역할이 이루어진다.

2 다음은 관리조직의 일반적인 업무내용을 나타내는 표이다. 표를 참고할 때, C대리가 〈보기〉와 같은 업무를 처리하기 위하여 연관되어 있는 팀만으로 나열된 것은 어느 것인가?

부서명	업무내용
총무팀	집기비품 및 소모품의 구입과 관리, 사무실 임차 및 관리, 차량 및 통신시설의 운영, 국내외 출장 업무 협조, 사내외 홍보 광고업무, 회의실 및 사무 공간 관리, 사내·외 행사 주관
인사팀	조직기구의 개편 및 조정, 업무분장 및 조정, 인력수급계획 및 관리, 노사관리, 평가관리, 상벌관리, 인사발령, 교육체계 수립 및 관리, 임금제도, 복리후생제도 및 지원업무, 복무관리, 퇴직관리
기획팀	경영계획 및 전략 수립, 전사기획업무 종합 및 조정, 경영정보 조사 및 기획보고, 경영진단업무, 종합예산수립 및 실적관리, 단기사업계획 종합 및 조정, 사업계획, 손익추정, 실적관리 및 분석
외환팀	수출입 외화자금 회수, 외환 자산 관리 및 투자, 수출 물량 해상 보험 업무, 직원 외환업무 관련 교육 프로그램 시행, 영업활동에 따른 환차손익 관리 및 손실 최소화 방안 강구
회계팀	회계제도의 유지 및 관리, 재무상태 및 경영실적 보고, 결산 관련 업무, 재무제표 분석 및 보고, 법인세, 부가가치세, 국세 지방세 업무자문 및 지원, 보험가입 및 보상업무, 고정자산 관련 업무

〈보기〉

C대리는 오늘 매우 바쁜 하루를 보내야 한다. 항공사의 파업으로 비행 일정이 아직 정해지지 않아 이틀 후로 예정된 출장이 확정되지 않고 있다. 일정 확정 통보를 받는 즉시 지사와 연락을 취해 현지 거래처와의 미팅 일정을 논의해야 한다. 또한, 지난 주 퇴직한 선배사원의 퇴직금 정산 내역을 확인하여 이메일로 자료를 전해주기로 하였다. 오후에는 3/4분기 사업계획 관련 전산입력 담당자 회의에 참석하여야 하며, 이를 위해 회의 전 전년도 실적 관련 자료를 입수해 확인해 두어야 한다.

① 인사팀, 기획팀, 외환팀   ② 총무팀, 기획팀, 회계팀

③ 총무팀, 인사팀, 외환팀, 회계팀   ④ 총무팀, 인사팀, 기획팀, 회계팀

⑤ 총무팀, 인사팀, 기획팀, 외환팀

 출장을 위한 항공 일정 확인 및 확정 업무는 총무팀의 협조가 필요하며, 퇴직자의 퇴직금 정산 내역은 인사팀의 협조가 필요하다. 사업계획 관련 회의는 기획팀에서 주관하는 회의가 될 것이며, 전년도 실적 자료를 입수하는 것은 회계팀에 요청하거나 회계팀의 확인 작업을 거쳐야 공식적인 자료로 간주될 수 있을 것이다. 따라서 총무팀, 인사팀, 기획팀, 회계팀과의 업무 협조가 예상되는 상황이며, 외환팀과의 업무 협조는 '오늘' 예정되어 있다고 볼 수 없다.

Answerↄ 1.④   2.④

3 해외 법인에서 근무하는 귀하는 중요한 프로젝트의 계약을 앞두고 현지 거래처 귀빈들을 위한 식사 자리를 준비하게 되었다. 본사와 거래처의 최고 경영진들이 대거 참석하는 자리인 만큼 의전에도 각별히 신경을 써야 하는 매우 중요한 자리이다. 이러한 외국 손님들과의 식사 자리를 준비하는 에티켓에 관한 다음 보기와 같은 설명 중 적절하지 않은 것은 무엇인가?

① 테이블의 모양과 좌석의 배치 등도 매우 중요하므로 반드시 팩스나 이메일로 사전에 참석자에게 정확하게 알려 줄 필요가 있다.

② 종교적 이유로 특정음식을 먹지 않는 고객의 유무 등 특별 주문 사항이 있는지를 미리 확인한다.

③ 상석(上席)을 결정할 경우, 나이는 많은데 직위가 낮으면 나이가 직위를 우선한다.

④ 최상석에 앉은 사람과 가까운 자리일수록 순차적으로 상석이 되며, 멀리 떨어진 자리가 말석이 된다.

⑤ 핸드백이나 기타 휴대품은 식탁 위에 올려놓는 것은 금물이다.

 ③ 상석을 결정할 경우, 나이와 직위가 상충된다면 직위가 나이를 우선하게 된다. 또한 식사 테이블의 좌석을 정하는 에티켓으로는 여성 우선의 원칙, 기혼자 우선의 원칙 등이 있다.
⑤ 핸드백은 의자의 등받이와 자신의 등 사이에 놓는 것이 원칙이다.

4 조직이 유연하고 자유로운지 아니면 안정이나 통제를 추구하는지, 조직이 내부의 단결이나 통합을 추구하는지 아니면 외부의 환경에 대한 대응성을 추구하는지의 차원에 따라 집단문화, 개발문화, 합리문화, 계층문화로 구분된다. 지문에 주어진 특징을 갖는 조직문화의 유형은?

> 과업지향적인 문화로, 결과지향적인 조직으로써의 업무의 완수를 강조한다. 조직의 목표를 명확하게 설정하여 합리적으로 달성하고, 주어진 과업을 효과적이고 효율적으로 수행하기 위하여 실적을 중시하고, 직무에 몰입하며, 미래를 위한 계획을 수립하는 것을 강조한다. 합리문화는 조직구성원 간의 경쟁을 유도하는 문화이기 때문에 때로는 지나친 성과를 강조하게 되어 조직에 대한 조직구성원들의 방어적인 태도와 개인주의적인 성향을 드러내는 경향을 보인다.

① 집단문화
② 개발문화
③ 합리문화
④ 계층문화
⑤ 위계문화

① 관계지향적인 문화이며, 조직구성원 간 인간애 또는 인간미를 중시하는 문화로서 조직내부의 통합과 유연한 인간관계를 강조한다. 따라서 조직구성원 간 인화단결, 협동, 팀워크, 공유가치, 사기, 의사결정과정에 참여 등을 중요시하며, 개인의 능력개발에 대한 관심이 높고 조직구성원에 대한 인간적 배려와 가족적인 분위기를 만들어내는 특징을 가진다.

② 높은 유연성과 개성을 강조하며 외부환경에 대한 변화지향성과 신축적 대응성을 기반으로 조직구성원의 도전의식, 모험성, 창의성, 혁신성, 자원획득 등을 중시하며 조직의 성장과 발전에 관심이 높은 조직문화를 의미한다. 따라서 조직구성원의 업무수행에 대한 자율성과 자유재량권 부여 여부가 핵심요인이다.

④⑤ 조직내부의 통합과 안정성을 확보하고 현상유지차원에서 계층화되고 서열화된 조직구조를 중요시하는 조직문화이다. 즉, 위계질서에 의한 명령과 통제, 업무처리 시 규칙과 법을 준수하고, 관행과 안정, 문서와 형식, 보고와 정보관리, 명확한 책임소재 등을 강조하는 관리적 문화의 특징을 나타내고 있다.

5 중국은 아시아 동부에 있는 국가로써, BC 221년 진(秦)나라의 시황제(始皇帝)가 처음으로 통일을 이루었다. 또한 중국 최후의 통일왕조인 청(淸)나라에 이어 중화민국이 세워졌고, 국민당의 국민정부가 들어섰다. 이후 1949년 공산당이 중화인민공화국을 세운 굴곡진 역사가 많은 국가인데 다음 중 중국의 에티켓으로 옳지 않은 항목을 모두 고른 것은?

> ㉠ 찻잔은 가득 채워야 한다.
> ㉡ 식사 중에 생선을 뒤집어 발라먹지 말아야 한다.
> ㉢ 회전 테이블은 시계 방향으로 돌리되 상석부터 돌리는 것이 예의이다.
> ㉣ 식사 중일 시에는 젓가락을 접시 끝에 받쳐놓고 식사를 마쳤을 때는 젓가락 받침대 위에 올려둔다.
> ㉤ 음식이 바뀔 때마다 새로운 접시로 바뀌기 때문에 먹을 만큼만 덜어서 먹고 음식이 앞 접시에 남지 않게 해야 한다.

① ㉠
② ㉠, ㉢
③ ㉡, ㉣
④ ㉢, ㉤
⑤ ㉢, ㉣, ㉤

중국의 경우 찻잔은 반만 채워야 한다. 반대로 찻잔과는 다르게 중국에서 술을 따를 시에는 술잔 가득히 따라야 존경을 하는 의미하므로 되도록이면 가득 따르는 것이 좋다. 하지만, 차를 따를 시에는 반대로 가득 채우는 것이 사람을 업신여기는 의미가 되므로 잔의 반만 채우는 것이 예의이다.

Answer↦ 3.③ 4.③ 5.①

6 다음 기사의 내용을 읽고 밑줄 친 부분과의 연관성이 가장 높은 설명을 고르면?

> 경북 포항시에 본사를 둔 대기환경관리 전문업체 ㈜에어릭스는 직원들의 업무능력을 배양하고 유기적인 조직운영을 위해 '직무순환제'를 실시하고 있다. 에어릭스의 직무순환제는 대기환경설비의 생산, 정비, 설계, 영업 파트에 속한 직원들이 일정 기간 해당 업무를 익힌 후 다른 부서로 이동해 또 다른 업무를 직접 경험해볼 수 있도록 하는 제도다. 직무순환제를 통해 젊은 직원들은 다양한 업무를 거치면서 개개인의 역량을 쌓을 수 있을 뿐 아니라 풍부한 현장 경험을 축적한다. 특히 대기환경설비 등 플랜트 사업은 설계, 구매·조달, 시공 등 모든 파트의 유기적인 운영이 중요하다. 에어릭스의 경우에도 현장에서 실시하는 환경진단과 설비 운영 및 정비 등의 경험을 쌓은 직원이 효율적으로 집진기를 설계하며 생생한 현장 노하우가 영업에서의 성과로 이어진다. 또한 직무순환제를 통해 다른 부서의 업무를 실질적으로 이해함으로써 각 부서 간 활발한 소통과 협업을 이루고 있다.

① 직무순환의 실시로 인해 직무에 대한 전문화의 수준이 상당히 증대된다.

② 직무순환을 실시함으로써 구성원들의 노동에 대한 싫증 및 소외감을 많이 느끼게 될 수 있다.

③ 직무순환을 실시할 경우 구성원 자신이 조직의 구성원으로써 가치 있는 존재로 인식을 하게끔 하는 역할을 수행한다.

④ 구성원들을 승진을 시키기 전 단계에서 하나의 단계적인 교육훈련방법으로 파악하기 어렵다.

⑤ 직무순환은 조직변동에 따른 부서 간의 과부족 인원의 조정 또는 사원 개개인의 사정에 의한 구제를 하지 않기 위함이다.

> **Tip** 직무순환은 종업원들의 여러 업무에 대한 능력개발 및 단일직무로 인한 나태함을 줄이기 위한 것에 그 의미가 있으며, 여러 가지 다양한 업무를 경험함으로써 종업원에게도 성장할 수 있는 기회를 제공한다.

7 다음 중 아래 조직도를 보고 잘못 이해한 사람은?

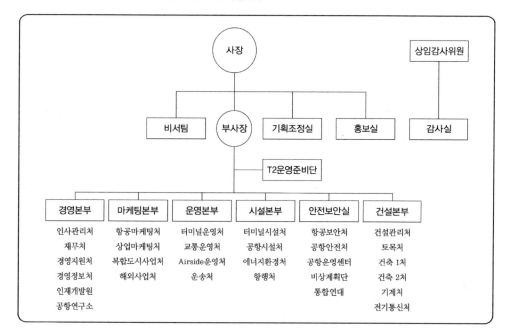

① 정순 : 감사실은 사장 직속이 아니라 상임감사위원 직속으로 되어 있네.

② 진현 : 부사장은 6개의 본부와 1개의 단을 이끌고 있어.

③ 진수 : 인재개발원과 공항연구소는 경영본부에서 관리하는군.

④ 미나 : 마케팅본부와 시설본부에 소속되어 있는 처의 개수는 같네.

⑤ 수진 : 건설본부는 5개 본부 중 가장 많은 처를 관리하고 있네.

> ② 부사장은 5개의 본부와 1개의 실, 1개의 단을 이끌고 있다.

┃8~9┃ 다음은 어느 회사의 사내 복지 제도와 지원내역에 관한 자료이다. 물음에 답하시오.

〈2016년 사내 복지 제도〉

주택 지원
주택구입자금 대출
전보자 및 독신자를 위한 합숙소 운영

자녀학자금 지원
중고생 전액지원, 대학생 무이자융자

경조사 지원
사내근로복지기금을 운영하여 각종 경조금 지원

기타
사내 동호회 활동비 지원
상병 휴가, 휴직, 4대보험 지원
생일 축하금(상품권 지급)

〈2016년 1/4분기 지원 내역〉

이름	부서	직위	내역	금액(만원)
엄영식	총무팀	차장	주택구입자금 대출	–
이수연	전산팀	사원	본인 결혼	10
임효진	인사팀	대리	독신자 합숙소 지원	–
김영태	영업팀	과장	휴직(병가)	–
김원식	편집팀	부장	대학생 학자금 무이자융자	–
심민지	홍보팀	대리	부친상	10
이영호	행정팀	대리	사내 동호회 활동비 지원	10
류민호	자원팀	사원	생일(상품권 지급)	5
백성미	디자인팀	과장	중학생 학자금 전액지원	100
채준민	재무팀	인턴	사내 동호회 활동비 지원	10

8 인사팀에 근무하고 있는 사원 B씨는 2016년 1분기에 지원을 받은 사원들을 정리했다. 다음 중 분류가 잘못된 사원은?

구분	이름
주택 지원	엄영식, 임효진
자녀학자금 지원	김원식, 백성미
경조사 지원	이수연, 심민지, 김영태
기타	이영호, 류민호, 채준민

① 엄영식　　　　　　　　　② 김원식
③ 심민지　　　　　　　　　④ 김영태
⑤ 채준민

 ④ 김영태는 병가로 인한 휴직이므로 '기타'에 속해야 한다.

9 사원 B씨는 위의 복지제도와 지원 내역을 바탕으로 2분기에도 사원들을 지원하려고 한다. 지원한 내용으로 옳지 않은 것은?

① 엄영식 차장이 장모상을 당하셔서 경조금 10만 원을 지원하였다.
② 심민지 대리가 동호회에 참여하게 되어서 활동비 10만 원을 지원하였다.
③ 이수연 사원의 생일이라서 현금 5만 원을 지원하였다.
④ 류민호 사원이 결혼을 해서 10만 원을 지원하였다.
⑤ 김영태 과장 딸이 중학교에 입학하여 학자금 100만 원을 지원하였다.

 ③ 생일인 경우에는 상품권 5만 원을 지원한다.

Answer 8.④　9.③

▌10~11 ▌ 인사팀에 근무하는 S는 2017년도에 새롭게 변경된 사내 복지 제도에 따라 경조사 지원 내역을 정리하는 업무를 담당하고 있다. 다음을 바탕으로 물음에 답하시오.

❑ 2017년도 변경된 사내 복지 제도

종류	주요 내용
주택 지원	• 사택 지원(가~사 총 7동 175가구) 최소 1년 최장 3년 • 지원 대상 – 입사 3년 차 이하 1인 가구 사원 중 무주택자(가~다동 지원) – 입사 4년 차 이상 본인 포함 가구원이 3인 이상인 사원 중 무주택자(라~사동 지원)
경조사 지원	• 본인/가족 결혼, 회갑 등 각종 경조사 시 • 경조금, 화환 및 경조휴가 제공
학자금 지원	• 대학생 자녀의 학자금 지원
기타	• 상병 휴가, 휴직, 4대 보험 지원

❑ 2017년도 1/4분기 지원 내역

이름	부서	직위	내역	변경 전	변경 후	금액(천원)
A	인사팀	부장	자녀 대학진학	지원 불가	지원 가능	2,000
B	총무팀	차장	장인상	변경 내역 없음		100
C	연구1팀	차장	병가	실비 지급	추가 금액 지원	50 (실비 제외)
D	홍보팀	사원	사택 제공(가-102)	변경 내역 없음		–
E	연구2팀	대리	결혼	변경 내역 없음		100
F	영업1팀	차장	모친상	변경 내역 없음		100
G	인사팀	사원	사택 제공(바-305)	변경 내역 없음		–
H	보안팀	대리	부친 회갑	변경 내역 없음		100
I	기획팀	차장	결혼	변경 내역 없음		100
J	영업2팀	과장	생일	상품권	기프트 카드	50
K	전략팀	사원	생일	상품권	기프트 카드	50

10 당신은 S가 정리해 온 2017년도 1/4분기 지원 내역을 확인하였다. 다음 중 잘못 구분된 사원은?

지원 구분	이름
주택 지원	D, G
경조사 지원	B, E, H, I, J, K
학자금 지원	A
기타	F, C

① B

② D

③ F

④ H

⑤ J

 지원 구분에 따르면 모친상과 같은 경조사는 경조사 지원에 포함되어야 한다. 따라서 F의 구분이 잘못되었다.

11 S는 2017년도 1/4분기 지원 내역 중 변경 사례를 참고하여 새로운 사내 복지 제도를 정리해 추가로 공시하려 한다. 다음 중 S가 정리한 내용으로 옳지 않은 것은?

① 복지 제도 변경 전후 모두 생일에 현금을 지급하지 않습니다.

② 복지 제도 변경 후 대학생 자녀에 대한 학자금을 지원해드립니다.

③ 변경 전과 달리 미혼 사원의 경우 입주 가능한 사택동 제한이 없어집니다.

④ 변경 전과 같이 경조사 지원금은 직위와 관계없이 동일한 금액으로 지원됩니다.

⑤ 변경 전과 달리 병가 시 실비 외 추가 지원이 가능합니다.

 ③ 2017년 변경된 사내 복지 제도에 따르면 1인 가구 사원에게는 가~사 총 7동 중 가~다 동이 지원된다.

Answer ⏎ 10.③ 11.③

▌12~13▐ 다음은 어느 회사의 전화 사용 요령이다. 다음을 읽고 물음에 답하시오.

---

1. 일반 전화 걸기

회사 외부에 전화를 걸어야 하는 경우

→ 수화기를 들고 9번을 누른 후 (지역번호)＋전화번호를 누른다.

2. 전화 당겨 받기

다른 직원에게 전화가 왔으나, 사정상 내가 받아야 하는 경우

→ 수화기를 들고 *(별표)를 두 번 누른다.

※ 다른 팀에게 걸려온 전화도 당겨 받을 수 있다.

3. 회사 내 직원과 전화하기

→ 수화기를 들고 내선번호를 누르면 통화가 가능하다.

4. 전화 넘겨주기

외부 전화를 받았는데 내가 담당자가 아니라서 다른 담당자에게 넘겨 줄 경우

→ 통화 중 상대방에게 양해를 구한 뒤 통화 종료 버튼을 짧게 누른 뒤 내선번호를 누른다. 다른 직원
이 내선 전화를 받으면 어떤 용건인지 간략하게 얘기 한 뒤 수화기를 내려놓으면 자동적으로 전화
가 넘겨진다.

5. 회사 전화를 내 핸드폰으로 받기

외근 나가 있는 상황에서 중요한 전화가 올 예정인 경우

→ 내 핸드폰으로 착신을 돌리기 위해서는 사무실 수화기를 들고 *(별표)를 누르고 88번을 누른다. 그
리고 내 핸드폰 번호를 입력한다.

→ 착신을 풀기 위해서는 #(샵)을 누르고 88번을 누른 다음 *(별)을 누르면 된다.

※ 회사 전화를 내 핸드폰으로 받는 기능은 팀장급 이상의 자리에 있는 대표 전화기로만 가능하며, 그 이
하의 직급 자리에 있는 일반 전화기로는 이 기능을 사용할 수 없다.

---

12 인사팀에 근무하고 있는 사원S는 신입사원들을 위해 전화기 사용 요령에 대해 교육을 진행하려고
한다. 다음 중 신입사원들에게 교육하지 않아도 되는 항목은?

① 일반 전화 걸기　　　　　　　② 전화 당겨 받기

③ 회사 내 직원과 전화하기　　　④ 전화 넘겨 주기

⑤ 회사 전화를 내 핸드폰으로 받기

> (Tip) 회사 전화를 내 핸드폰으로 받는 기능은 팀장급 이상의 자리에 있는 대표 전화기로만 가능
> 하기 때문에 신입사원에게 교육하지 않아도 되는 항목이다.

13 사원S는 전화 관련 정보들을 신입사원이 이해하기 쉽도록 표로 정리하였다. 정리한 내용으로 옳지 않은 내용이 포함된 항목은?

상황	항목	눌러야 하는 번호
회사 외부로 전화 걸 때	일반 전화 걸기	9+(지역번호)+(전화번호)
다른 직원에게 걸려온 전화를 내가 받아야 할 때	전화 당겨 받기	*(별표) 한 번
회사 내 다른 직원과 전화 할 때	회사 내 직원과 전화하기	내선번호
내가 먼저 전화를 받은 경우 다른 직원에게 넘겨 줄 때	전화 넘겨주기	종료버튼(짧게)+내선번호
외부에 계신 팀장님께서 회사 전화를 핸드폰으로 연결을 요청한 때	회사 전화를 내 핸드폰으로 받기	*+88+(팀장님 전화번호)

① 일반 전화 걸기
② 전화 당겨 받기
③ 전화 넘겨 주기
④ 회사 내 직원과 전화하기
⑤ 회사 전화를 내 핸드폰으로 받기

> (Tip) 전화를 당겨 받는 경우에는 *(별표)를 두 번 누른다.

┃14~15┃ 다음 설명을 읽고 분석 결과에 대응하는 가장 적절한 전략을 고르시오.

> SWOT분석이란 기업의 환경 분석을 통해 마케팅 전략을 수립하는 기법이다. 조직 내부 환경으로는 조직이 우위를 점할 수 있는 강점(Strength), 조직의 효과적인 성과를 방해하는 자원·기술·능력 면에서의 약점(Weakness), 조직 외부 환경으로는 조직 활동에 이점을 주는 기회(Opportunity), 조직 활동에 불이익을 미치는 위협(Threat)으로 구분된다.
>
> ※ SWOT분석에 의한 마케팅 전략
>   ㉠ SO전략(강점-기회전략) : 시장의 기회를 활용하기 위해 강점을 사용하는 전략
>   ㉡ ST전략(강점-위협전략) : 시장의 위협을 회피하기 위해 강점을 사용하는 전략
>   ㉢ WO전략(약점-기회전략) : 약점을 극복함으로 시장의 기회를 활용하려는 전략
>   ㉣ WT전략(약점-위협전략) : 시장의 위협을 회피하고 약점을 최소화하는 전략

14 다음은 A화장품 기업의 SWOT분석이다. 가장 적절한 전략은?

강점(Strength)	• 화장품과 관련된 높은 기술력 보유 • 기초화장품 전문 브랜드라는 소비자인식과 높은 신뢰도
약점(Weakness)	• 남성전용 화장품 라인의 후발주자 • 용량 대비 높은 가격
기회(Opportunity)	• 남성들의 화장품에 대한 인식변화와 화장품 시장의 지속적인 성장 • 화장품 분야에 대한 정부의 지원
위협(Threat)	• 경쟁업체들의 남성화장품 시장 공략 • 내수경기 침체로 인한 소비심리 위축

① SO전략 : 기초화장품 기술력을 통한 경쟁적 남성 기초화장품 개발
② ST전략 : 유통비조정을 통한 제품의 가격 조정
③ WO전략 : 남성화장품 이외의 라인에 주력하여 경쟁력 강화
④ WT전략 : 정부의 지원을 통한 제품의 가격 조정
⑤ SO전략 : 남성전용 화장품 개발에 주력하여 시장점유율 확보

 ② 가격을 낮추어 기타 업체들과 경쟁하는 전략으로 WO전략에 해당한다.
③ 위협을 회피하고 약점을 최소화하는 WT전략에 해당한다.
④ 정부의 지원이라는 기회를 활용하여 약점을 극복하는 WO전략에 해당한다.
⑤ 약점을 극복하여 시장의 기회를 활용하려는 WO전략에 해당한다.

15 다음은 여성의류 인터넷쇼핑몰의 SWOT분석이다. 가장 적절한 전략은?

강점(Strength)	• 쉽고 빠른 제품선택, 시·공간의 제약 없음 • 오프라인 매장이 없어 비용 절감 • 고객데이터 활용의 편리성
약점(Weakness)	• 높은 마케팅비용 • 보안 및 결제시스템의 취약점 • 낮은 진입 장벽으로 경쟁업체 난립
기회(Opportunity)	• 업체 간 업무 제휴로 상생 경영 • IT기술과 전자상거래 기술 발달
위협(Threat)	• 경기 침체의 가변성 • 잦은 개인정보유출사건으로 인한 소비자의 신뢰도 하락 • 일부 업체로의 집중화에 의한 독과점 발생

① SO전략 : 악세사리 쇼핑몰과의 제휴로 마케팅비용을 줄인다.

② ST전략 : 높은 IT기술을 이용하여 보안부문을 강화한다.

③ WO전략 : 남성의류 쇼핑몰과 제휴를 맺어 연인컨셉으로 경쟁력을 높인다.

④ WT전략 : 고객데이터를 이용하여 이벤트를 주기적으로 열어 경쟁력을 높인다.

⑤ ST전략 : 24시간 판매가 가능함을 이용하여 오프라인 매장과 제휴해 서로 원원한다.

  ①③ 업체 간의 업무 제휴라는 기회를 통해 약점을 극복한 WO전략에 해당한다.
② IT기술과 전자상거래 기술 발달이라는 기회를 통해 약점을 극복한 WO전략에 해당한다.
④ 강점을 이용하여 위협을 회피하는 ST전략에 해당한다.
⑤ 강점을 사용하여 기회를 활용하는 SO전략에 해당한다.

Answer ↪ 14.① 15.③

❚16~17❚ 다음 결재규정을 보고 주어진 상황에 맞게 작성된 양식을 고르시오.

〈결재규정〉
• 결재를 받으려는 업무에 대해서는 대표이사를 포함한 이하 직책자의 결재를 받아야 한다.
• '전결'은 회사의 경영·관리 활동에 있어서 대표이사의 결재를 생략하고, 자신의 책임 하에 최종적으로 결정하는 행위를 말한다.
• 전결사항에 대해서도 위임 받은 자를 포함한 이하 직책자의 결재를 받아야 한다.
• 표시내용 : 결재를 올리는 자는 대표이사로부터 전결 사항을 위임 받은 자가 있는 경우 결재란에 전결이라고 표시하고 최종결재란에 위임받은 자를 표시한다. 다만, 결재가 불필요한 직책자의 결재란은 상향대각선으로 표시한다.
• 대표이사의 결재사항 및 대표이사로부터 위임된 전결사항은 아래의 표에 따른다.

구분	내용	금액기준	결재서류	팀장	부장	대표이사
접대비	거래처 식대, 경조사비 등	20만 원 이하	접대비지출품의서 지출결의서	● ■		
		30만 원 이하			● ■	
		30만 원 초과				● ■
교통비	국내 출장비	30만 원 이하	출장계획서 출장비신청서	● ■		
		50만 원 이하		●	■	
		50만 원 초과		●		■
	해외 출장비			●		■
소모품비	사무용품		지출결의서	■		
	문서, 전산소모품					■
	잡비	10만 원 이하		■		
		30만 원 이하			■	
		30만 원 초과				■
교육비	사내·외 교육		기안서 지출결의서	●		■
법인카드	법인카드 사용	50만 원 이하	법인카드 신청서	■		
		100만 원 이하			■	
		100만 원 초과				■

※ ● : 기안서, 출장계획서, 접대비지출품의서
※ ■ : 지출결의서, 각종신청서

16 영업부 사원 甲씨는 부산출장으로 450,000원을 지출했다. 甲씨가 작성한 결재 양식으로 옳은 것은?

①
출장계획서			
결 재	담당	팀장	부장	최종결재
	甲	/	/	팀장

②
출장계획서			
결 재	담당	팀장	부장	최종결재
	甲		전결	부장

③
출장비신청서			
결 재	담당	팀장	부장	최종결재
	甲	/		팀장

④
출장비신청서			
결 재	담당	팀장	부장	최종결재
	甲		전결	부장

⑤
출장비신청서			
결 재	담당	팀장	부장	최종결재
	甲		전결	대표이사

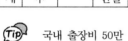 국내 출장비 50만 원 이하인 경우 출장계획서는 팀장 전결, 출장비신청서는 부장 전결이므로 사원 甲씨가 작성해야 하는 결재 양식은 다음과 같다.

출장계획서			
결재	담당	팀장	부장	최종결재
	甲	전결	/	팀장

출장비신청서			
결재	담당	팀장	부장	최종결재
	甲		전결	부장

Answer 16.④

17 기획팀 사원 乙씨는 같은 팀 사원 丙씨의 부친상 부의금 500,000원을 회사 명의로 지급하기로 했다. 乙씨가 작성한 결재 양식으로 옳은 것은?

①

접대비지출품의서				
결재	담당	팀장	부장	최종결재
	乙		전결	부장

②

접대비지출품의서				
결재	담당	팀장	부장	최종결재
	乙			대표이사

③

지출결의서				
결재	담당	팀장	부장	최종결재
	乙	전결	/	팀장

④

지출결의서				
결재	담당	팀장	부장	최종결재
	乙		전결	부장

⑤

지출결의서				
결재	담당	팀장	부장	최종결재
	乙	/	/	부장

부의금은 접대비에 해당하는 경조사비이다. 30만 원이 초과되는 접대비는 접대비지출품의서, 지출결의서 모두 대표이사 결재사항이다. 따라서 사원 乙씨가 작성해야 하는 결재 양식은 다음과 같다.

접대비지출품의서				
결재	담당	팀장	부장	최종결재
	乙			대표이사

지출결의서				
결재	담당	팀장	부장	최종결재
	乙			대표이사

▎18~20▎ A유통회사 기획팀에 근무하는 甲은 부서 주간회의에 참석하여 회의록을 정리하였다. 다음 회의록을 바탕으로 물음에 답하시오.

일시	2018년 2월 20일(화) 오후 1시~3시		
장소	B동 제1회의실	작성자	사원 甲
참석	기획팀 팀장 戊, 차장 丁, 대리 丙, 대리 乙, 사원 甲		

내용	협력부서 및 기한
1. 경쟁업체 '△△아웃렛' 오픈 건	
• 자사 동일상권 내 경쟁업체 매장 오픈(3/15)으로 인한 매출 영향력을 최소화하기 위한 경영전략 수립 필요 • 경쟁사 판매 전략 및 입점 브랜드 분석(자사와 비교)	
• 총 3주에 걸쳐 추가 매장 프로모션 기획 – △△사 오픈 1주 전, 오픈 주, 오픈 1주 후 – 주요 할인 브랜드 및 품목 할인율 체크	영업팀 (다음달 1일)
• 미디어 대응 전략 수립 : 대응 창구 및 메시지	홍보팀(2/28)
• 광고 전략 수립 : 옥외광고 및 온라인광고 추가 진행	마케팅팀(2/23)
2. 봄맞이 프로모션 건	
• 3월 한 달 간 '봄맞이' 특별 프로모션 기간 지정 – 주요 할인 브랜드 및 할인율 체크	영업팀(2/23)
• 3·1절 고객 참여 현장 이벤트 기획	경영지원팀(2/27)
3. 윤리경영 캠페인	
• 협력사를 비롯해 전사적 참여 독려 • 윤리경영 조직 별도 구성 : 임직원, 협력업체 담당자 • 주요 활동 : 청렴거래 협약서 작성, 정도경영 실천교육, 정기적 윤리경영 평가 등	
4. 10주년 이벤트 경품 선호도 조사 건	
• 회사 창립 10주년(3/2) 기념 사내 이벤트 경품 선호도 조사 • 조사 대상 : 전 직원 • 조사 방법 : 인트라넷을 통한 설문조사(2/22~2/23)	경영지원팀(2/26)
비고	• 차주부터 부서 주간회의 시간 변경 : 매주 월요일 오전 10시 • 1/4분기 매출 보고 회의 : 5월 1일(시간미정) • 지난달 실시한 포인트 제도 변경 관련 유관 매출 분석 보고(익월 1일) 지시

Answer 17.②

18 다음은 甲이 작성한 회의록을 검토한 丙이 지시한 내용이다. 지시한 내용에 따라 甲이 회의 안건으로 정리한 내용으로 옳지 않은 것은?

> 甲씨, 회의록을 작성할 때에는 해당 회의에서 어떠한 주제로 이야기를 나누고 회의를 진행했는지 이해하기 쉽도록 회의 안건을 정리하는 것이 좋습니다. 회의록 양식 중 '내용' 부분이 나오기 전 '회의 안건'을 추가하여 다시 정리해 주세요.

① 윤리경영 시스템 구축
② 다음달 주요 프로모션 기획
③ 1/4분기 매출 보고 지시
④ 경쟁업체 오픈에 따른 대응 전략
⑤ 직원 선호도 조사

 ③ 회의록에 따르면 1/4분기 매출 보고 회의는 5월 1일 예정이다. 1/4분기 매출 보고 지시에 대한 내용은 회의 안건으로 상정되지 않았다.

19 丙의 지시에 따라 회의록을 수정한 甲은 회의에서 나온 안건을 협력부서와 함께 협의하고자 메일을 보내려고 한다. 다음 중 甲이 잘못 작성한 것은?

일시	2018. 02. 21. 17 : 03
수신	① 홍보팀
참조	기획팀
발신	② 기획팀 사원 甲
제목	③ 10주년 이벤트 경품 선호도 조사 건 협력 요청

안녕하세요, 기획팀 사원 甲입니다.
내달 2일 있을 회사 창립 10주년 기념 사내 이벤트 경품 선호도 조사를 실시하고자 합니다. ④ 전 직원을 대상으로 인트라넷을 통해 설문조사를 실시할 예정으로 2/22~2/23 양일간 실시됩니다. ⑤ 설문조사 결과를 정리하여 2월 26일까지 회신 주시기 바랍니다. 자세한 내용은 첨부 파일을 확인 부탁드립니다.
감사합니다.

 10주년 이벤트 경품 선호도 조사 건의 협력부서는 경영지원팀이다. 따라서 수신은 경영지원팀이 되어야 한다.

20 甲은 협력메일을 발송 후 퇴근 전까지 이번 주에 해야 할 부서업무를 정리하였다. 다음 중 기획팀에서 이번 주에 완료해야 할 업무는? (단, 주말에는 출근하지 않는다)

① 영업팀과 '△△아웃렛' 오픈 관련 추가 매장 프로모션 기획

② 영업팀과 봄맞이 프로모션 건 관련 주요 할인 브랜드 및 할인율 체크

③ 경영지원팀과 3 · 1절 고객 참여 현장 이벤트 기획

④ 경영지원팀과 회사 창립 10주년 기념 사내 이벤트 경품 선호도 조사

⑤ 1월 실시한 포인트 제도 변경 관련 유관 매출 분석 보고

 회의록에 따르면 2월 20일은 화요일이고 협력메일을 발송한 21일은 수요일이다. 주말에는 출근을 하지 않으므로 이번 주는 23일 금요일이 마지막으로, 기획팀이 23일까지 완료해야 하는 업무는 마케팅팀과 '△△아웃렛' 오픈 관련 광고 전략 수립과 영업팀과 봄맞이 프로모션 건 관련 주요 할인 브랜드 및 할인율 체크이다.

02 의사소통능력

1 의사소통과 의사소통능력

(1) 의사소통

① 개념 … 사람들 간에 생각이나 감정, 정보, 의견 등을 교환하는 총체적인 행위로, 직장생활에서의 의사소통은 조직과 팀의 효율성과 효과성을 성취할 목적으로 이루어지는 구성원 간의 정보와 지식 전달 과정이라고 할 수 있다.

② 기능 … 공동의 목표를 추구해 나가는 집단 내의 기본적 존재 기반이며 성과를 결정하는 핵심 기능이다.

③ 의사소통의 종류

    ㉠ 언어적인 것 : 대화, 전화통화, 토론 등

    ㉡ 문서적인 것 : 메모, 편지, 기획안 등

    ㉢ 비언어적인 것 : 몸짓, 표정 등

④ 의사소통을 저해하는 요인 … 정보의 과다, 메시지의 복잡성 및 메시지 간의 경쟁, 상이한 직위와 과업지향형, 신뢰의 부족, 의사소통을 위한 구조상의 권한, 잘못된 매체의 선택, 폐쇄적인 의사소통 분위기 등

(2) 의사소통능력

① 개념 … 의사소통능력은 직장생활에서 문서나 상대방이 하는 말의 의미를 파악하는 능력, 자신의 의사를 정확하게 표현하는 능력, 간단한 외국어 자료를 읽거나 외국인의 의사표시를 이해하는 능력을 포함한다.

② 의사소통능력 개발을 위한 방법

    ㉠ 사후검토와 피드백을 활용한다.

    ㉡ 명확한 의미를 가진 이해하기 쉬운 단어를 선택하여 이해도를 높인다.

    ㉢ 적극적으로 경청한다.

    ㉣ 메시지를 감정적으로 곡해하지 않는다.

의사소통능력을 구성하는 하위능력

(1) 문서이해능력

① 문서와 문서이해능력

　㉠ 문서 : 제안서, 보고서, 기획서, 이메일, 팩스 등 문자로 구성된 것으로 상대방에게 의사를 전달하여 설득하는 것을 목적으로 한다.

　㉡ 문서이해능력 : 직업현장에서 자신의 업무와 관련된 문서를 읽고, 내용을 이해하고 요점을 파악할 수 있는 능력을 말한다.

예제 1

다음은 신용카드 약관의 주요내용이다. 규정 약관을 제대로 이해하지 못한 사람은?

> [부가서비스]
> 카드사는 법령에서 정한 경우를 제외하고 상품을 새로 출시한 후 1년 이내에 부가서비스를 줄이거나 없앨 수가 없다. 또한 부가서비스를 줄이거나 없앨 경우에는 그 세부내용을 변경일 6개월 이전에 회원에게 알려주어야 한다.
>
> [중도 해지 시 연회비 반환]
> 연회비 부과기간이 끝나기 이전에 카드를 중도해지하는 경우 남은 기간에 해당하는 연회비를 계산하여 10 영업일 이내에 돌려줘야 한다. 다만, 카드 발급 및 부가서비스 제공에 이미 지출된 비용은 제외된다.
>
> [카드 이용한도]
> 카드 이용한도는 카드 발급을 신청할 때에 회원이 신청한 금액과 카드사의 심사 기준을 종합적으로 반영하여 회원이 신청한 금액 범위 이내에서 책정되며 회원의 신용도가 변동되었을 때에는 카드사는 회원의 이용한도를 조정할 수 있다.
>
> [부정사용 책임]
> 카드 위조 및 변조로 인하여 발생된 부정사용 금액에 대해서는 카드사가 책임을 진다. 다만, 회원이 비밀번호를 다른 사람에게 알려주거나 카드를 다른 사람에게 빌려주는 등의 중대한 과실로 인해 부정사용이 발생하는 경우에는 회원이 그 책임의 전부 또는 일부를 부담할 수 있다.

① 혜수 : 카드사는 법령에서 정한 경우를 제외하고는 1년 이내에 부가서비스를 줄일 수 없어.

② 진성 : 카드 위조 및 변조로 인하여 발생된 부정사용 금액은 일괄 카드사가 책임을 지게 돼.

③ 영훈 : 회원의 신용도가 변경되었을 때 카드사가 이용한도를 조정할 수 있어.

④ 영호 : 연회비 부과기간이 끝나기 이전에 카드를 중도 해지하는 경우에는 남은 기간에 해당하는 연회비를 카드사는 돌려줘야 해.

[출제의도]
주어진 약관의 내용을 읽고 그에 대한 상세 내용의 정보를 이해하는 능력을 측정하는 문항이다.

[해설]
② 부정사용에 대해 고객의 과실이 있으면 회원이 그 책임의 전부 또는 일부를 부담할 수 있다.

답 ②

② 문서의 종류

    ㉠ 공문서 : 정부기관에서 공무를 집행하기 위해 작성하는 문서로, 단체 또는 일반회사에서 정부기관을 상대로 사업을 진행할 때 작성하는 문서도 포함된다. 엄격한 규격과 양식이 특징이다.

    ㉡ 기획서 : 아이디어를 바탕으로 기획한 프로젝트에 대해 상대방에게 전달하여 시행하도록 설득하는 문서이다.

    ㉢ 기안서 : 업무에 대한 협조를 구하거나 의견을 전달할 때 작성하는 사내 공문서이다.

    ㉣ 보고서 : 특정한 업무에 관한 현황이나 진행 상황, 연구·검토 결과 등을 보고하고자 할 때 작성하는 문서이다.

    ㉤ 설명서 : 상품의 특성이나 작동 방법 등을 소비자에게 설명하기 위해 작성하는 문서이다.

    ㉥ 보도자료 : 정부기관이나 기업체 등이 언론을 상대로 자신들의 정보를 기사화 되도록 하기 위해 보내는 자료이다.

    ㉦ 자기소개서 : 개인이 자신의 성장과정이나, 입사 동기, 포부 등에 대해 구체적으로 기술하여 자신을 소개하는 문서이다.

    ㉧ 비즈니스 레터(E-mail) : 사업상의 이유로 고객에게 보내는 편지다.

    ㉨ 비즈니스 메모 : 업무상 확인해야 할 일을 메모형식으로 작성하여 전달하는 글이다.

③ 문서이해의 절차 … 문서의 목적 이해 → 문서 작성 배경·주제 파악 → 정보 확인 및 현안문제 파악 → 문서 작성자의 의도 파악 및 자신에게 요구되는 행동 분석 → 목적 달성을 위해 취해야 할 행동 고려 → 문서 작성자의 의도를 도표나 그림 등으로 요약·정리

(2) 문서작성능력

① 작성되는 문서에는 대상과 목적, 시기, 기대효과 등이 포함되어야 한다.

② 문서작성의 구성요소

    ㉠ 짜임새 있는 골격, 이해하기 쉬운 구조

    ㉡ 객관적이고 논리적인 내용

    ㉢ 명료하고 설득력 있는 문장

    ㉣ 세련되고 인상적인 레이아웃

예제 2

다음은 들은 내용을 구조적으로 정리하는 방법이다. 순서에 맞게 배열하면?

> ㉠ 관련 있는 내용끼리 묶는다.
> ㉡ 묶은 내용에 적절한 이름을 붙인다.
> ㉢ 전체 내용을 이해하기 쉽게 구조화한다.
> ㉣ 중복된 내용이나 덜 중요한 내용을 삭제한다.

① ㉠㉡㉢㉣   ② ㉠㉡㉣㉢
③ ㉡㉠㉢㉣   ④ ㉡㉠㉣㉢

[출제의도]
음성정보는 문자정보와는 달리 쉽게 잊혀지기 때문에 음성정보를 구조화시키는 방법을 묻는 문항이다.

[해설]
내용을 구조적으로 정리하는 방법은 '㉠ 관련 있는 내용끼리 묶는다. → ㉡ 묶은 내용에 적절한 이름을 붙인다. → ㉣ 중복된 내용이나 덜 중요한 내용을 삭제한다. → ㉢ 전체 내용을 이해하기 쉽게 구조화한다.'가 적절하다.

답 ②

③ 문서의 종류에 따른 작성방법
　㉠ 공문서
　　• 육하원칙이 드러나도록 써야 한다.
　　• 날짜는 반드시 연도와 월, 일을 함께 언급하며, 날짜 다음에 괄호를 사용할 때는 마침표를 찍지 않는다.
　　• 대외문서이며, 장기간 보관되기 때문에 정확하게 기술해야 한다.
　　• 내용이 복잡할 경우 '－다음－', '－아래－'와 같은 항목을 만들어 구분한다.
　　• 한 장에 담아내는 것을 원칙으로 하며, 마지막엔 반드시 '끝'자로 마무리 한다.
　㉡ 설명서
　　• 정확하고 간결하게 작성한다.
　　• 이해하기 어려운 전문용어의 사용은 삼가고, 복잡한 내용은 도표화 한다.
　　• 명령문보다는 평서문을 사용하고, 동어 반복보다는 다양한 표현을 구사하는 것이 바람직하다.
　㉢ 기획서
　　• 상대를 설득하여 기획서가 채택되는 것이 목적이므로 상대가 요구하는 것이 무엇인지 고려하여 작성하며, 기획의 핵심을 잘 전달하였는지 확인한다.
　　• 분량이 많을 경우 전체 내용을 한눈에 파악할 수 있도록 목차구성을 신중히 한다.
　　• 효과적인 내용 전달을 위한 표나 그래프를 적절히 활용하고 산뜻한 느낌을 줄 수 있도록 한다.
　　• 인용한 자료의 출처 및 내용이 정확해야 하며 제출 전 충분히 검토한다.

ⓔ 보고서

- 도출하고자 한 핵심내용을 구체적이고 간결하게 작성한다.
- 내용이 복잡할 경우 도표나 그림을 활용하고, 참고자료는 정확하게 제시한다.
- 제출하기 전에 최종점검을 하며 질의를 받을 것에 대비한다.

예제 3

다음 중 공문서 작성에 대한 설명으로 가장 적절하지 못한 것은?

① 공문서나 유가증권 등에 금액을 표시할 때에는 한글로 기재하고 그 옆에 괄호를 넣어 숫자로 표기한다.

② 날짜는 숫자로 표기하되 년, 월, 일의 글자는 생략하고 그 자리에 온점(.)을 찍어 표시한다.

③ 첨부물이 있는 경우에는 붙임 표시문 끝에 1자 띄우고 "끝."이라고 표시한다.

④ 공문서의 본문이 끝났을 경우에는 1자를 띄우고 "끝."이라고 표시한다.

[출제의도]
업무를 할 때 필요한 공문서 작성법을 잘 알고 있는지를 측정하는 문항이다.
[해설]
공문서 금액 표시
아라비아 숫자로 쓰고, 숫자 다음에 괄호를 하여 한글로 기재한다.
예) 금 123,456원(금 일십이만삼천 사백오십육원)

답 ①

---

④ 문서작성의 원칙

ⓐ 문장은 짧고 간결하게 작성한다(간결체 사용).

ⓑ 상대방이 이해하기 쉽게 쓴다.

ⓒ 불필요한 한자의 사용을 자제한다.

ⓓ 문장은 긍정문의 형식을 사용한다.

ⓔ 간단한 표제를 붙인다.

ⓕ 문서의 핵심내용을 먼저 쓰도록 한다(두괄식 구성).

⑤ 문서작성 시 주의사항

ⓐ 육하원칙에 의해 작성한다.

ⓑ 문서 작성시기가 중요하다.

ⓒ 한 사안은 한 장의 용지에 작성한다.

ⓓ 반드시 필요한 자료만 첨부한다.

ⓔ 금액, 수량, 일자 등은 기재에 정확성을 기한다.

ⓕ 경어나 단어사용 등 표현에 신경 쓴다.

ⓢ 문서작성 후 반드시 최종적으로 검토한다.

⑥ 효과적인 문서작성 요령

　　㉠ 내용이해 : 전달하고자 하는 내용과 핵심을 정확하게 이해해야 한다.

　　㉡ 목표설정 : 전달하고자 하는 목표를 분명하게 설정한다.

　　㉢ 구성 : 내용 전달 및 설득에 효과적인 구성과 형식을 고려한다.

　　㉣ 자료수집 : 목표를 뒷받침할 자료를 수집한다.

　　㉤ 핵심전달 : 단락별 핵심을 하위목차로 요약한다.

　　㉥ 대상파악 : 대상에 대한 이해와 분석을 통해 철저히 파악한다.

　　㉦ 보충설명 : 예상되는 질문을 정리하여 구체적인 답변을 준비한다.

　　㉧ 문서표현의 시각화 : 그래프, 그림, 사진 등을 적절히 사용하여 이해를 돕는다.

(3) 경청능력

① 경청의 중요성 … 경청은 다른 사람의 말을 주의 깊게 들으며 공감하는 능력으로 경청을 통해 상대방을 한 개인으로 존중하고 성실한 마음으로 대하게 되며, 상대방의 입장에 공감하고 이해하게 된다.

② 경청을 방해하는 습관 … 짐작하기, 대답할 말 준비하기, 걸러내기, 판단하기, 다른 생각하기, 조언하기, 언쟁하기, 옳아야만 하기, 슬쩍 넘어가기, 비위 맞추기 등

③ 효과적인 경청방법

　　㉠ 준비하기 : 강연이나 프레젠테이션 이전에 나누어주는 자료를 읽어 미리 주제를 파악하고 등장하는 용어를 익혀둔다.

　　㉡ 주의 집중 : 말하는 사람의 모든 것에 집중해서 적극적으로 듣는다.

　　㉢ 예측하기 : 다음에 무엇을 말할 것인가를 추측하려고 노력한다.

　　㉣ 나와 관련짓기 : 상대방이 전달하고자 하는 메시지를 나의 경험과 관련지어 생각해 본다.

　　㉤ 질문하기 : 질문은 듣는 행위를 적극적으로 하게 만들고 집중력을 높인다.

　　㉥ 요약하기 : 주기적으로 상대방이 전달하려는 내용을 요약한다.

　　㉦ 반응하기 : 피드백을 통해 의사소통을 점검한다.

예제 4

다음은 면접스터디 중 일어난 대화이다. 민아의 고민을 해소하기 위한 조언으로 가장 적절한 것은?

지섭 : 민아씨, 어디 아파요? 표정이 안 좋아 보여요.

민아 : 제가 원서 넣은 공단이 내일 면접이어서요. 그동안 스터디를 통해서 면접 연습을 많이 했는데도 벌써부터 긴장이 되네요.

지섭 : 민아씨는 자기 의견도 명확히 피력할 줄 알고 조리 있게 설명을 잘 하시니 걱정 안하셔도 될 것 같아요. 아, 손에 꽉 쥐고 계신 건 뭔가요?

민아 : 아, 제가 예상 답변을 정리해서 모아둔거에요. 내용은 거의 외웠는데 이렇게 쥐고 있지 않으면 불안해서

지섭 : 그 정도로 준비를 철저히 하셨으면 걱정할 이유 없을 것 같아요.

민아 : 그래도 압박면접이거나 예상치 못한 질문이 들어오면 어떻게 하죠?

지섭 : _____

---

① 시선을 적절히 처리하면서 부드러운 어투로 말하는 연습을 해보는 건 어때요?
② 공식적인 자리인 만큼 옷차림을 신경 쓰는 게 좋을 것 같아요.
③ 당황하지 말고 질문자의 의도를 잘 파악해서 침착하게 대답하면 되지 않을까요?
④ 예상 질문에 대한 답변을 좀 더 정확하게 외워보는 건 어떨까요?

[출제의도]
상대방이 하는 말을 듣고 질문 의도에 따라 올바르게 답하는 능력을 측정하는 문항이다.
[해설]
민아는 압박질문이나 예상치 못한 질문에 대해 걱정을 하고 있으므로 침착하게 대응하라고 조언을 해주는 것이 좋다.

답 ③

---

(4) 의사표현능력

① 의사표현의 개념과 종류

　㉠ 개념 : 화자가 자신의 생각과 감정을 청자에게 음성언어나 신체언어로 표현하는 행위이다.

　㉡ 종류

　　• 공식적 말하기 : 사전에 준비된 내용을 대중을 대상으로 말하는 것으로 연설, 토의, 토론 등이 있다.

　　• 의례적 말하기 : 사회·문화적 행사에서와 같이 절차에 따라 하는 말하기로 식사, 주례, 회의 등이 있다.

　　• 친교적 말하기 : 친근한 사람들 사이에서 자연스럽게 주고받는 대화 등을 말한다.

② 의사표현의 방해요인

　㉠ 연단공포증 : 연단에 섰을 때 가슴이 두근거리거나 땀이 나고 얼굴이 달아오르는 등의 현상으로 충분한 분석과 준비, 더 많은 말하기 기회 등을 통해 극복할 수 있다.

ⓛ 말 : 말의 장단, 고저, 발음, 속도, 쉼 등을 포함한다.

ⓒ 음성 : 목소리와 관련된 것으로 음색, 고저, 명료도, 완급 등을 의미한다.

ⓔ 몸짓 : 비언어적 요소로 화자의 외모, 표정, 동작 등이다.

ⓜ 유머 : 말하기 상황에 따른 적절한 유머를 구사할 수 있어야 한다.

③ 상황과 대상에 따른 의사표현법

ⓐ 잘못을 지적할 때 : 모호한 표현을 삼가고 확실하게 지적하며, 당장 꾸짖고 있는 내용에만 한정한다.

ⓑ 칭찬할 때 : 자칫 아부로 여겨질 수 있으므로 센스 있는 칭찬이 필요하다.

ⓒ 부탁할 때 : 먼저 상대방의 사정을 듣고 응하기 쉽게 구체적으로 부탁하며 거절을 당해도 싫은 내색을 하지 않는다.

ⓓ 요구를 거절할 때 : 먼저 사과하고 응해줄 수 없는 이유를 설명한다.

ⓜ 명령할 때 : 강압적인 말투보다는 '○○을 이렇게 해주는 것이 어떻겠습니까?'와 같은 식으로 부드럽게 표현하는 것이 효과적이다.

ⓑ 설득할 때 : 일방적으로 강요하기보다는 먼저 양보해서 이익을 공유하겠다는 의지를 보여주는 것이 좋다.

ⓢ 충고할 때 : 충고는 가장 최후의 방법이다. 반드시 충고가 필요한 상황이라면 예화를 들어 비유적으로 깨우쳐주는 것이 바람직하다.

ⓞ 질책할 때 : 샌드위치 화법(칭찬의 말 + 질책의 말 + 격려의 말)을 사용하여 청자의 반발을 최소화 한다.

예제 5

당신은 팀장님께 업무 지시내용을 수행하고 결과물을 보고 드렸다. 하지만 팀장님께서는 "최대리 업무를 이렇게 처리하면 어떡하나? 누락된 부분이 있지 않은가."라고 말하였다. 이에 대해 당신이 행할 수 있는 가장 부적절한 대처 자세는?

① "죄송합니다. 제가 잘 모르는 부분이라 이수혁 과장님께 부탁을 했는데 과장님께서 실수를 하신 것 같습니다."

② "주의를 기울이지 못해 죄송합니다. 어느 부분을 수정보완하면 될까요?"

③ "지시하신 내용을 제가 충분히 이해하지 못하였습니다. 내용을 다시 한 번 여쭤보아도 되겠습니까?"

④ "부족한 내용을 보완하는 자료를 취합하기 위해서 하루정도가 더 소요될 것 같습니다. 언제까지 재작성하여 드리면 될까요?"

[출제의도]

상사가 잘못을 지적하는 상황에서 어떻게 대처해야 하는지를 묻는 문항이다.

[해설]

상사가 부탁한 지시사항을 다른 사람에게 부탁하는 것은 옳지 못하며 설사 그렇다고 해도 그 일의 과오에 대해 책임을 전가하는 것은 지양해야 할 자세이다.

답 ①

④ 원활한 의사표현을 위한 지침

  ㉠ 올바른 화법을 위해 독서를 하라.
  ㉡ 좋은 청중이 되라.
  ㉢ 칭찬을 아끼지 마라.
  ㉣ 공감하고, 긍정적으로 보이게 하라.
  ㉤ 겸손은 최고의 미덕임을 잊지 마라.
  ㉥ 과감하게 공개하라.
  ㉦ 뒷말을 숨기지 마라.
  ㉧ 첫마디 말을 준비하라.
  ㉨ 이성과 감성의 조화를 꾀하라.
  ㉩ 대화의 룰을 지켜라.
  ㉪ 문장을 완전하게 말하라.

⑤ 설득력 있는 의사표현을 위한 지침

  ㉠ 'Yes'를 유도하여 미리 설득 분위기를 조성하라.
  ㉡ 대비 효과로 분발심을 불러 일으켜라.
  ㉢ 침묵을 지키는 사람의 참여도를 높여라.
  ㉣ 여운을 남기는 말로 상대방의 감정을 누그러뜨려라.
  ㉤ 하던 말을 갑자기 멈춤으로써 상대방의 주의를 끌어라.
  ㉥ 호칭을 바꿔서 심리적 간격을 좁혀라.
  ㉦ 끄집어 말하여 자존심을 건드려라.
  ㉧ 정보전달 공식을 이용하여 설득하라.
  ㉨ 상대방의 불평이 가져올 결과를 강조하라.
  ㉩ 권위 있는 사람의 말이나 작품을 인용하라.
  ㉪ 약점을 보여 주어 심리적 거리를 좁혀라.
  ㉫ 이상과 현실의 구체적 차이를 확인시켜라.
  ㉬ 자신의 잘못도 솔직하게 인정하라.
  ㉭ 집단의 요구를 거절하려면 개개인의 의견을 물어라.
  ⓐ 동조 심리를 이용하여 설득하라.
  ⓑ 지금까지의 노고를 치하한 뒤 새로운 요구를 하라.
  ⓒ 담당자가 대변자 역할을 하도록 하여 윗사람을 설득하게 하라.
  ⓓ 겉치레 양보로 기선을 제압하라.
  ⓔ 변명의 여지를 만들어 주고 설득하라.
  ⓕ 혼자 말하는 척하면서 상대의 잘못을 지적하라.

(5) 기초외국어능력

① 기초외국어능력의 개념과 필요성
    ㉠ 개념 : 기초외국어능력은 외국어로 된 간단한 자료를 이해하거나, 외국인과의 전화응대와 간단한 대화 등 외국인의 의사표현을 이해하고, 자신의 의사를 기초외국어로 표현할 수 있는 능력이다.
    ㉡ 필요성 : 국제화·세계화 시대에 다른 나라와의 무역을 위해 우리의 언어가 아닌 국제적인 통용어를 사용하거나 그들의 언어로 의사소통을 해야 하는 경우가 생길 수 있다.

② 외국인과의 의사소통에서 피해야 할 행동
    ㉠ 상대를 볼 때 흘겨보거나, 노려보거나, 아예 보지 않는 행동
    ㉡ 팔이나 다리를 꼬는 행동
    ㉢ 표정이 없는 것
    ㉣ 다리를 흔들거나 펜을 돌리는 행동
    ㉤ 맞장구를 치지 않거나 고개를 끄덕이지 않는 행동
    ㉥ 생각 없이 메모하는 행동
    ㉦ 자료만 들여다보는 행동
    ㉧ 바르지 못한 자세로 앉는 행동
    ㉨ 한숨, 하품, 신음소리를 내는 행동
    ㉩ 다른 일을 하며 듣는 행동
    ㉪ 상대방에게 이름이나 호칭을 어떻게 부를지 묻지 않고 마음대로 부르는 행동

③ 기초외국어능력 향상을 위한 공부법
    ㉠ 외국어공부의 목적부터 정하라.
    ㉡ 매일 30분씩 눈과 손과 입에 밸 정도로 반복하라.
    ㉢ 실수를 두려워하지 말고 기회가 있을 때마다 외국어로 말하라.
    ㉣ 외국어 잡지나 원서와 친해져라.
    ㉤ 소홀해지지 않도록 라이벌을 정하고 공부하라.
    ㉥ 업무와 관련된 주요 용어의 외국어는 꼭 알아두자.
    ㉦ 출퇴근 시간에 외국어 방송을 보거나, 듣는 것만으로도 귀가 트인다.
    ㉧ 어린이가 단어를 배우듯 외국어 단어를 암기할 때 그림카드를 사용해 보라.
    ㉨ 가능하면 외국인 친구를 사귀고 대화를 자주 나눠 보라.

출제예상문제

1 다음 보기 중, 아래 제시글의 내용을 올바르게 이해하지 못한 것은? (실질 국외순수취 요소소득은 고려하지 않는다)

어느 해의 GDP가 그 전년에 비해 증가했다면 총 산출량이 증가했거나, 산출물의 가격이 상승했거나 아니면 둘 다였을 가능성이 있게 된다. 국가경제에서 생산한 재화와 서비스의 총량이 시간의 흐름에 따라 어떻게 변화하는지(경제성장)를 정확하게 측정하기 위해서는 물량과 가격 요인이 분리되어야 한다. 이에 따라 GDP는 명목 GDP와 실질 GDP로 구분되어 추계되고 있다. 경상가격 GDP(GDP at current prices)라고도 불리는 명목 GDP는 한 나라 안에서 생산된 최종생산물의 가치를 그 생산물이 생산된 기간 중의 가격을 적용하여 계산한 것이다. 반면에 실질 GDP는 기준연도 가격으로 측정한 것으로 불변가격 GDP(GDP at constant prices)라고도 한다.

그러면 실질 구매력을 반영하는 실질 GNI는 어떻게 산출될까? 결론적으로 말하자면 실질 GNI도 실질 GDP로부터 산출된다. 그런데 실질 GNI는 교역조건 변화에 따른 실질 무역손익까지 포함하여 다음과 같이 계산된다.

'실질 GNI = 실질 GDP + 교역조건 변화에 따른 실질 무역손익 + (실질 국외순수취 요소소득)'

교역조건은 수출가격을 수입가격으로 나눈 것으로 수출입 상품간의 교환 비율이다. 교역조건이 변화하면 생산 및 소비가 영향을 받게 되고 그로 인해 국민소득이 변화하게 된다. 예를 들어 교역조건이 나빠지면 동일한 수출물량으로 사들일 수 있는 수입물량이 감소하게 된다. 이는 소비나 투자에 필요한 재화의 수입량이 줄어드는 것을 의미하며 수입재에 의한 소비나 투자의 감소는 바로 실질소득의 감소인 것이다. 이처럼 교역조건이 변화하면 실질소득이 영향을 받기 때문에 실질 GNI의 계산에는 교역조건 변화에 따른 실질 무역손익이 포함되는 것이다. 교역조건 변화에 따른 실질 무역손익이란 교역조건의 변화로 인해 발생하는 실질소득의 국외 유출 또는 국외로부터의 유입을 말한다.

① 한 나라의 총 생산량이 전년과 동일해도 GDP가 변동될 수 있다.

② GDP의 중요한 결정 요인은 가격과 물량이다.

③ 실질 GDP의 변동 요인은 물량이 아닌 가격이다.

④ 동일한 제품의 수입가격보다 수출가격이 높으면 실질 GNI는 실질 GDP보다 커진다.

⑤ 실질 GNI가 실질 GDP보다 낮아졌다는 것은 교역조건이 더 나빠졌다는 것을 의미한다.

 실질 GDP는 기준연도의 가격을 근거로 한 불변가격 GDP이므로 실질 GDP가 변하는 요인은 가격이 아닌 물량의 변동에 따른 것이다.
① 총 생산량 즉, 총 산출량이 동일해도 가치가 변동되면 GDP는 변동될 수 있다.
② 재화와 서비스의 총량 변화를 정확히 파악하기 위한 자료로 가격과 물량은 가장 중요한 요소이다.
④⑤ 교역조건이 나아지면 실질 GNI는 실질 GDP보다 높아지며 이것은 수출가격이 수입가격보다 높아져서 수출입 상품 간 교환 비율이 높아졌다는 것을 의미한다.

2 공문서를 작성할 경우, 명확한 의미의 전달은 의사소통을 하는 일에 있어 가장 중요한 요소라고 할 수 있다. 다음에 제시되는 문장 중 명확하지 않은 중의적인 의미를 포함하고 있는 문장이 아닌 것은 어느 것인가?

① 그녀를 기다리고 있던 성진이는 길 건너편에서 모자를 쓰고 있었다.

② 울면서 떠나는 영희에게 철수는 손을 흔들었다.

③ 그곳까지 간 김에 나는 철수와 영희를 만나고 돌아왔다.

④ 대학 동기동창이던 하영과 원태는 지난 달 결혼을 하였다.

⑤ 참석자가 모두 오지 않아서 회의가 진행될 수 없다.

 '철수는'이라는 주어가 맨 앞으로 와서 '철수는 울면서 떠나는 영희에게 손을 흔들었다.'고 표현하기 쉽지만, 이것은 우는 주체가 철수인지 영희인지 불분명한 경우가 될 수 있으므로 주의하여야 한다.
① 성진이가 모자를 쓰고 있는 '상태'인지, 모자를 쓰는 '동작'을 한 것인지 불분명하다.
③ 내가 철수와 영희 두 사람을 만난 것인지, 나와 철수가 함께 영희를 만나러 간 것인지 불분명하다.
④ 하영과 원태가 부부가 된 것인지, 각각 다른 사람과 결혼을 한 것인지 불분명하다.
⑤ 참석자 전원이 오지 않은 것인지, 참석자 모두가 다 온 것은 아닌 것인지 불분명하다.

Answer → 1.③ 2.②

3 다음은 세계 에너지 수요에 대한 전망을 나타내는 보고서이다. 다음 보고서의 근거 자료가 〈표〉와 같다면, 밑줄 친 ㉠~㉤ 중 적절한 내용이 아닌 것은 어느 것인가?

비OECD 국가인 개발도상국의 에너지수요는 2013~2040년 기간 중 연평균 1.6%씩 증가할 것으로 전망되어 ㉠2040년에는 2013년 대비 55.2%나 늘어날 것으로 예상된다. 반면, OECD 국가들의 같은 기간 에너지수요 증가율은 연평균 -0.1%에 불과할 것으로 전망된다. 그 결과 ㉡비OECD 국가의 에너지 소비 비중은 2013년 58.1%에서 2040년 68.2%로 늘어날 것으로 보인다.

비OECD 국가들 중 아프리카권의 성장세가 가장 빠를 것으로 보이는데, ㉢2040년 에너지 소비는 2013년 대비 50% 선으로 증가할 전망이다. 아시아권은 동기간 60.2% 증가할 전망인데, 그 중 인도는 비OECD 국가 중 가장 빠르게 경제가 성장하는 국가로서 연평균 3.4%의 에너지소비 증가율을 기록하며 2040년에는 2013년 수준 대비 146.2%까지 성장할 전망이다. 중국의 2013년 에너지소비는 2000년 대비 158.7% 증가로 가파른 성장세를 기록했지만, 최근 저성장 기조로 들어서면서 2013년에서 2040년까지의 증가율은 32.4%까지 하락할 전망이다. ㉣비OECD 국가 중 중국과 인도의 2000년 세계 에너지 소비 비중은 약 16%이었으나, 2013년에는 28%로 상승했으며, 전망기간 중 양국의 경제성장률 강세에 힘입어 2040년에는 33%에 이를 것으로 예상된다.

한편, 전망기간 동안 중동과 중남미의 2040년 에너지소비는 2013년 대비 각각 70%, 50.8%의 빠른 증가가 예상되며, 유럽과 일본의 2040년 에너지소비는 인구감소와 저성장 그리고 에너지효율 향상 등의 복합적인 요인에 의해 감소세를 보이며 ㉤2013년 대비 각각 -11.7%, -12.3% 감소할 전망이다. 또한, 미국의 세계 에너지 소비에서의 비중은 2013년 16%에서 2040년 12%로 낮아질 전망이다.

〈표〉 세계 총에너지 소비 실적 및 수요 전망

(단위 : Mtoe)

구분	소비실적		수요전망					연평균 증가율(%)
	2000	2013	2020	2025	2030	2035	2040	
OECD	5,294	5,324	5,344	5,264	5,210	5,175	5,167	−0.1
미국	2,270	2,185	2,221	2,179	2,143	2,123	2,125	−0.1
유럽	1,764	1,760	1,711	1,658	1,620	1,586	1,554	−0.5
일본	519	455	434	424	414	406	399	−0.5
비 OECD	4,497	7,884	9,008	9,822	10,688	11,505	12,239	1.6
러시아 등	620	715	702	716	735	758	774	0.3
아시아	2,215	4,693	5,478	6,023	6,592	7,094	7,518	1.8
중국	1,174	3,037	3,412	3,649	3,848	3,971	4,020	1.0
인도	441	775	1,018	1,207	1,440	1,676	1,908	3.4
중동	356	689	822	907	1,002	1,089	1,171	2.0
아프리카	497	744	880	969	1,067	1,180	1,302	2.1
중남미	424	618	678	735	797	864	932	1.5
	10,063	13,559	14,743	15,503	16,349	17,166	17,934	1.0

※ 연평균 증가율은 2012~2040년 기준

① ㉠ ② ㉡

③ ㉢ ④ ㉣

⑤ ㉤

 아프리카의 2040년 에너지 소비는 2013년 대비 (1,304 − 744) ÷ 744 × 100 = 75%에 이를 것으로 전망할 수 있다.

Answer↦ 3.③

4 다음은 정부에서 중점 추진하고 있는 에너지 신산업에 대한 글이다. 다음 글의 밑줄 친 부분이 의미하는 변화를 이루기 위해 가장 핵심적으로 요구되는 두 가지 기술 요소를 적절하게 연결한 것은 어느 것인가?

> 우리나라는 에너지 신산업의 일환으로 에너지 프로슈머 사업을 적극적으로 추진한다는 계획 하에 소규모 시범사업부터 대규모 프로슈머의 시범사업을 추진하고 있다. 기본적으로 에너지 프로슈머 사업이 활성화되기 위해서는 소비자 스스로 태양광 발전설비를 설치하고, 이웃과 거래할 수 있는 유인이 있어야 한다. 이러한 유인이 존재하려면 전력회사가 제공하는 전기의 요금보다 신재생에너지 발전단가가 낮아야 할 것이다. 앞으로도 소비자들의 프로슈머화는 가속화될 것이고 궁극적으로는 <u>자급자족 에너지 시스템으로의 변화</u>로 이어질 것으로 예상되고 있다.
>
> 에너지 프로슈머는 전력회사로부터 전력을 공급받아 단순히 소비만 하던 에너지 사용방식에서 탈피하여 신재생에너지원을 활용하여 직접 생산하여 소비한 후 남는 전력을 판매하기도 하는 소비자를 일컫는다. 소비자는 주로 태양광 발전설비를 이용하여 낮에 전력을 생산하여 자가 소비 후 잉여전력을 전력회사나 이웃에게 판매하는 방식으로 처리할 수 있다. 이 과정에서 소비자는 생산된 전력량으로부터 자가 소비량과 잉여전력량을 조절하는 한편, 전력회사로부터의 전력구입량도 관리하는 등 에너지 관리에 대한 선택이 확대된다. 더구나 전력저장장치가 결합된다면 저녁시간대의 전력 활용에 대한 선택이 커지므로 보다 전략적으로 에너지 관리를 할 수 있을 것이다.
>
> 소비자의 에너지 사용에 대한 행동변화는 소비자의 에너지 프로슈머화를 촉진시킬 뿐만 아니라 현재 대규모 설비위주의 중앙집중적 에너지 공급시스템을 분산형 전원을 활용하여 자급자족이 가능한 에너지 시스템으로 변화되도록 유도하고 있다. 그리고 소비자의 에너지 활용과 관련한 선택의 범위가 확대됨에 따라 다양한 에너지 서비스의 활성화에도 기여하고 있다. 소비자의 행동변화에 따라 에너지 사용데이터를 기반으로 공급자들도 에너지 수요관리와 관련된 다양한 서비스를 제공하는 한편, 에너지 프로슈머와의 경쟁적 환경에 놓이게 된 것이다.

① 전력저장장치, 전력구입량 관리 설비
② 전력저장장치, 분산형 전원
③ 중앙집중적 에너지 공급시스템, 전력구입량 관리 설비
④ 에너지 사용데이터 관리 시스템, 전력저장장치
⑤ 분산형 전원, 전력구입량 관리 설비

 신재생에너지를 활용한 에너지 신산업의 핵심은 전력저장장치(Energy Storage System)와 분산형 전원(Distributed Resources)의 구축에 있다. 태양광 설비 등을 이용하여 에너지를 생산할 뿐만 아니라 이를 저장하여 사용 및 판매에 이르는 활동에까지 소비자들이 직접 참여할 수 있는, 이른바 에너지 자립을 단위 지역별로 가능하도록 하는 것이 핵심 내용이다. 이것은 기존의 중앙집중적인 에너지 공급 방식에서 탈피하여 에너지 자급자족이 가능한 분산형 전원 설비를 갖추어야만 가능한 일이다. 따라서 전력저장장치와 분산형 전원의 기술 개발과 보급은 에너지 신산업의 필수적이고 기본적인 조건이라고 할 수 있다.

5 다음에 제시되는 글과 내용에 포함된 표를 참고할 때, 뒤에 이어질 단락에서 다루어질 내용이라고 보기 어려운 것은 어느 것인가?

> 에너지의 사용량을 결정하는 매우 중요한 핵심인자는 함께 거주하는 가구원의 수이다. 다음의 표에서 가구원수가 많아질수록 연료비 지출액 역시 함께 증가하는 것을 확인할 수 있다.
>
> | 가구원수 | 비율 | 가구소득(천 원, %) | | 연료비(원, %) | | 연료비 비율 |
> |---|---|---|---|---|---|---|
> | 1명 | 17.0% | 1,466,381 | (100.0) | 59,360 | (100.0) | 8.18% |
> | 2명 | 26.8% | 2,645,290 | (180.4) | 96,433 | (162.5) | 6.67% |
> | 3명 | 23.4% | 3,877,247 | (264.4) | 117,963 | (198.7) | 4.36% |
> | 4명 | 25.3% | 4,470,861 | (304.9) | 129,287 | (217.8) | 3.73% |
> | 5명 이상 | 7.5% | 4,677,671 | (319.0) | 148,456 | (250.1) | 4.01% |
>
> 하지만 가구원수와 연료비는 비례하여 증가하는 것은 아니며, 특히 1인 가구의 지출액은 3인이나 4인 가구의 절반 수준, 2인 가구와 비교하여서도 61.5% 수준에 그친다. 연료비 지출액이 1인 가구에서 상대적으로 큰 폭으로 떨어지는 이유는 1인 가구의 가구유형에서 찾을 수 있다. 1인 가구의 40.8%가 노인가구이며, 노인가구의 낮은 소득수준이 연료비 지출을 더욱 압박하는 효과를 가져왔을 것이다. 하지만 1인 가구의 연료비 감소폭에 비해 가구소득의 감소폭이 훨씬 크며, 그 결과 1인 가구의 연료비 비율 역시 3인 이상인 가구들에 비해 두 배 가까이 높게 나타난다. 한편, 2인 가구 역시 노인가구의 비율이 21.7%로, 3인 이상 가구 6.8%에 비해 3배 이상 높게 나타난다.

① 가구 소득분위별 연료비 지출 현황
② 가구의 유형별 연료비 지출 현황
③ 연령대별 가구소득 및 노인가구 소득과의 격차 비교
④ 가구주 연령대별 연료비 지출 내역
⑤ 과거 일정 기간 동안의 연료비 증감 내역

 제시된 글에서 필자가 말하고자 하는 바는, 1인 가구의 대다수는 노인가구가 차지하고 있으며 노인가구는 소득 수준은 낮은 데 반해 연료비 비율이 높다는 문제점을 지적하고자 하는 것이다. 따라서 보기 ①~④의 내용은 필자의 언급 내용과 직접적인 연관성이 있는 근거 자료가 될 수 있으나, 과거의 연료비 증감 내역은 반드시 근거로써 제시되어야 할 것이라고 볼 수는 없다.

|6~7| 다음은 어느 발전회사의 공급자 행동강령이다. 이를 보고 물음에 답하시오.

〈일반 요건〉

발전의 국내외 모든 공급자들은 국내법과 국제법 그리고 인권, 노동, 환경, 반부패와 관련하여 제정된 UN 글로벌 컴팩트 10대 원칙을 준수하여야 한다.

〈세부 요건〉

윤리적 기준

1. 공급자는 투명하고 깨끗한 경영을 위하여 최선의 노력을 다하여야 하며, 부당취득, 뇌물수수 등 비도덕적 행위를 하여서는 안 된다. 특히 당사 직원에게 금품, 향응 등의 뇌물을 어떠한 형태로든 제공해서는 안 된다.
2. 공급자는 공정거래를 저해하는 담합 행위를 하여서는 안 되며, 또한 제3자와 불법하도급 거래를 하여서도 안 된다.
3. 공급자는 본인 또는 타인의 이익을 위하여 당사 직원에게 공정한 직무수행이나 의사결정에 영향을 미칠 수 있는 부당한 청탁을 하여서는 안 된다.
4. 공급자는 뇌물 공여 및 요구를 거절하는 깨끗한 기업문화를 조성하기 위해 소속 직원을 교육하여야 하며, 계약 이행시 부패 관련 사항을 발견할 경우 발전 신문고 또는 레드휘슬(www.kom.co.kr)에 신고하여야 한다.

사회적 기준

1. 공급자는 사업권내의 조세 및 노동 관련 법규를 준수하며, 그러한 법규의 규정 및 정신에 따라 행동하기 위해 최선의 노력을 기울여야 한다.
2. 공급자는 국내법 및 국제법을 위반하여 근로를 제공받아서는 안 된다.
3. 공급자는 어떠한 경우에도 아동노동을 활용해서는 안 되고 이를 통한 이익을 취해서도 안 된다.
4. 공급자는 인종, 종교, 성별, 신체능력 등을 이유로 근로자의 고용 또는 채용시 차별하여서는 안 되며, 법률에 의하여 금지되어 있지 않은 이상 근로자에게 집회결사의 자유와 단체교섭권을 부여하여야 한다.

환경적 기준

1. 공급자는 사업권내의 환경과 안전 관련 법규를 준수하며, 그러한 법규의 규정 및 정신에 따라 행동하기 위해 최선의 노력을 기울여야 한다.
2. 공급자는 기업의 환경보호 성과를 지속적으로 향상시키기 위하여 환경 관련 절차를 준수하고 환경 친화적 기술의 확산을 위하여 노력을 기울여야 한다.
3. 공급자는 근로자들에게 필수 안전 장비를 제공하는 등 안전하고 건강한 작업 및 근무여건을 제공해야 한다.
4. 공급자는 사업권내의 관련 국가 및 지역의 환경에 대한 피해를 최소화하기 위하여 노력하는 등 환경을 중시하는 경영활동을 하여야 한다.

6 다음 사례에서 甲의 행동은 행동강령의 어느 기준을 위반한 것인가?

> 인사를 담당하고 있는 甲은 인턴 지원자인 乙이 키가 작고 못생겼다는 이유로 면접에서 탈락시켰다.

① 윤리적 기준 2
② 윤리적 기준 4
③ 사회적 기준 3
④ 사회적 기준 4
⑤ 환경적 기준 2

 사회적 기준의 4번째인 '공급자는 인종, 종교, 성별, 신체능력 등을 이유로 근로자의 고용 또는 채용시 차별하여서는 안 된다'를 위반한 것이다.

7 행동강령에 따를 경우 계약 이행시 부패가 발견된다면 어떻게 해야 하는가?

① 경찰에 신고한다.
② 발전 신문고에 신고한다.
③ 국민권익위원회에 신고한다.
④ 사장님께 바로 보고한다.
⑤ 계약을 해지한다.

 계약 이행시 부패 관련 사항을 발견할 경우 발전 신문고 또는 레드휘슬(www.kom.co.kr) 에 신고하여야 한다.

Answer⌐→ 6.④ 7.②

8 다음은 발전 분야 소속 직원의 청렴 행동지침이다. 다음 지침 중에서 잘못 쓰인 글자는 몇 개인가?

발전 분야 소속 직원의 청렴 행동지침

1. 발전설비의 설계 및 시공, 기자재품질 및 공장검사와 관련하여 법과 규정을 준수하고, 신뢰할 수 있도록 공정하게 직무를 수행한다.
2. 검수과정에서 이유여하를 막론하고 금품 · 향응이나 부당한 이익 제공을 요구하지도, 받지도 아니한다.
3. 시공업체 혹은 구매처와 공개된 장소에서 공식적으로 만나며, 개인적으로 만나 논의하거나 청탁을 받지 아니한다.
4. 혈연 · 학연 · 지연 · 종교 등 연고관계를 이유로 특정 거래업체를 우대하거나 유리하게 하지 아니한다.
5. 직무를 수행함에 있어서 식비의 대납 및 기념일 선물 등 일체의 금전이나 향응, 각종 편의를 단호히 거부한다.
6. 특정인에게 설계도면 및 시공개획 등의 주요자료를 사전 제공하는 일체의 특혜를 제공하지 아니한다.
7. 직무수행 중 알게 된 정보는 사적으로 이용하지 아니한다.

---

① 1개   ② 2개

③ 3개   ④ 4개

⑤ 5개

 이유여하를 막론하고 금품 · 향응이나 → 이유여하를 막론하고 금품 · 향응이나
설계도면 및 시공개획 → 설계도면 및 시공계획

9 다음은 은행을 사칭한 대출 주의 안내문이다. 이에 대한 설명으로 옳지 않은 것은?

항상 ○○은행을 이용해 주시는 고객님께 감사드립니다.

최근 ○○은행을 사칭하면서 대출 협조문이 Fax로 불특정 다수에게 발송되고 있어 각별한 주의가 요망됩니다. ○○은행은 절대로 Fax를 통해 대출 모집을 하지 않으니 아래의 Fax 발견시 즉시 폐기하시기 바랍니다.

아래 내용을 검토하시어 자금문제로 고민하는 대표이하 직원 여러분들에게 저의 은행의 금융정보를 공유할 수 있도록 업무협조 부탁드립니다.

수신 : 직장인 및 사업자
발신 : ○○은행 여신부
여신상담전화번호 : 070-xxxx-xxxx

대상	직장인 및 개인/법인 사업자
금리	개인신용등급적용 (최저 4.8~)
연령	만 20세~만 60세
상환 방식	1년만기일시상환, 원리금균등분할상환
대출 한도	100만 원~1억 원
대출 기간	12개월~최장 60개월까지 설정가능
서류 안내	공통서류 – 신분증 직장인 – 재직, 소득서류 사업자 – 사업자 등록증, 소득서류

※ 기타사항
• 본 안내장의 내용은 법률 및 관련 규정 변경시 일부 변경될 수 있습니다.
• 용도에 맞지 않을 시, 연락 주시면 수신거부 처리 해드리겠습니다.
현재 ○○은행을 사칭하여 문자를 보내는 불법업체가 기승입니다. ○○은행에서는 본 안내장 외엔 문자를 발송치 않으니 이점 유의하시어 대처 바랍니다.

① Fax 수신문에 의하면 최대 대출한도는 1억 원까지이다.
② Fax로 수신되는 대출 협조문은 ○○은행에서 보낸 것이 아니다.
③ Fax로 수신되는 대출 협조문은 즉시 폐기하여야 한다.
④ ○○은행에서는 대출 협조문을 문자로 발송한다.
⑤ 해당 안내장에 대해 수신거부 처리를 할 수 있다.

(Tip) ④ ○○은행에서는 본 안내장 외엔 문자를 발송하지 않는다.

Answer 8.② 9.④

┃10～11┃ 다음은 어느 회사의 송·배전용 전기설비 이용규정의 일부이다. 다음을 보고 물음에 답하시오.

제00조 이용신청 시기

고객의 송·배전용 전기설비 이용신청은 이용 희망일부터 행정소요일수와 표본 공정(접속설비의 설계·공사계약체결·공사시공기간 등) 소요일수를 합산한 기간 이전에 하는 것을 원칙으로 한다. 다만, 필요시 고객과 협의하여 이용신청시기를 조정할 수 있다.

제00조 이용신청시 기술검토용 제출자료

고객은 이용신청시 회사가 접속방안을 검토할 수 있도록 송·배전 기본계획자료를 제출하여야 한다. 고객은 자료가 확정되지 않은 경우에는 잠정 자료를 제출할 수 있으며, 자료가 확정되는 즉시 확정된 자료를 제출하여야 한다.

제00조 접속제의의 수락

고객은 접속제의서 접수 후 송전용전기설비는 2개월, 배전용전기설비는 1개월 이내에 접속제의에 대한 수락의사를 서면으로 통지하여야 하며, 이 기간까지 수락의사의 통지가 없을 경우 이용신청은 효력을 상실한다. 다만, 고객과의 협의를 통해 수락의사 통지기간을 1회에 한하여 송전용전기설비는 2개월, 배전용전기설비는 1개월 이내에서 연장할 수 있다. 접속제의에 이의가 있거나 새로운 접속방안의 검토를 희망하는 경우, 고객은 2회에 한하여 접속제의의 재검토를 요청할 수 있으며, 재검토 기간은 송전용전기설비는 3개월, 배전용전기설비는 1개월을 초과할 수 없다.

제00조 끝자리 수의 처리

이 규정에서 송·배전 이용요금 등의 계산에 사용하는 단위는 다음 표와 같으며 계산단위 미만의 끝자리 수는 계산단위 이하 첫째자리에서 반올림한다.

구분	계산단위
부하설비 용량	1kw
변압기설비 용량	1kVA
발전기 정격출력	1kw
계약전력	1kw
최대이용전력	1kw
요금적용전력	1kw
사용전력량	1k조
무효전력량	1kvarh
역률	1%

송·배전 이용요금 등의 청구금액(부가세 포함)에 10원 미만의 끝자리 수가 있을 경우에는 국고금 관리법에 정한 바에 따라 그 끝자리 수를 버린다.

10 乙은 이용규정을 바탕으로 회사 홈페이지에 올라온 고객의 질의에 답변하려고 한다. 답변 내용 중 옳지 않은 것은?

① Q : 송·배전용 전기설비 이용신청은 언제 하여야 하나요?

　A : 이용신청은 이용 희망일부터 행정소요일수와 표본 공정소요일수를 합산한 기간 이전에 하여야 합니다.

② Q : 송·배전 기본계획자료가 아직 확정되지 않은 상태인데 어떻게 해야 하나요?

　A : 잠정 자료를 제출할 수 있으며, 자료가 확정되는 즉시 확정된 자료를 제출하면 됩니다.

③ Q : 수락의사 통지기간을 연장하고 싶은데 그 기간은 어느정도인가요?

　A : 회사와 고객 간의 협의를 통해 송전용전기설비는 1개월, 배전용전기설비는 2개월 이내에서 연장할 수 있습니다.

④ Q : 송·배전 이용요금 등의 청구금액에 10원 미만의 끝자리 수가 있을 경우는 어떻게 되나요?

　A : 끝자리 수가 있을 경우에는 국고금관리법에 정한 바에 따라 그 끝자리 수를 버리게 됩니다.

⑤ Q : 배전용전기설비의 새로운 접속방안 재검토 기간은 얼마나 되나요?

　A : 배전용전기설비의 재검토 기간은 1개월 이내입니다.

 ③ 고객과의 협의를 통해 수락의사 통지기간을 1회에 한하여 송전용전기설비는 2개월, 배전용전기설비는 1개월 이내에서 연장할 수 있다.

11 접속제의에 이의가 있거나 새로운 접속방안의 검토를 희망하는 경우, 고객은 몇 회에 한하여 재검토를 요청할 수 있는가?

① 1회　　　　　　　　　② 2회

③ 3회　　　　　　　　　④ 4회

⑤ 5회

 접속제의에 이의가 있거나 새로운 접속방안의 검토를 희망하는 경우, 고객은 2회에 한하여 접속제의의 재검토를 요청할 수 있다.

Answer →　10.③　11.②

12 다음은 산업현장 안전규칙이다. 선임 J씨가 신입으로 들어온 K씨에게 전달할 사항으로 옳지 않은 것은?

산업현장 안전규칙

- 작업 전 안전점검, 작업 중 정리정돈은 사용하게 될 기계·기구 등에 대한 이상 유무 등 유해·위험요인을 사전에 확인하여 예방대책을 강구하는 것으로 현장 안전관리의 출발점이다.
- 작업장 안전통로 확보는 작업장 내 통행 시 위험기계·기구들로부터 근로자를 보호하며 원활한 작업진행에도 기여한다.
- 개인보호구(헬멧 등) 지급착용은 근로자의 생명이나 신체를 보호하고 재해의 정도를 경감시키는 등 재해예방을 위한 최후 수단이다.
- 전기활선 작업 중 절연용 방호기구 사용으로 불가피한 활선작업에서 오는 단락·지락에 의한 아크화상 및 충전부 접촉에 의한 전격재해와 감전사고가 감소한다.
- 기계·설비 정비 시 잠금장치 및 표지판 부착으로 정비 작업 중에 다른 작업자가 정비 중인 기계·설비를 기동함으로써 발생하는 재해를 예방한다.
- 유해·위험 화학물질 경고표지 부착으로 위험성을 사전에 인식시킴으로써 사용 취급시의 재해를 예방한다.
- 프레스, 전단기, 압력용기, 둥근톱에 방호장치 설치는 신체부위가 기계·기구의 위험부분에 들어가는 것을 방지하고 오작동에 의한 위험을 사전 차단 해준다.
- 고소작업 시 안전 난간, 개구부 덮개 설치로 추락재해를 예방할 수 있다.
- 추락방지용 안전방망 설치는 추락·낙하에 의한 재해를 감소할 수 있다(성능검정에 합격한 안전방망 사용).
- 용접 시 인화성·폭발성 물질을 격리하여 용접작업 시 발생하는 불꽃, 용접불똥 등에 의한 대형화재 또는 폭발위험성을 사전에 예방한다.

---

① 작업장 안전통로에 통로의 진입을 막는 물건이 있으면 안 됩니다.
② 전기활선 작업 중에는 단락·지락이 절대 생겨서는 안 됩니다.
③ 어떤 상황에서도 작업장에서는 개인보호구를 착용하십시오.
④ 프레스, 전단기 등의 기계는 꼭 방호장치가 설치되어 있는지 확인하고 사용하십시오.
⑤ 고소작업 시 안전 난간, 개구부 덮개를 설치하십시오.

(Tip) ② 전기활선 작업 중에 단락·지락은 불가피하게 발생할 수 있다. 따라서 절연용 방호기구를 사용하여야 한다.

13 다음 글의 내용을 참고할 때, 빈 칸에 들어갈 가장 적절한 말은 어느 것인가?

> 사람을 비롯한 포유류에서 모든 피를 만드는 줄기세포는 뼈에 존재한다. 그러나 물고기의 조혈 줄기세포(조혈모세포)는 신장에 있다. 신체의 특정 위치 즉 '조혈 줄기세포 자리(blood stem cell niche)'에서 피가 만들어진다는 사실을 처음 알게 된 1970년대 이래, 생물학자들은 생물들이 왜 서로 다른 부위에서 이 기능을 수행하도록 진화돼 왔는지 궁금하게 여겨왔다. 그 40년 뒤, 중요한 단서가 발견됐다. 조혈 줄기세포가 위치한 장소는 (   ) 진화돼 왔다는 사실이다.
>
> 이번에 발견된 '조혈 줄기세포 자리' 퍼즐 조각은 조혈모세포 이식의 안전성을 증진시키는데 도움이 될 것으로 기대된다. 연구팀은 실험에 널리 쓰이는 동물모델인 제브라피쉬를 관찰하다 영감을 얻게 됐다.
>
> 프리드리히 카프(Friedrich Kapp) 박사는 "현미경으로 제브라피쉬의 조혈 줄기세포를 관찰하려고 했으나 신장 위에 있는 멜라닌세포 층이 시야를 가로막았다"고 말했다. 멜라닌세포는 인체 피부 색깔을 나타내는 멜라닌 색소를 생성하는 세포다.
>
> 카프 박사는 "신장 위에 있는 멜라닌세포의 모양이 마치 파라솔을 연상시켜 이 세포들이 조혈줄기세포를 자외선으로부터 보호해 주는 것이 아닐까 하는 생각을 하게 됐다"고 전했다. 이런 생각이 들자 카프 박사는 정상적인 제브라피쉬와 멜라닌세포가 결여된 변이 제브라피쉬를 각각 자외선에 노출시켰다. 그랬더니 변이 제브라피쉬의 조혈 줄기세포가 줄어드는 현상이 나타났다. 이와 함께 정상적인 제브라피쉬를 거꾸로 뒤집어 자외선을 쬐자 마찬가지로 줄기세포가 손실됐다.
>
> 이 실험들은 멜라닌세포 우산이 물리적으로 위에서 내리쬐는 자외선으로부터 신장을 보호하고 있다는 사실을 확인시켜 주었다.

① 줄기세포가 햇빛과 원활하게 접촉할 수 있도록

② 줄기세포에 일정한 양의 햇빛이 지속적으로 공급될 수 있도록

③ 멜라닌 색소가 생성되기에 최적의 공간이 형성될 수 있도록

④ 멜라닌세포 층과 햇빛의 반응이 최소화될 수 있도록

⑤ 햇빛의 유해한 자외선(UV)으로부터 이 줄기세포를 보호하도록

 제브라피쉬의 실험은 햇빛의 자외선으로부터 줄기세포를 보호하는 멜라닌 세포를 제거한 후 제브라피쉬를 햇빛에 노출시켜 본 사실이 핵심적인 내용이라고 할 수 있다. 따라서 이를 통하여 알 수 있는 결론은, 줄기세포가 존재하는 장소는 햇빛의 자외선으로부터 보호받을 수 있는 방식으로 진화하게 되었다는 것이 타당하다고 볼 수 있다.

Answer ↪ 12.② 13.⑤

14 다음은 출산율 저하와 인구정책에 관한 글을 쓰기 위해 정리한 글감과 생각이다. 〈보기〉와 같은 방식으로 내용을 전개하려고 할 때 바르게 연결된 것은?

> ○ 가임 여성 1인당 출산율이 1.3명으로 떨어졌다.
> ○ 여성의 사회 활동 참여율이 크게 증가하고 있다.
> ○ 현재 시행되고 있는 출산장려 정책은 큰 효과가 없다.
> ○ 새롭고 실제 가정에 도움이 되는 출산장려 정책이 추진되어야 한다.
> ○ 가치관의 변화로 자녀의 필요성을 느끼지 않는다.
> ○ 인구 감소로 인해 노동력 부족 현상이 심화된다.
> ○ 노동 인구의 수가 국가 산업 경쟁력을 좌우한다.
> ○ 인구 문제에 대한 정부 차원의 대책을 수립한다.

> 〈보기〉
> 문제 상황 → 상황의 원인 → 주장 → 주장의 근거 → 종합 의견

	문제 상황	상황의 원인	예상 문제점	주장	주장의 근거	종합 의견
①	㉠, ㉡	㉤	㉢	㉣	㉧, ㉦	㉨
②	㉠	㉡, ㉤	㉧, ㉦	㉣	㉢	㉨
③	㉡, ㉤	㉧	㉠	㉢, ㉣	㉨	㉦
④	㉢	㉠, ㉡, ㉤	㉦	㉨	㉧	㉣
⑤	㉠	㉡, ㉢	㉧, ㉦	㉣	㉤	㉨

• 문제 상황 : 출산율 저하(㉠)
• 출산율 저하의 원인 : 여성의 사회 활동 참여율(㉡), 가치관의 변화(㉤)
• 출산율 저하의 문제점 : 노동 인구의 수가 국가 산업 경쟁력을 좌우(㉦)하는데 인구 감소로 인해 노동력 부족 현상이 심화된다(㉧).
• 주장 : 새롭고 실제 가정에 도움이 되는 출산장려 정책이 추진되어야 한다(㉣).
• 주장의 근거 : 현재 시행되고 있는 출산장려 정책은 큰 효과가 없다(㉢).
• 종합 의견 : 인구 문제에 대한 정부 차원의 대책을 수립한다(㉨).

15 다음은 SNS 회사에 함께 인턴으로 채용된 두 친구의 대화이다. 두 사람이 제출했을 토론 주제로 적합한 것은?

> 여 : 대리님께서 말씀하신 토론 주제는 정했어? 난 인터넷에서 '저무는 육필의 시대'라는 기사를 찾았는데 토론 주제로 괜찮을 것 같아서 그걸 정리해 가려고 하는데.
> 남 : 난 아직 마땅한 게 없어서 찾는 중이야. 그런데 육필이 뭐야?
> 여 : SNS 회사에 입사했다는 애가 그것도 모르는 거야? 컴퓨터로 글을 쓰는 게 디지털 글쓰기라면 손으로 글을 쓰는 걸 육필이라고 하잖아.
> 남 : 아! 그런 거야? 그럼 우리는 디지털 글쓰기 세대겠네?
> 여 : 그런 셈이지. 요즘 다들 컴퓨터로 글을 쓰니까. 그나저나 너는 디지털 글쓰기의 장점이 뭐라고 생각해?
> 남 : 음, 우선 떠오르는 대로 빨리 쓸 수 있다는 점 아닐까? 또 쉽게 고칠 수도 있고. 그래서 누구나 쉽게 글을 쓸 수 있다는 점이 디지털 글쓰기의 최대 장점이라고 생각하는데.
> 여 : 맞아. 기존의 글쓰기가 소수의 전유물이었다면, 디지털 글쓰기 덕분에 누구나 쉽게 글을 쓰고 의사소통을 할 수 있게 되었다는 게 내가 본 기사의 핵심이었어. 한마디로 글쓰기의 민주화가 이루어진 거지.
> 남 : 글쓰기의 민주화……. 멋있어 보이기는 하는데, 디지털 글쓰기가 꼭 장점만 있는 것 같지는 않아. 누구나 쉽게 글을 쓸 수 있게 됐다는 건, 그만큼 글이 가벼워졌다는 거 아냐? 우리 주변에서도 그런 글들은 엄청나잖아.
> 여 : 하긴, 디지털 글쓰기 때문에 과거보다 진지하게 글을 쓰는 사람이 적어진 건 사실이야. 남의 글을 베끼거나 근거 없는 내용을 담은 글들도 많아지고.
> 남 : 우리 이 주제로 토론을 해 보는 게 어때?

① 세대 간 정보화 격차
② 디지털 글쓰기와 정보화
③ 디지털 글쓰기의 장단점
④ 디지털 글쓰기와 의사소통의 관계
⑤ 디지털 글쓰기와 정치

 ③ 대화 속의 남과 여는 디지털 글쓰기의 장점과 단점에 대해 이야기하고 있다. 따라서 두 사람이 제출했을 토론 주제로는 '디지털 글쓰기의 장단점'이 적합하다.

Answer 14.② 15.③

16 A국에 대한 아래 정치, 경제 동향 자료로 보아 가장 타당하지 않은 해석을 하고 있는 사람은?

- 작년 말 실시된 대선에서 여당 후보가 67%의 득표율로 당선되었고, 집권 여당이 250 석 중 162석의 과반 의석을 차지해 재집권에 성공하면서 집권당 분열 사태는 발생하지 않을 전망이다.
- 불확실한 선거 결과 및 선거 이후 행정부의 정책 방향 미정으로 해외 투자자들은 A국 에 대한 투자를 계속 미뤄 왔으며 최근 세계 천연가스의 공급 초과 우려가 제기되면서 관망을 지속하는 중이다.
- 2000년대 초반까지는 종교 및 종족 간의 갈등이 심각했지만, 현재는 거의 종식된 상태 이며, 민주주의 정착으로 안정적인 사회 체제를 이뤄 가는 중이나 빈부격차의 심화로 인한 불안 요인은 잠재되어 있는 편이다.
- 주 사업 분야인 광물자원 채굴과 천연가스 개발 붐이 몇 년간 지속되면서 인프라 확충 에도 투자가 많이 진행되어 경제성장이 지속되어 왔다.
- A국 중앙은행의 적절한 대처로 A국 통화 가치의 급격한 하락은 나타나지 않을 전망이다.
- 지난 3년간의 경제 지표는 아래와 같다.(뒤의 숫자일수록 최근 연도를 나타내며 Tm은 A국의 통화 단위)
- 경제성장률 : 7.1%, 6.8%, 7.6%
- 물가상승률 : 3.2%, 2.8%, 3.4%
- 달러 당 환율(Tm/USD) : 31.7, 32.5, 33.0
- 외채 잔액(억 달러) : 100, 104, 107
- 외채 상환 비율 : 4.9%, 5.1%, 5.0%

① 갑 : 외채 상환 비율이 엇비슷한데도 외채 잔액이 증가한 것은 인프라 확충을 위한 설비 투자 때문일 수도 있겠어.

② 을 : 집권 여당의 재집권으로 정치적 안정이 기대되지만 빈부격차가 심화된다면 사 회적 소요의 가능성도 있겠네.

③ 병 : A국의 경제성장률에 비하면 물가상승률은 낮은 편이라서 중앙은행이 물가 관 리를 비교적 잘 하고 있다고 볼 수 있네.

④ 정 : 지난 3년간 A국의 달러 당 환율을 보면 A국에서 외국으로 수출하는 기업들은 대부분 환차손을 피하기 어려웠겠네.

⑤ 종교갈등으로 인한 리스크보다는 빈부격차로 인한 돌발상황에 대한 리스크에 대비 해야겠군.

(Tip) ④ 환차손은 환율변동에 따른 손해를 말하는 것으로 환차익에 반대되는 개념이다. A국에서 외국으로 수출하는 기업들은 3년간 달러 당 환율의 상승으로 받을 돈에 있어서 환차익을 누리게 된다.

17 IT분야에 근무하고 있는 K는 상사로부터 보고서를 검토해달라는 요청을 받고 보고서를 검토 중이다. 보고서의 교정 방향으로 적절하지 않은 것은?

> 국가경제 성장의 핵심 역할을 하는 IT산업은 정보통신서비스, 정보통신기기, 소프트웨어 부문으로 구분된다. 2010년 IT산업의 생산규모는 전년대비 15% 이상 증가한 385.4조원을 기록하였다. 한편, 소프트웨어 산업은 경기위축에 선행하고 경기회복에 후행하는 산업적 특성 때문에 전년대비 2% 이하의 성장에 머물렀다.
>
> 2010년 정보통신서비스 생산규모는 IPTV 등 신규 정보통신서비스 확대로 전년대비 4.6% 증가한 63.4조원을 기록하였다. 2010년 융합서비스는 전년대비 생산규모 ⊙<u>증가률</u>이 정보통신서비스 중 가장 높았고, 정보통신서비스에서 차지하는 생산규모 비중도 가장 컸다. ⊙<u>또한 R&D 투자액이 매년 증가하여 GDP 대비 R&D 투자액 비중이 증가하였다.</u>
>
> IT산업 전체의 생산을 견인하고 있는 정보통신기기 생산규모는 통신기기를 제외한 다른 품목의 생산 호조에 따라 2010년 전년대비 25.6% 증가하였다. ⓒ<u>한편</u>, 2006~2010년 동안 정보통신기기 생산규모에서 통신기기, 정보기기, 음향기기, 전자부품, 응용기기가 차지하는 비중의 순위는 매년 변화가 없었다. 2010년 전자부품 생산규모는 174.4조원으로 정보통신기기 전체 생산규모의 59.0%를 차지한다. 전자부품 중 반도체와 디스플레이 패널의 생산규모는 전년대비 각각 48.6%, 47.4% 증가하여 전자부품 생산을 ⓔ<u>유도</u>하였다. 2005년~2010년 동안 정보통신기기 부문에서 전자부품과 응용기기 각각의 생산규모는 매년 ⓜ<u>상승</u>하였다.

① ⊙은 맞춤법에 맞지 않는 표현으로 '증가율'로 수정해야 합니다.
② ⊙은 문맥에 맞지 않는 문장으로 삭제하는 것이 좋습니다.
③ ⓒ은 앞 뒤 문장이 인과구조이므로 '따라서'로 수정해야 합니다.
④ ⓔ '유도'라는 어휘 대신 문맥상 적합한 '주도'라는 단어로 대체해야 합니다.
⑤ ⓜ '상승'은 '증가'로 수정하는 것이 더 적절합니다.

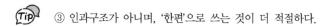 ③ 인과구조가 아니며, '한편'으로 쓰는 것이 더 적절하다.

18 다음은 농어촌 주민의 보건복지 증진을 위해 추진하고 있는 방안을 설명하는 글이다. 주어진 단락 ㈎〜㈐ 중 농어촌의 사회복지서비스를 소개하고 있는 단락은 어느 것인가?

㈎ 「쌀 소득 등의 보전에 관한 법률」에 따른 쌀 소득 등 보전직접 지불금 등은 전액 소득 인정액에 반영하지 않으며, 농어민 가구가 자부담한 보육비용의 일부, 농어업 직접사용 대출금의 상환이자 일부 등을 소득 산정에서 제외하고 있다. 또한 경작농지 등 농어업과 직접 관련되는 재산의 일부에 대해서도 소득환산에서 제외하고 있다.

㈏ 2019년까지 한시적으로 농어민에 대한 국민연금보험료 지원을 실시하고 있다. 기준 소득 금액은 910천 원으로 본인이 부담할 연금 보험료의 1/2를 초과하지 않는 범위 내에서 2015년 최고 40,950원/월을 지원하였다.

㈐ 급격한 농어촌 고령화에 따라 농어촌 지역에 거주하는 보호가 필요한 거동불편노인, 독거노인 등에게 맞춤형 대책을 제공하기 위한 노인돌보기, 농어촌 지역 노인의 장기요양 욕구 충족 및 부양가족의 부담 경감을 위한 노인요양시설 확충 등을 추진하고 있다.

㈑ 농어촌 지역 주민의 암 조기발견 및 조기치료를 유도하기 위한 국가 암 검진 사업을 지속적으로 추진하고, 농어촌 재가암환자서비스 강화를 통하여 농어촌 암환자의 삶의 질 향상, 가족의 환자 보호·간호 등에 따른 부담 경감을 도모하고 있다.

㈒ 휴·폐경농지, 3년 이상 계속 방치된 빈 축사 및 양식장 등은 건강보험료 산정 시 재산세 과세표준금액의 20%를 감액하여 적용하는 등 보험료 부과 기준을 완화하여 적용하고 있다. 소득·재산 등 보험료 납부 능력 여부를 조사하여 납부 능력이 없는 세대는 체납보험료를 결손 처분하고 의료급여 수급권자로 전환하고 있다.

① ㈎

② ㈏

③ ㈐

④ ㈑

⑤ ㈒

> (Tip) ㈐의 내용은 농어촌 특성에 적합한 고령자에 대한 복지서비스를 제공하는 모습을 설명하고 있다.

19 다음에 제시된 글의 목적에 대해 바르게 나타낸 것은?

제목 : 사내 신문의 발행

1. 우리 회사 직원들의 원만한 커뮤니케이션과 대외 이미지를 재고하기 위하여 사내 신문을 발간하고자 합니다.

2. 사내 신문은 홍보지와 달리 새로운 정보와 소식지로서의 역할이 기대되오니 아래의 사항을 검토하시고 재가해주시기 바랍니다.

-아 래-

㉠ 제호 : We 서원인
㉡ 판형 : 140 × 210mm
㉢ 페이지 : 20쪽
㉣ 출간 예정일 : 2016. 1. 1

별첨 견적서 1부

---

① 회사에서 정부를 상대로 사업을 진행하려고 작성한 문서이다.
② 회사의 업무에 대한 협조를 구하기 위하여 작성한 문서이다.
③ 회사의 업무에 대한 현황이나 진행상황 등을 보고하고자 하는 문서이다.
④ 회사 상품의 특성을 소비자에게 설명하기 위하여 작성한 문서이다.
⑤ 회사의 행사를 안내하기 위해 작성한 문서이다.

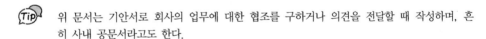 위 문서는 기안서로 회사의 업무에 대한 협조를 구하거나 의견을 전달할 때 작성하며, 흔히 사내 공문서라고도 한다.

Answer➔ 18.③ 19.②

20 다음 부고장의 용어를 한자로 바르게 표시하지 못한 것은?

부 고

상공주식회사의 최시환 사장님의 부친이신 최○○께서 그동안 병환으로 요양 중이시던 중 2016년 1월 5일 오전 7시에 별세하였기에 이를 고합니다. 생전의 후의에 깊이 감사 드리며, 다음과 같이 <u>영결식</u>을 거행하게 되었음을 알려드립니다. 대단히 송구하오나 <u>조화</u>와 <u>부의</u>는 간곡히 <u>사양</u>하오니 협조 있으시기 바랍니다.

다 음

1. 발인일시 : 2016년 1월 7일 오전 8시
2. 장   소 : 고려대학교 부속 구로병원 영안실 3호
3. 장   지 : 경기도 이천시 ○○군 ○○면
4. 연 락 처 : 빈소 (02) 2675-0000

회사 (02) 6542-0000

첨부 : 영결식 장소(고대구로병원) 약도 1부.

　　　미망인　　　조 ○ ○
　　　장 남　　　최 ○ ○
　　　차 남　　　최 ○ ○
　　　장례위원장　홍 두 깨

※ 조화 및 부의 사절

---

① 영결식 – 永訣式　　　② 조화 – 弔花
③ 부의 – 訃告　　　　　④ 발인 – 發靷
⑤ 사양 – 辭讓

 ③ 부의 – 賻儀

21 다음 면접 상황을 읽고 동수가 잘못한 원인을 바르게 찾은 것은?

> 카페창업에 실패한 29살의 영식과 동수는 생존을 위해 한 기업에 함께 면접시험을 보러 가게 되었다. 영식이 먼저 면접시험을 치르게 되었다.
> 면접관 : 자네는 좋아하는 스포츠가 있는가?
> 영식 : 예, 있습니다. 저는 축구를 아주 좋아합니다.
> 면접관 : 그럼 좋아하는 축구선수가 누구입니까?
> 영식 : 예전에는 홍명보선수를 좋아했으나 최근에는 손흥민선수를 좋아합니다.
> 면접관 : 그럼 좋아하는 위인은 누구인가?
> 영식 : 제가 좋아하는 위인으로는 우리나라를 왜군의 세력으로부터 지켜주신 이순신 장군입니다.
> 면접관 : 자네는 메르스가 위험한 질병이라고 생각하는가?
> 영식 : 저는 메르스가 그렇게 위험한 질병이라고 생각하지는 않습니다. 제 개인적인 생각으로는 건강상 문제가 없으면 감기처럼 지나가는 질환이고, 면역력이 약하다면 합병증을 유발하여 그 합병증 때문에 위험하다고 생각합니다.
> 무사히 면접시험을 마친 영식은 매우 불안해하는 동수에게 자신이 답한 내용을 모두 알려주었다. 동수는 그 답변을 달달 외우기 시작하였다. 이제 동수의 면접시험 차례가 돌아왔다.
> 면접관 : 자네는 좋아하는 음식이 무엇인가?
> 동수 : 네, 저는 축구를 좋아합니다.
> 면접관 : 그럼 자네는 이름이 무엇인가?
> 동수 : 예전에는 홍명보였으나 지금은 손흥민입니다.
> 면접관 : 허. 자네 아버지 성함은 무엇인가?
> 동수 : 예, 이순신입니다.
> 면접관 : 자네는 지금 자네의 상태가 어떻다고 생각하는가?
> 동수 : 예, 저는 건강상 문제가 없다면 괜찮은 것이고, 면역력이 약해졌다면 합병증을 유발하여 그 합병증 때문에 위험할 것 같습니다.

① 묻는 질문에 대해 명확하게 답변을 하였다.
② 면접관의 의도를 빠르게 파악하였다.
③ 면접관의 질문을 제대로 경청하지 못했다.
④ 면접관의 신분을 파악하지 못했다.
⑤ 잘못된 제스처를 사용하며 답변하였다.

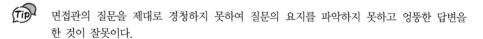 면접관의 질문을 제대로 경청하지 못하여 질문의 요지를 파악하지 못하고 엉뚱한 답변을 한 것이 잘못이다.

Answer 20.③ 21.③

┃22~23┃ 다음은 가스안전사용요령이다. 이를 보고 물음에 답하시오.

사용 전 주의사항 : 환기

• 가스를 사용하기 전에는 연소기 주변을 비롯한 실내에서 특히 냄새를 맡아 가스가 새지 않았는가를 확인하고 창문을 열어 환기시키는 안전수칙을 생활화 합니다.

• 연소기 부근에는 가연성 물질을 두지 말아야 합니다.

• 콕, 호스 등 연결부에서 가스가 누출되는 경우가 많기 때문에 호스 밴드로 확실하게 조이고, 호스가 낡거나 손상되었을 때에는 즉시 새것으로 교체합니다.

• 연소 기구는 자주 청소하여 불꽃구멍 등에 음식찌꺼기 등이 끼어있지 않도록 유의합니다.

사용 중 주의사항 : 불꽃확인

• 사용 중 가스의 불꽃 색깔이 황색이나 적색인 경우는 불완전 연소되는 것으로, 연소 효율이 좋지 않을 뿐 아니라 일산화탄소가 발생되므로 공기조절장치를 움직여서 파란불꽃 상태가 되도록 조절해야 합니다.

• 바람이 불거나 국물이 넘쳐 불이 꺼지면 가스가 그대로 누출되므로 사용 중에는 불이 꺼지지 않았는지 자주 살펴봅니다. 구조는 버너, 삼발이, 국물받이로 간단히 분해할 수 있게 되어 있으며, 주로 가정용으로 사용되고 있다.

• 불이 꺼질 경우 소화 안전장치가 없는 연소기는 가스가 계속 누출되고 있으므로 가스를 잠근 다음 샌 가스가 완전히 실외로 배출된 것을 확인한 후에 재점화 해야 합니다. 폭발범위 안의 농도로 공기와 혼합된 가스는 아주 작은 불꽃에 의해서도 인화 폭발되므로 배출시킬 때에는 환풍기나 선풍기 같은 전기제품을 절대로 사용하지 말고 방석이나 빗자루를 이용함으로써 전기스파크에 의한 폭발을 막아야 합니다.

• 사용 중에 가스가 떨어져 불이 꺼졌을 경우에도 반드시 연소기의 콕과 중간밸브를 잠그도록 해야 합니다.

사용 후 주의사항 : 밸브잠금

• 가스를 사용하고 난 후에는 연소기에 부착된 콕은 물론 중간밸브도 확실하게 잠그는 습관을 갖도록 해야 합니다.

• 장기간 외출시에는 중간밸브와 함께 용기밸브(LPG)도 잠그고, 도시가스를 사용하는 곳에서는 가스계량기 옆에 설치되어 있는 메인밸브까지 잠가 두어야 밀폐된 빈집에서 가스가 새어나와 냉장고 작동시 생기는 전기불꽃에 의해 폭발하는 등의 불의의 사고를 예방할 수 있습니다.

• 가스를 다 사용하고 난 빈 용기라도 용기 안에 약간의 가스가 남아 있는 경우가 많으므로 빈용기라고 해서 용기밸브를 열어놓은 채 방치하면 남아있는 가스가 새어나올 수 있으므로 용기밸브를 반드시 잠근 후에 화기가 없는 곳에 보관하여야 합니다.

---

22 가스안전사용요령을 읽은 甲의 행동으로 옳지 않은 것은?

① 甲은 호스가 낡아서 즉시 새것으로 교체를 하였다.

② 甲은 가스의 불꽃이 적색인 것을 보고 정상적인 것으로 생각해 그냥 내버려 두었다.

③ 甲은 장기간 집을 비우게 되어 중간밸브와 함께 용기밸브(LPG)도 잠그고 메인밸브까지 잠가두고 집을 나갔다.

④ 甲은 연소 기구를 자주 청소하여 음식물 등이 끼지 않도록 하였다.

⑤ 甲은 사용 중 가스가 떨어져 불이 꺼지자 연소기의 콕과 중간밸브를 잠갔다.

 ② 사용 중 가스의 불꽃 색깔이 황색이나 적색인 경우는 불완전 연소되는 것으로, 연소 효율이 좋지 않을 뿐 아니라 일산화탄소가 발생되므로 공기조절장치를 움직여서 파란불꽃 상태가 되도록 조절해야 한다.

23 가스 사용 중에 가스가 떨어져 불이 꺼졌을 경우에는 어떻게 해야 하는가?

① 창문을 열어 환기시킨다.

② 연소기구를 청소한다.

③ 용기밸브를 열어 놓는다.

④ 연소기의 콕과 중간밸브를 잠그도록 해야 한다.

⑤ 주변에 가연성 물질을 치운다.

 ④ 사용 중에 가스가 떨어져 불이 꺼졌을 경우에도 반드시 연소기의 콕과 중간밸브를 잠그도록 해야 한다.

Answer 22.② 23.④

24 다음 일정표에 대해 잘못 이해한 것을 고르면?

Albert Denton : Tuesday, September 24

8:30 a.m.	Meeting with S.S. Kim in Metropolitan Hotel lobby Taxi to Extec Factory
9:30–11:30 a.m.	Factory Tour
12:00–12:45 p.m.	Lunch in factory cafeteria with quality control supervisors
1:00–2:00 p.m.	Meeting with factory manager
2:00 p.m.	Car to warehouse
2:30–4:00 p.m.	Warehouse tour
4:00 p.m.	Refreshments
5:00 p.m.	Taxi to hotel (approx. 45 min)
7:30 p.m.	Meeting with C.W. Park in lobby
8:00 p.m.	Dinner with senior managers

① They are having lunch at the factory.

② The warehouse tour takes 90 minutes.

③ The factory tour is in the afternoon.

④ Mr. Denton has some spare time before in the afternoon.

⑤ The dinner will be beginning at 8:00 p.m.

 Albert Denton : 9월 24일, 화요일

8:30 a.m.	Metropolitan 호텔 로비 택시에서 Extec 공장까지 Kim S.S.와 미팅
9:30–11:30 a.m.	공장 투어
12:00–12:45 p.m.	품질 관리 감독관과 공장 식당에서 점심식사
1:00–2:00 p.m.	공장 관리자와 미팅
2:00 p.m.	차로 창고에 가기
2:30–4:00 p.m.	창고 투어
4:00 p.m.	다과
5:00 p.m.	택시로 호텔 (약 45분)
7:30 p.m.	C.W. Park과 로비에서 미팅
8:00 p.m.	고위 간부와 저녁식사

③ 공장 투어는 9시 30분에서 11시 30분까지이므로 오후가 아니다.

25 다음은 A 그룹 정기총회의 식순이다. 정기총회 준비와 관련하여 대표이사 甲과 비서 乙의 업무처리 과정에서 가장 옳지 않은 것은?

2016년도 ㈜A 그룹 정기총회

주관 : 대표이사 甲

▌식순 ▌

1. 성원보고
2. 개회선언
3. 개회사
4. 위원회 보고
5. 미결안건 처리
6. 안건심의
   [제1호 의안] 2015년도 회계 결산 보고 및 승인의 건
   [제2호 의안] 2016년도 사업 계획 및 예산 승인의 건
   [제3호 의안] 이사 선임 및 변경에 대한 추인 건
7. 폐회

---

① 비서 乙은 성원보고와 관련하여 정관의 내용을 확인하고 甲에게 정기총회 요건이 충족되었다고 보고하였다.

② 비서 乙은 2015년도 정기총회의 개회사를 참고하여 2016년도 정기총회 개회사 초안을 작성하여 甲에게 보고하고 검토를 요청하였다.

③ 대표이사 甲은 지난 주주총회에서 미결된 안건이 없었는지 다시 확인해보라고 지시하였고, 비서 乙은 이에 대한 정관을 찾아서 확인 내용을 보고하였다.

④ 대표이사 甲은 제3호 의안에 대해 보고서를 요구하였고 비서 乙은 이사 선임 및 변경사항을 정리하여 보고하였다.

⑤ 주주총회를 위한 회의 준비를 점검하는 과정에서 비서 乙은 빠진 자료가 없는지 매번 확인하였다.

 ⑤ 회의 준비를 점검하는 과정에서 매번 빠진 자료가 없는지 확인하는 것은 시간이 많이 소요되므로, 필요한 자료 목록을 작성하여 빠진 자료가 없는지 체크하고 중간점검과 최종점검을 통해 확인한다.

Answer ↪ 24.③ 25.⑤

03 수리능력

1 직장생활과 수리능력

(1) 기초직업능력으로서의 수리능력

① 개념 … 직장생활에서 요구되는 사칙연산과 기초적인 통계를 이해하고 도표의 의미를 파악하거나 도표를 이용해서 결과를 효과적으로 제시하는 능력을 말한다.

② 수리능력은 크게 기초연산능력, 기초통계능력, 도표분석능력, 도표작성능력으로 구성된다.
- ⊙ 기초연산능력 : 직장생활에서 필요한 기초적인 사칙연산과 계산방법을 이해하고 활용할 수 있는 능력
- ⓒ 기초통계능력 : 평균, 합계, 빈도 등 직장생활에서 자주 사용되는 기초적인 통계기법을 활용하여 자료의 특성과 경향성을 파악하는 능력
- ⓒ 도표분석능력 : 그래프, 그림 등 도표의 의미를 파악하고 필요한 정보를 해석하는 능력
- ② 도표작성능력 : 도표를 이용하여 결과를 효과적으로 제시하는 능력

(2) 업무수행에서 수리능력이 활용되는 경우

① 업무상 계산을 수행하고 결과를 정리하는 경우

② 업무비용을 측정하는 경우

③ 고객과 소비자의 정보를 조사하고 결과를 종합하는 경우

④ 조직의 예산안을 작성하는 경우

⑤ 업무수행 경비를 제시해야 하는 경우

⑥ 다른 상품과 가격비교를 하는 경우

⑦ 연간 상품 판매실적을 제시하는 경우

⑧ 업무비용을 다른 조직과 비교해야 하는 경우

⑨ 상품판매를 위한 지역조사를 실시해야 하는 경우

⑩ 업무수행과정에서 도표로 주어진 자료를 해석하는 경우

⑪ 도표로 제시된 업무비용을 측정하는 경우

예제 1

다음 자료를 보고 주어진 상황에 대한 물음에 답하시오.

〈근로소득에 대한 간이 세액표〉

월 급여액(천 원) [비과세 및 학자금 제외]		공제대상 가족 수				
이상	미만	1	2	3	4	5
2,500	2,520	38,960	29,280	16,940	13,570	10,190
2,520	2,540	40,670	29,960	17,360	13,990	10,610
2,540	2,560	42,380	30,640	17,790	14,410	11,040
2,560	2,580	44,090	31,330	18,210	14,840	11,460
2,580	2,600	45,800	32,680	18,640	15,260	11,890
2,600	2,620	47,520	34,390	19,240	15,680	12,310
2,620	2,640	49,230	36,100	19,900	16,110	12,730
2,640	2,660	50,940	37,810	20,560	16,530	13,160
2,660	2,680	52,650	39,530	21,220	16,960	13,580
2,680	2,700	54,360	41,240	21,880	17,380	14,010
2,700	2,720	56,070	42,950	22,540	17,800	14,430
2,720	2,740	57,780	44,660	23,200	18,230	14,850
2,740	2,760	59,500	46,370	23,860	18,650	15,280

※ 갑근세는 제시되어 있는 간이 세액표에 따름
※ 주민세＝갑근세의 10%
※ 국민연금＝급여액의 4.50%
※ 고용보험＝국민연금의 10%
※ 건강보험＝급여액의 2.90%
※ 교육지원금＝분기별 100,000원(매 분기별 첫 달에 지급)

박○○ 사원의 5월 급여내역이 다음과 같고 전월과 동일하게 근무하였으나 특별수당은 없고 차량지원금으로 100,000원을 받게 된다면, 6월에 받게 되는 급여는 얼마인가? (단, 원 단위 절삭)

(주) 서원플랜테크 5월 급여내역			
성명	박○○	지급일	5월 12일
기본급여	2,240,000	갑근세	39,530
직무수당	400,000	주민세	3,950
명절 상여금		고용보험	11,970
특별수당	20,000	국민연금	119,700
차량지원금		건강보험	77,140
교육지원		기타	
급여계	2,660,000	공제합계	252,290
		지급총액	2,407,710

① 2,443,910   ② 2,453,910
③ 2,463,910   ④ 2,473,910

[출제의도]
업무상 계산을 수행하거나 결과를 정리하고 업무비용을 측정하는 능력을 평가하기 위한 문제로서, 주어진 자료에서 문제를 해결하는 데에 필요한 부분을 빠르고 정확하게 찾아내는 것이 중요하다.

[해설]

기본급여	2,240,000	갑근세	46,370
직무수당	400,000	주민세	4,630
명절상여금		고용보험	12,330
특별수당		국민연금	123,300
차량지원금	100,000	건강보험	79,460
교육지원		기타	
급여계	2,740,000	공제합계	266,090
		지급총액	2,473,910

답 ④

(3) 수리능력의 중요성

① 수학적 사고를 통한 문제해결

② 직업세계의 변화에의 적응

③ 실용적 가치의 구현

(4) 단위환산표

구분	단위환산
길이	1cm = 10mm, 1m = 100cm, 1km = 1,000m
넓이	1cm² = 100mm², 1m² = 10,000cm², 1km² = 1,000,000m²
부피	1cm³ = 1,000mm³, 1m³ = 1,000,000cm³, 1km³ = 1,000,000,000m³
들이	1mℓ = 1cm³, 1dℓ = 100cm³, 1L = 1,000cm³ = 10dℓ
무게	1kg = 1,000g, 1t = 1,000kg = 1,000,000g
시간	1분 = 60초, 1시간 = 60분 = 3,600초
할푼리	1푼 = 0.1할, 1리 = 0.01할, 1모 = 0.001할

예제 2

둘레의 길이가 4.4km인 정사각형 모양의 공원이 있다. 이 공원의 넓이는 몇 a인가?

① 12,100a ② 1,210a
③ 121a ④ 12.1a

[출제의도]
길이, 넓이, 부피, 들이, 무게, 시간, 속도 등 단위에 대한 기본적인 환산 능력을 평가하는 문제로서, 소수점 계산이 필요하며, 자릿수를 읽고 구분할 줄 알아야 한다.
[해설]
공원의 한 변의 길이는
$4.4 \div 4 = 1.1(\text{km})$ 이고
$1\text{km}^2 = 10000\text{a}$ 이므로
공원의 넓이는
$1.1\text{km} \times 1.1\text{km} = 1.21km^2$
$\qquad\qquad = 12100a$

답 ①

2 수리능력을 구성하는 하위능력

(1) 기초연산능력

① **사칙연산** … 수에 관한 덧셈, 뺄셈, 곱셈, 나눗셈의 네 종류의 계산법으로 업무를 원활하게 수행하기 위해서는 기본적인 사칙연산뿐만 아니라 다단계의 복잡한 사칙연산까지도 수행할 수 있어야 한다.

② **검산** … 연산의 결과를 확인하는 과정으로 대표적인 검산방법으로 역연산과 구거법이 있다.
   - ㉠ **역연산** : 덧셈은 뺄셈으로, 뺄셈은 덧셈으로, 곱셈은 나눗셈으로, 나눗셈은 곱셈으로 확인하는 방법이다.
   - ㉡ **구거법** : 원래의 수와 각 자리 수의 합이 9로 나눈 나머지가 같다는 원리를 이용한 것으로 9를 버리고 남은 수로 계산하는 것이다.

예제 3

다음 식을 바르게 계산한 것은?

$$1 + \frac{2}{3} + \frac{1}{2} - \frac{3}{4}$$

① $\dfrac{13}{12}$

② $\dfrac{15}{12}$

③ $\dfrac{17}{12}$

④ $\dfrac{19}{12}$

[출제의도]
직장생활에서 필요한 기초적인 사칙연산과 계산방법을 이해하고 활용할 수 있는 능력을 평가하는 문제로서, 분수의 계산과 통분에 대한 기본적인 이해가 필요하다.
[해설]
$$\frac{12}{12} + \frac{8}{12} + \frac{6}{12} - \frac{9}{12} = \frac{17}{12}$$

답 ③

---

(2) 기초통계능력

① **업무수행과 통계**
   - ㉠ **통계의 의미** : 통계란 집단현상에 대한 구체적인 양적 기술을 반영하는 숫자이다.
   - ㉡ **업무수행에 통계를 활용함으로써 얻을 수 있는 이점**
     - 많은 수량적 자료를 처리가능하고 쉽게 이해할 수 있는 형태로 축소
     - 표본을 통해 연구대상 집단의 특성을 유추
     - 의사결정의 보조수단
     - 관찰 가능한 자료를 통해 논리적으로 결론을 추출·검증

ⓒ 기본적인 통계치

- 빈도와 빈도분포 : 빈도란 어떤 사건이 일어나거나 증상이 나타나는 정도를 의미하며, 빈도분포란 빈도를 표나 그래프로 종합적으로 표시하는 것이다.
- 평균 : 모든 사례의 수치를 합한 후 총 사례 수로 나눈 값이다.
- 백분율 : 전체의 수량을 100으로 하여 생각하는 수량이 그중 몇이 되는가를 퍼센트로 나타낸 것이다.

② 통계기법

ⓐ 범위와 평균

- 범위 : 분포의 흩어진 정도를 가장 간단히 알아보는 방법으로 최곳값에서 최젓값을 뺀 값을 의미한다.
- 평균 : 집단의 특성을 요약하기 위해 가장 자주 활용하는 값으로 모든 사례의 수치를 합한 후 총 사례 수로 나눈 값이다.
- 관찰값이 1, 3, 5, 7, 9일 경우 범위는 9 − 1 = 8이 되고, 평균은 $\dfrac{1+3+5+7+9}{5}$ = 5가 된다.

ⓑ 분산과 표준편차

- 분산 : 관찰값의 흩어진 정도로, 각 관찰값과 평균값의 차의 제곱의 평균이다.
- 표준편차 : 평균으로부터 얼마나 떨어져 있는가를 나타내는 개념으로 분산값의 제곱근 값이다.
- 관찰값이 1, 2, 3이고 평균이 2인 집단의 분산은 $\dfrac{(1-2)^2+(2-2)^2+(3-2)^2}{3} = \dfrac{2}{3}$ 이고 표준편차는 분산값의 제곱근 값인 $\sqrt{\dfrac{2}{3}}$ 이다.

③ 통계자료의 해석

ⓐ 다섯숫자요약

- 최솟값 : 원자료 중 값의 크기가 가장 작은 값
- 최댓값 : 원자료 중 값의 크기가 가장 큰 값
- 중앙값 : 최솟값부터 최댓값까지 크기에 의하여 배열했을 때 중앙에 위치하는 사례의 값
- 하위 25%값 · 상위 25%값 : 원자료를 크기 순으로 배열하여 4등분한 값

ⓑ 평균값과 중앙값 : 평균값과 중앙값은 그 개념이 다르기 때문에 명확하게 제시해야 한다.

예제 4

인터넷 쇼핑몰에서 회원가입을 하고 디지털캠코더를 구매하려고 한다. 다음은 구입하고자 하는 모델에 대하여 인터넷 쇼핑몰 세 곳의 가격과 조건을 제시한 표이다. 표에 있는 모든 혜택을 적용하였을 때 디지털캠코더의 배송비를 포함한 실제 구매가격을 바르게 비교한 것은?

구분	A 쇼핑몰	B 쇼핑몰	C 쇼핑몰
정상가격	129,000원	131,000원	130,000원
회원혜택	7,000원 할인	3,500원 할인	7% 할인
할인쿠폰	5% 쿠폰	3% 쿠폰	5,000원
중복할인여부	불가	가능	불가
배송비	2,000원	무료	2,500원

① A<B<C ② B<C<A
③ C<A<B ④ C<B<A

[출제의도]
직장생활에서 자주 사용되는 기초적인 통계기법을 활용하여 자료의 특성과 경향성을 파악하는 능력이 요구되는 문제이다.

[해설]
㉠ A 쇼핑몰
• 회원혜택을 선택한 경우 :
129,000−7,000+2,000＝124,000(원)
• 5% 할인쿠폰을 선택한 경우 :
129,000×0.95+2,000 ＝124,550
㉡ B 쇼핑몰 :
131,000×0.97−3,500 ＝123,570
㉢ C 쇼핑몰
• 회원혜택을 선택한 경우 :
130,000×0.93+2,500 ＝123,400
• 5,000원 할인쿠폰을 선택한 경우 : 130,000−5,000+2,500＝127,500
∴ C<B<A

답 ④

(3) 도표분석능력

① 도표의 종류

   ㉠ 목적별 : 관리(계획 및 통제), 해설(분석), 보고

   ㉡ 용도별 : 경과 그래프, 내역 그래프, 비교 그래프, 분포 그래프, 상관 그래프, 계산 그래프

   ㉢ 형상별 : 선 그래프, 막대 그래프, 원 그래프, 점 그래프, 층별 그래프, 레이더 차트

② 도표의 활용

　　㉠ 선 그래프

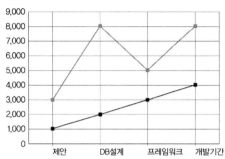

　　　　• 주로 시간의 경과에 따라 수량에 의한 변화 상황(시계열 변화)을 절선의 기울기로 나타내는 그래프이다.
　　　　• 경과, 비교, 분포를 비롯하여 상관관계 등을 나타낼 때 쓰인다.

　　㉡ 막대 그래프

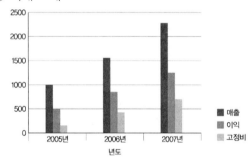

　　　　• 비교하고자 하는 수량을 막대 길이로 표시하고 그 길이를 통해 수량 간의 대소관계를 나타내는 그래프이다.
　　　　• 내역, 비교, 경과, 도수 등을 표시하는 용도로 쓰인다.

　　㉢ 원 그래프

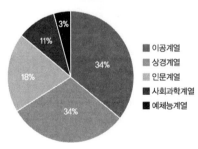

　　　　• 내역이나 내용의 구성비를 원을 분할하여 나타낸 그래프이다.
　　　　• 전체에 대해 부분이 차지하는 비율을 표시하는 용도로 쓰인다.

ⓔ 점 그래프

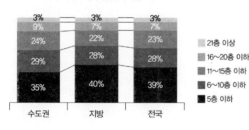

복제율과 1인당 GDP

• 종축과 횡축에 2요소를 두고 보고자 하는 것이 어떤 위치에 있는가를 나타내는 그래프이다.
• 지역분포를 비롯하여 도시, 지방, 기업, 상품 등의 평가나 위치·성격을 표시하는데 쓰인다.

ⓜ 층별 그래프

전국 아파트 층수별 거래 비중

• 선 그래프의 변형으로 연속내역 봉 그래프라고 할 수 있다. 선과 선 사이의 크기로 데이터 변화를 나타낸다.
• 합계와 부분의 크기를 백분율로 나타내고 시간적 변화를 보고자 할 때나 합계와 각 부분의 크기를 실수로 나타내고 시간적 변화를 보고자 할 때 쓰인다.

ⓗ 레이더 차트(거미줄 그래프)

임금
30
25
20
15
10
5
0
집단이해 대표
비정규 고용형태
숙련 및 경력개발
노동시간 및 노동생활균형
노동조건 및 고용안정

• 원 그래프의 일종으로 비교하는 수량을 직경, 또는 반경으로 나누어 원의 중심에서의 거리에 따라 각 수량의 관계를 나타내는 그래프이다.
• 비교하거나 경과를 나타내는 용도로 쓰인다.

③ 도표 해석상의 유의사항

　㉠ 요구되는 지식의 수준을 넓힌다.

　㉡ 도표에 제시된 자료의 의미를 정확히 숙지한다.

　㉢ 도표로부터 알 수 있는 것과 없는 것을 구별한다.

　㉣ 총량의 증가와 비율의 증가를 구분한다.

　㉤ 백분위수와 사분위수를 정확히 이해하고 있어야 한다.

예제 5

다음 표는 2009 ~ 2010년 지역별 직장인들의 자기개발에 관해 조사한 내용을 정리한 것이다. 이에 대한 분석으로 옳은 것은?

(단위 : %)

연도 구분 지역	2009				2010			
	자기개발하고 있음	자기개발 비용 부담 주체			자기개발하고 있음	자기개발 비용 부담 주체		
		직장100%	본인100%	직장50%+본인50%		직장100%	본인100%	직장50%+본인50%
충청도	36.8	8.5	88.5	3.1	45.9	9.0	65.5	24.5
제주도	57.4	8.3	89.1	2.9	68.5	7.9	68.3	23.8
경기도	58.2	12	86.3	2.6	71.0	7.5	74.0	18.5
서울시	60.6	13.4	84.2	2.4	72.7	11.0	73.7	15.3
경상도	40.5	10.7	86.1	3.2	51.0	13.6	74.9	11.6

① 2009년과 2010년 모두 자기개발 비용을 본인이 100% 부담하는 사람의 수는 응답자의 절반 이상이다.

② 자기개발을 하고 있다고 응답한 사람의 수는 2009년과 2010년 모두 서울시가 가장 많다.

③ 자기개발 비용을 직장과 본인이 각각 절반씩 부담하는 사람의 비율은 2009년과 2010년 모두 서울시가 가장 높다.

④ 2009년과 2010년 모두 자기개발을 하고 있다고 응답한 비율이 가장 높은 지역에서 자기개발비용을 직장이 100% 부담한다고 응답한 사람의 비율이 가장 높다.

[출제의도]

그래프, 그림, 도표 등 주어진 자료를 이해하고 의미를 파악하여 필요한 정보를 해석하는 능력을 평가하는 문제이다.

[해설]

② 지역별 인원수가 제시되어 있지 않으므로, 각 지역별 응답자 수는 알 수 없다.

③ 2009년에는 경상도에서, 2010년에는 충청도에서 가장 높은 비율을 보인다.

④ 2009년과 2010년 모두 '자기개발을 하고 있다'고 응답한 비율이 가장 높은 지역은 서울시이며, 2010년의 경우 자기개발 비용을 직장이 100% 부담한다고 응답한 사람의 비율이 가장 높은 지역은 경상도이다.

답 ①

(4) 도표작성능력

① 도표작성 절차
  ㉠ 어떠한 도표로 작성할 것인지를 결정
  ㉡ 가로축과 세로축에 나타낼 것을 결정
  ㉢ 한 눈금의 크기를 결정
  ㉣ 자료의 내용을 가로축과 세로축이 만나는 곳에 표현
  ㉤ 표현한 점들을 선분으로 연결
  ㉥ 도표의 제목을 표기

② 도표작성 시 유의사항
  ㉠ 선 그래프 작성 시 유의점
   • 세로축에 수량, 가로축에 명칭구분을 제시한다.
   • 선의 높이에 따라 수치를 파악하는 경우가 많으므로 세로축의 눈금을 가로축보다 크게 하는 것이 효과적이다.
   • 선이 두 종류 이상일 경우 반드시 그 명칭을 기입한다.
  ㉡ 막대 그래프 작성 시 유의점
   • 막대 수가 많을 경우에는 눈금선을 기입하는 것이 알아보기 쉽다.
   • 막대의 폭은 모두 같게 하여야 한다.
  ㉢ 원 그래프 작성 시 유의점
   • 정각 12시의 선을 기점으로 오른쪽으로 그리는 것이 보통이다.
   • 분할선은 구성비율이 큰 순서로 그린다.
  ㉣ 층별 그래프 작성 시 유의점
   • 눈금은 선 그래프나 막대 그래프보다 적게 하고 눈금선은 넣지 않는다.
   • 층별로 색이나 모양이 완전히 다른 것이어야 한다.
   • 같은 항목은 옆에 있는 층과 선으로 연결하여 보기 쉽도록 한다.

출제예상문제

1 다음은 N공단에서 파악한 농촌의 유소년, 생산연령, 고령인구 연도별 추이 조사 자료이다. 농촌 전체 유소년, 생산연령, 고령 인구의 2000년 대비 2015년의 증감률을 각각 순서대로 올바르게 나열한 것은?

(단위 : 천 명, %)

구분		2000	2005	2010	2015
농촌	합계	9,343	8,705	8,627	9,015
	유소년	1,742	1,496	1,286	1,130
	생산연령	6,231	5,590	5,534	5,954
	고령	1,370	1,619	1,807	1,931
- 읍	소계	3,742	3,923	4,149	4,468
	유소년	836	832	765	703
	생산연령	2,549	2,628	2,824	3,105
	고령	357	463	560	660
- 면	소계	5,601	4,782	4,478	4,547
	유소년	906	664	521	427
	생산연령	3,682	2,962	2,710	2,849
	고령	1,013	1,156	1,247	1,271

① 약 35.1%, 약 4.4%, 약 40.9%

② 약 33.1%, 약 4.9%, 약 38.5%

③ 약 −37.2%, 약 −3.8%, 약 42.5%

④ 약 −35.1%, 약 −4.4%, 약 40.9%

⑤ 약 −33.1%, 약 −4.9%, 약 38.5%

 A에서 B로 변동한 수치의 증감률은 (B − A) ÷ A × 100임을 활용하여 다음과 같이 계산할 수 있다.
- 유소년 : (1,130 − 1,742) ÷ 1,742 × 100 = 약 −35.1%
- 생산연령 : (5,954 − 6,231) ÷ 6,231 × 100 = 약 −4.4%
- 고령 : (1,931 − 1,370) ÷ 1,370 × 100 = 약 40.9%

2 다음은 요일별 컴퓨터의 평균 사용시간을 5년 간격으로 조사한 자료이다. 〈보기〉 중 표에 대한 적절한 판단을 한 것을 모두 고른 것은?

(단위 : 시간)

구분		평일		토요일		일요일	
		Y년	Y+5년	Y년	Y+5년	Y년	Y+5년
성	남성	0:13	0:36	0:20	0:53	0:26	1:02
	여성	0:03	0:20	0:05	0:25	0:06	0:27
사용용도	정보검색	0:03	0:10	0:03	0:12	0:04	0:12
	게임	0:05	0:15	0:09	0:24	0:12	0:29
	SNS 교제	-	0:03	-	0:03	-	0:03
	기타	0:08	0:28	0:13	0:39	0:16	0:45

※ 평일은 월~금요일 사용시간의 평균 시간임.

> (가) SNS 교제를 제외하면 모든 성별, 사용용도별 모든 항목에서 주말이 평일보다 더 많은 평균 사용 시간을 나타낸다.
> (나) 5년간의 성별 주말 사용 증가 시간은 남성이 여성보다 더 많다.
> (다) 성별, 사용용도별 모든 항목에서 Y + 5년의 토요일 대비 일요일의 평균 사용 시간 증감률이 가장 큰 것은 '남성'의 평균 사용 시간이다.
> (라) Y년 대비 Y + 5년에 일주일의 평균 사용 시간이 가장 많이 증가한 사용용도는 '기타'이다.

① (가), (나), (다), (라)　　　　　　② (가), (다), (라)

③ (가), (나), (다)　　　　　　　　④ (나), (다), (라)

⑤ (가), (나), (라)

 (가) SNS 교제를 제외하면 모든 항목에서 평일보다 토요일과 일요일의 컴퓨터 평균 사용 시간이 더 많음을 알 수 있다.
(나) 남성은 (53 + 62) − (20 + 26) = 69분 증가했으며, 여성은 (25 + 27) − (5 + 6) = 41분 증가하였다.
(다) Y + 5년 남성의 토요일 대비 일요일의 평균 사용 시간 증감률은 (62 − 53) ÷ 53 × 100 = 약 17%이나, 게임 용도의 평균 사용 시간 증감률은 (29 − 24) ÷ 24 × 100 = 20.8% 이므로 게임 용도의 평균 사용 시간 증감률이 가장 크다.
(라) '기타'용도는 (28 + 39 + 45) − (8 + 13 + 16) = 75분으로 가장 많은 시간이 증가하였다.

Answer ↪ 1.④　2.⑤

3 다음은 A, B, C의원에서 1차 진료를 받은 후 P, Q, R대학병원에서 2차 진료를 받은 환자 수를 나타낸 표이다. 의원에서 진료 받은 전체 환자들 중 P, Q, R대학병원에서 진료 받은 환자들의 비율은 각각 얼마인가? (반올림하여 소수 첫째 자리까지만 표시함)

1차 진료＼2차 진료	P대학병원	Q대학병원	R대학병원
A의원	23	16	20
B의원	15	20	26
C의원	18	28	22

	P대학병원	Q대학병원	R대학병원
①	32.2%	33.6%	35.2%
②	29.8%	34.0%	36.2%
③	28.6%	33.5%	37.9%
④	27.5%	35.4%	37.1%
⑤	24.4%	37.2%	38.4%

 의원에서 진료 받은 전체 환자의 수는 주어진 표의 환자 수 총계이므로 188명이 된다. 이 중 P, Q, R대학병원에서 진료 받은 환자의 수는 각각 23 + 15 + 18 = 56명, 16 + 20 + 28 = 64명, 20 + 26 + 22 = 68명이 되므로 각 대학병원에서 진료 받은 환자들의 비율은 P대학병원이 56 ÷ 188 × 100 = 약 29.8%, Q대학병원에서 진료 받은 환자들의 비율은 64 ÷ 188 × 100 = 약 34.0%, R대학병원에서 진료 받은 환자들의 비율은 68 ÷ 188 × 100 = 약 36.2%가 된다.

▌4~5 ▌ 다음 자료를 보고 이어지는 물음에 답하시오.

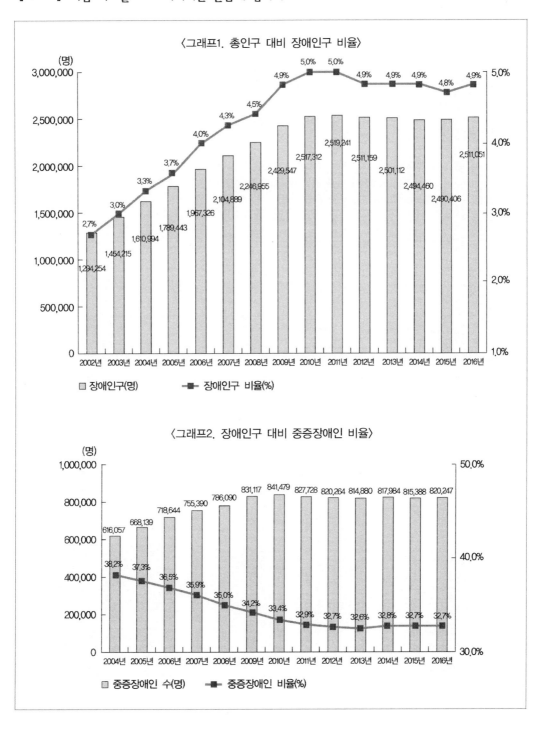

〈그래프1. 총인구 대비 장애인구 비율〉

〈그래프2. 장애인구 대비 중증장애인 비율〉

4 위의 자료를 참고할 때, 2016년의 총인구 대비 중증장애인구의 비율은 얼마인가? (인구의 수는 소수점 이하 절삭하여 일의 단위까지 표시함)

① 약 0.8%

② 약 1.1%

③ 약 1.4%

④ 약 1.6%

⑤ 약 2.2%

 그래프1은 총인구 대비 장애인구 비율을 나타내므로 2016년의 총인구는 $2,511,051 \div 0.049$ = 51,245,938명이 된다. 따라서 2016년의 총인구 대비 중증장애인구의 비율은 $820,247 \div 51,245,938 \times 100$ = 약 1.6%가 됨을 알 수 있다.

5 다음 중 위의 두 그래프를 올바르게 이해하지 못한 것은 어느 것인가?

① 장애인구의 수가 증가하거나 감소할 때, 총인구 대비 장애인구의 비율이 감소하거나 증가한 해는 한 번도 없다.

② 2015년 대비 2016년의 총인구 증가율은 같은 기간 장애인구 증가율보다 더 크다.

③ 중증장애인 수가 전년보다 적으면서 장애인구 대비 중증장애인구의 비율도 감소한 해는 모두 4개 연도이다.

④ 2004~2009년까지는 중증장애인 수가 지속 증가하였으나, 장애인구 수는 중증장애인 수 증가율보다 더 낮은 증가율을 보였다.

⑤ 2004년 대비 2016년의 총인구, 장애인구, 중증장애인구의 증가율이 높은 순서는 장애인구, 중증장애인구, 총인구 순이다.

④ 2004~2009년까지의 중증장애인 수는 지속 증가하였으나, 장애인구 대비 비율은 지속 감소하고 있다. 이것은 중증장애인의 수 증가율보다 장애인구의 수 증가율이 더 큰 폭으로 증가하였다는 것을 의미한다.

① 그래프1에서 장애인구의 수가 증가하거나 감소할 때 총인구 대비 장애인구의 비율은 증가하거나 감소하였으며, 적어도 전년과 동일하게 유지되었다.

② 장애인구의 증가율은 $(2,511,051 - 2,490,406) \div 2,490,406 \times 100 =$ 약 0.8%인데 반해 총인구 대비 장애인구의 비율은 0.1%p에 그치고 있다. 따라서 총인구 증가율이 장애인구 증가율보다 더 크다는 것을 알 수 있다.

③ 2011, 2012, 2013, 2015년도는 중증장애인 수가 전년보다 적으면서 장애인구 대비 중증장애인구의 비율도 감소하였다.

⑤ 다음 표와 같이 정리할 수 있다.

구분	2004	2016	증가율
총인구	$1,294,254 \div 0.027$ $= 47,935,333$명	$2,511,051 \div 0.049$ $= 51,245,938$명	$(51,245,938 - 47,935,333) \div$ $47,935,333 \times 100 =$ 약 6.9%
장애인구	$1,294,254$	$2,511,051$	$(2,511,051 - 1,294,254) \div$ $1,294,254 \times 100 =$ 약 94.0%
중증장애인구	$616,057$	$820,247$	$(820,247 - 616,057) \div$ $616,057 \times 100 =$ 약 33.1%

따라서 장애인구, 중증장애인구, 총인구 순으로 증가율이 크다.

Answer 4.④ 5.①④

▌6~7 ▌ A사에 근무하는 B씨는 4대강 주변 자전거 도로에 대한 개선안을 마련하기 위하여 관련 자료를 정리하여 상사에게 보고하고자 한다. 다음을 바탕으로 물음에 답하시오.

〈4대강 주변 자전거 도로에 대한 관광객 평가 결과〉

(단위 : 점/100점 만점)

구분	한강	금강	낙동강	영산강
주변 편의시설	60	70	60	50
주변 자연경관	50	40	60	40
하천 수질	40	50	40	30
접근성	50	40	50	40
주변 물가	70	60	50	40

〈인터넷 설문조사 결과〉

자전거 도로 여행 시 고려 조건

- 하천 수질 35%
- 접근성 15%
- 주변 자연경관 20%
- 주변 편의시설 30%

0% 10% 20% 30% 40%

〈업체별 4대강 유역 토사 운송 업체 현황〉

업체	목표 운송량 (톤)	보유 트럭 최대 적재량 현황	
		1.5톤	2.5톤
A	19.5	6대	3대
B	20.5	4대	4대
C	23	3대	5대

6 앞선 자료들을 기반으로 B가 정리한 내용 중 옳은 것을 모두 고르면?

> ㉠ 모든 보유 트럭의 최대 적재량 합이 가장 큰 시공 업체는 C이다.
> ㉡ 관광객 평가 결과의 합에서, 가장 높은 점수를 받은 자전거 도로는 금강이다.
> ㉢ 인터넷 설문 조사의 4대 항목만을 고려한 관광객 평가 결과의 합이 가장 높은 자전거 도로는 낙동강이다.
> ㉣ 인터넷 설문 조사 결과상위 2개 항목만을 고려한 관광객 평가 결과의 합이 가장 높은 자전거 도로는 한강이다.

① ㉠, ㉡   ② ㉠, ㉢
③ ㉡, ㉢   ④ ㉢, ㉣
⑤ ㉠, ㉡, ㉢

© 관광객 평가 결과의 합에서, 가장 높은 점수를 받은 자전거 도로는 총점 270점의 한강이다.

② 인터넷 설문 조사 결과상위 2개 항목인 하천 수질과 주변 편의시설만을 고려한 관광객 평가 결과의 합이 가장 높은 자전거 도로는 120점의 금강이다.

7 다음은 자료를 검토한 B의 상사가 B에게 준 피드백의 내용이다. 이를 참고하여 4대강 자전거 도로의 최종 점수가 올바르게 짝지어진 것은?

> [상사]
>
> B씨, 4대강 자전거 도로에 실제로 방문한 관광객들의 평가만큼이나 전 국민을 대상으로 한 인터넷 설문조사도 매우 중요해. 그러니까 인터넷 조사 결과의 응답 비중이 높은 순서대로 순위를 매겨서 1~4위까지 5, 4, 3, 2점의 가중치를 부여하고 이 가중치를 관광객 평가 점수와 곱해서 4대강 자전거 도로들 간의 점수를 산출하도록 해줘. '주변 물가'는 인터넷 조사에는 해당되지 않으니까 가중치를 1로 부여하면 될 것 같아.

① 한강 : 780점
② 금강 : 790점
③ 낙동강 : 800점
④ 영산강 : 690점
⑤ 영산강 : 550점

 하천 수질 5, 주변 편의시설 4, 주변 자연경관 3, 접근성 2, 주변 물가 1의 가중치를 부여하여 계산한 자전거 도로의 최종 점수는 다음과 같다.

한강	$5 \times 40 + 4 \times 60 + 3 \times 50 + 2 \times 50 + 1 \times 70 = 760$점
금강	$5 \times 50 + 4 \times 70 + 3 \times 40 + 2 \times 40 + 1 \times 60 = 790$점
낙동강	$5 \times 40 + 4 \times 60 + 3 \times 60 + 2 \times 50 + 1 \times 50 = 770$점
영산강	$5 \times 30 + 4 \times 50 + 3 \times 40 + 2 \times 40 + 1 \times 40 = 590$점

8 다음은 조선시대 한양의 조사시기별 가구수 및 인구수와 가구 구성비에 대한 자료이다. 이에 대한 설명 중 옳은 것만을 모두 고르면?

〈조사시기별 가구 수 및 인구 수〉

(단위 : 호, 명)

조사시기	가구 수	인구 수
1729년	1,480	11,790
1765년	7,210	57,330
1804년	8,670	68,930
1867년	27,360	144,140

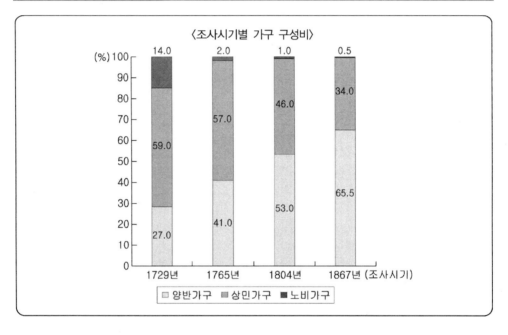

ㄱ 1804년 대비 1867의 가구 당 인구 수는 증가하였다.

ㄴ 1765년 상민가구 수는 1804년 양반가구 수보다 적다.

ㄷ 노비가구 수는 1804년이 1765년보다는 적고 1867년보다는 많다.

ㄹ 1729년 대비 1765년에 상민가구 구성비는 감소하였고 상민가구 수는 증가하였다.

① ㄱ, ㄴ

② ㄱ, ㄷ

③ ㄴ, ㄹ

④ ㄱ, ㄷ, ㄹ

⑤ ㄱ, ㄴ, ㄷ, ㄹ

ㄱ 1804년 가구 당 인구 수는 $\frac{68,930}{8,670}$ = 약 7.95이고, 1867년 가구 당 인구 수는 $\frac{144,140}{27,360}$ = 약 5.26 이므로 1804년 대비 1867년의 가구 당 인구 수는 감소하였다.

ㄴ 1765년 상민가구 수는 $7,210 \times 0.57 = 4109.7$이고, 1804년 양반가구 수는 $8,670 \times 0.53 = 4595.1$로, 1765년 상민가구 수는 1804년 양반가구 수보다 적다.

ㄷ 1804년의 노비가구 수는 $8,670 \times 0.01 = 86.7$로 1765년의 노비가구 수인 $7,210 \times 0.02 = 144.2$보다 적고, 1867년의 노비가구 수인 $27,360 \times 0.005 = 136.8$보다도 적다.

ㄹ 1729년 대비 1765년에 상민가구 구성비는 59.0%에서 57.0%로 감소하였고, 상민가구 수는 $1,480 \times 0.59 = 873.2$에서 $7,210 \times 0.57 = 4109.7$로 증가하였다.

Answer ↪ 8.③

9 다음은 우리나라의 시·군 중 2016년 경지 면적, 논 면적, 밭 면적 상위 5개 시·군에 대한 자료이다. 이에 대한 설명 중 옳은 것을 모두 고르면?

(단위 : ha)

구분	순위	시·군	면적
경지 면적	1	해남군	35,369
	2	제주시	31,585
	3	서귀포시	31,271
	4	김제시	28,501
	5	서산시	27,285
논 면적	1	김제시	23,415
	2	해남군	23,042
	3	서산시	21,730
	4	당진시	21,726
	5	익산시	19,067
밭 면적	1	제주시	31,577
	2	서귀포시	31,246
	3	안동시	13,231
	4	해남군	12,327
	5	상주시	11,047

※ 경지 면적 = 논 면적 + 밭 면적

> ㉠ 해남군의 논 면적은 해남군 밭 면적의 2배 이상이다.
> ㉡ 서귀포시의 논 면적은 제주시 논 면적보다 크다.
> ㉢ 서산시의 밭 면적은 김제시 밭 면적보다 크다.
> ㉣ 상주시의 밭 면적은 익산시 논 면적의 90% 이하이다.

① ㉡, ㉢

② ㉡, ㉣

③ ㉠, ㉢, ㉣

④ ㉡, ㉢, ㉣

⑤ ㉠, ㉡, ㉢, ㉣

 ㉠ 해남군의 논 면적은 23,042ha로, 해남군 밭 면적인 12,327ha의 2배 이하이다.
㉡ 서귀포시의 논 면적은 31,271−31,246=25ha로, 제주시 논 면적인 31,585−31,577=
8ha보다 크다.
㉢ 서산시의 밭 면적은 27,285−21,730=5,555ha로 김제시 밭 면적인 28,501−23,415=
5,086ha보다 크다.
㉣ 상주시의 밭 면적은 11,047ha로 익산시 논 면적의 90%(=17,160.3ha) 이하이다.

10 다음은 A카페의 커피 판매정보에 대한 자료이다. 한 잔만을 더 판매하고 영업을 종료한다고 할 때, 총이익이 정확히 64,000원이 되기 위해서 판매해야 하는 메뉴는?

(단위 : 원, 잔)

구분 메뉴	판매가격 (1잔)	현재까지 판매량	한 잔당 재료				
			원두 (200)	우유 (300)	바닐라 (100)	초코 (150)	캐러멜 (250)
아메리카노	3,000	5	○	×	×	×	×
카페라떼	3,500	3	○	○	×	×	×
바닐라라떼	4,000	3	○	○	○	×	×
카페모카	4,000	2	○	○	×	○	×
캐러멜라떼	4,300	6	○	○	○	×	○

※ 메뉴별 이익＝(메뉴별 판매가격－메뉴별 재료비) × 메뉴별 판매량
※ 총이익은 메뉴별 이익의 합이며, 다른 비용은 고려하지 않음.
※ A카페는 5가지 메뉴만을 판매하며, 메뉴별 1잔 판매가격과 재료비는 변동 없음.
※ ○ : 해당 재료 한 번 사용, × : 해당 재료 사용하지 않음.

① 아메리카노
② 카페라떼
③ 바닐라라떼
④ 카페모카
⑤ 캐러멜라떼

 메뉴별 이익을 계산해보면 다음과 같으므로, 현재 총이익은 60,600원이다. 한 잔만 더 판매하고 영업을 종료했을 때 총이익이 64,000원이 되려면 한 잔의 이익이 3,400원이어야 하므로 바닐라라떼를 판매해야 한다.

구분	메뉴별 이익	1잔당 이익
아메리카노	(3,000－200) × 5＝14,000원	2,800원
카페라떼	{3,500－(200＋300)} × 3＝9,000원	3,000원
바닐라라떼	{4,000－(200＋300＋100)} × 3＝10,200원	3,400원
카페모카	{4,000－(200＋300＋150)} × 2＝6,700원	3,350원
캐러멜라떼	{4,300－(200＋300＋100＋250)} × 6＝20,700원	3,450원

11 다음은 사원 6명의 A~E항목 평가 자료의 일부이다. 이에 대한 설명 중 옳은 것은?

(단위 : 점)

사원＼과목	A	B	C	D	E	평균
김영희	( )	14	13	15	( )	( )
이민수	12	14	( )	10	14	13.0
박수민	10	12	9	( )	18	11.8
최은경	14	14	( )	17	( )	( )
정철민	( )	20	19	17	19	18.6
신상욱	10	( )	16	( )	16	( )
계	80	( )	( )	84	( )	( )
평균	( )	14.5	14.5	( )	( )	( )

※ 항목별 평가 점수 범위는 0~20점이고, 모든 항목 평가에서 누락자는 없음.
※ 사원의 성취수준은 5개 항목 평가 점수의 산술평균으로 결정함.
－평가 점수 평균이 18점 이상 20점 이하 : 수월수준
－평가 점수 평균이 15점 이상 18점 미만 : 우수수준
－평가 점수 평균이 12점 이상 15점 미만 : 보통수준
－평가 점수 평균이 12점 미만 : 기초수준

① 김영희 사원의 성취수준은 E항목 평가 점수가 17점 이상이면 '우수수준'이 될 수 있다.
② 최은경 사원의 성취수준은 E항목 시험 점수에 따라 '기초수준'이 될 수 있다.
③ 신상욱 사원의 평가 점수는 B항목은 13점, D항목은 15점으로 성취수준은 '우수수준'이다.
④ 이민수 사원의 C항목 평가 점수는 정철민 사원의 A항목 평가 점수보다 높다.
⑤ 박수민 사원의 D항목 평가 점수는 A항목 평가 점수보다 높다.

빈칸 중 추론이 가능한 부분을 채우면 다음과 같다.

사원＼과목	A	B	C	D	E	평균
김영희	(16)	14	13	15	( )	( )
이민수	12	14	(15)	10	14	13.0
박수민	10	12	9	(10)	18	11.8
최은경	14	14	(15)	17	( )	( )
정철민	(18)	20	19	17	19	18.6
신상욱	10	(13)	16	(15)	16	(14)
계	80	(87)	(87)	84	( )	( )
평균	($\frac{80}{6}$)	14.5	14.5	(14)	( )	( )

① 김영희 사원의 성취수준은 E항목 평가 점수가 17점 이상이면 평균이 15점 이상으로 '우수수준'이 될 수 있다.
② 최은경 사원의 성취수준은 E항목 시험 점수가 0점이라고 해도 평균 12점으로 '보통수준'이다. 따라서 '기초수준'이 될 수 없다.
③ 신상욱 사원의 평가 점수는 B항목은 13점, D항목은 15점, 평균 14점으로 성취수준은 '보통수준'이다.
④ 이민수 사원의 C항목 평가 점수는 15점으로, 정철민 사원의 A항목 평가 점수는 18점보다 낮다.
⑤ 박수민 사원의 D항목 평가 점수는 10점으로 A항목 평가 점수와 동일하다.

Answer → 11.①

12 다음은 2007~2013년 동안 흡연율 및 금연계획률에 관한 자료이다. 이에 대한 설명으로 옳은 것은?

〈성별 흡연율〉

성별 \ 연도	2007	2008	2009	2010	2011	2012	2013
남성	45.0	47.7	46.9	48.3	47.3	43.7	42.1
여성	5.3	7.4	7.1	6.3	6.8	7.9	6.1
전체	20.6	23.5	23.7	24.6	25.2	24.9	24.1

〈소득수준별 남성 흡연율〉

소득 \ 연도	2007	2008	2009	2010	2011	2012	2013
최상	38.9	39.9	38.7	43.5	44.1	40.8	36.6
상	44.9	46.4	46.4	45.8	44.9	38.6	41.3
중	45.2	49.6	50.9	48.3	46.6	45.4	43.1
하	50.9	55.3	51.2	54.2	53.9	48.2	47.5

〈금연계획율〉

구분 \ 연도	2007	2008	2009	2010	2011	2012	2013
금연계획률	59.8	56.9	( )	( )	56.3	55.2	56.5
단기	19.4	( )	18.2	20.8	20.2	19.6	19.3
장기	40.4	39.2	39.2	32.7	( )	35.6	37.2

※ 흡연율(%) = $\dfrac{흡연자\ 수}{인구\ 수} \times 100$

※ 금연계획률(%) = $\dfrac{금연계획자\ 수}{흡연자\ 수} \times 100$ = 단기 금연계획률 + 장기 금연계획률

① 매년 남성 흡연율은 여성 흡연율의 6배 이상이다.

② 매년 소득수준이 높을수록 남성 흡연율은 낮다.

③ 2008~2010년 동안 매년 금연계획률은 전년대비 감소한다.

④ 2011년의 장기 금연계획률은 2008년의 단기 금연계획률의 두 배 이상이다.

⑤ 소득수준이 높은 여성은 그렇지 않은 여성에 비해 흡연율이 높다.

① 2012년의 남성 흡연율은 43.7이고 여성 흡연율은 7.9로 6배 이하이다.
② 2012년 소득수준이 최상인 남성 흡연율이 상인 남성 흡연율보다 높다.
③ 2009년의 금연계획률은 57.4, 2010년의 금연계획률은 53.5로 2009년은 전년대비 증가하였고, 2010년은 전년대비 감소하였다.
④ 2011년의 장기 금연계획률은 36.1로 2008년의 단기 금연계획률인 17.7의 두 배 이상이다.
⑤ 소득수준에 따른 여성 흡연율은 제시된 자료로 알 수 없다.

13 K공사는 직원들의 창의력을 증진시키기 위하여 '창의 테마파크'를 운영하고자 한다. 다음의 프로그램들을 대상으로 전문가와 사원들이 평가를 실시하여 가장 높은 점수를 받은 프로그램을 최종 선정하여 운영한다고 할 때, '창의 테마파크'에서 운영할 프로그램은?

분야	프로그램명	전문가 점수	사원 점수
미술	내 손으로 만드는 전력소	26	32
인문	세상을 바꾼 생각들	31	18
무용	스스로 창작	37	25
인문	역사랑 놀자	36	28
음악	연주하는 사무실	34	34
연극	연출노트	32	30
미술	예술캠프	40	25

※ 전문가와 사원은 후보로 선정된 프로그램을 각각 40점 만점제로 우선 평가하였다.
※ 전문가 점수와 사원 점수의 반영 비율을 3 : 2로 적용하여 합산한 후, 하나밖에 없는 분야에 속한 프로그램에는 취득점수의 30%를 가산점으로 부여한다.

① 연주하는 사무실   ② 스스로 창작
③ 연출노트   ④ 예술캠프
⑤ 역사랑 놀자

 각각의 프로그램이 받을 점수를 계산하면 다음과 같다.

분야	프로그램명	점수
미술	내 손으로 만드는 전력소	$\{(26 \times 3) + (32 \times 2)\} = 142$
인문	세상을 바꾼 생각들	$\{(31 \times 3) + (18 \times 2)\} = 129$
무용	스스로 창작	$\{(37 \times 3) + (25 \times 2)\} +$ 가산점 30% = 209.3
인문	역사랑 놀자	$\{(36 \times 3) + (28 \times 2)\} = 164$
음악	연주하는 사무실	$\{(34 \times 3) + (34 \times 2)\} +$ 가산점 30% = 221
연극	연출노트	$\{(32 \times 3) + (30 \times 2)\} +$ 가산점 30% = 202.8
미술	예술캠프	$\{(40 \times 3) + (25 \times 2)\} = 170$

따라서 가장 높은 점수를 받은 연주하는 사무실이 최종 선정된다.

14 다음은 차량 A, B, C의 연료 및 경제속도 연비, 연료별 리터당 가격에 대한 자료이다. 제시된 〈조건〉을 적용하였을 때, 두 번째로 높은 연료비가 소요되는 차량과 해당 차량의 연료비를 바르게 나열한 것은?

〈A, B, C 차량의 연료 및 경제속도 연비〉

차량 \ 구분	연료	경제속도 연비(km/L)
A	LPG	10
B	휘발유	16
C	경유	20

※ 차량 경제속도는 60km/h 이상 90km/h 미안임

〈연료별 리터당 가격〉

연료	LPG	휘발유	경유
리터당 가격(원/L)	1,000	2,000	1,600

〈조건〉

1. A, B, C 차량은 모두 아래와 같이 각 구간을 한 번씩 주행하고, 각 구간별 주행속도 범위 내에서만 주행한다.

구간	1구간	2구간	3구간
주행거리(km)	100	40	60
주행속도(km/h)	30 이상 60 미만	60 이상 90 미만	90 이상 120 미만

2. A, B, C 차량의 주행속도별 연비적용률은 다음과 같다.

차량	주행속도(km/h)	연비적용률(%)
A	30 이상 60 미만	50.0
	60 이상 90 미만	100.0
	90 이상 120 미만	80.0
B	30 이상 60 미만	62.5
	60 이상 90 미만	100.0
	90 이상 120 미만	75.0
C	30 이상 60 미만	50.0
	60 이상 90 미만	100.0
	90 이상 120 미만	75.0

※ 연비적용률이란 경제속도 연비 대비 주행속도 연비를 백분율로 나타낸 것임

① A, 31,500원

② B, 24,500원

③ B, 35,000원

④ C, 25,600원

⑤ C, 31,500원

 주행속도에 따른 연비와 구간별 소요되는 연료량을 계산하면 다음과 같다.

차량	주행속도(km/h)	연비(km/L)	구간별 소요되는 연료량(L)		
A (LPG)	30 이상 60 미만	10 × 50.0% = 5	1구간	20	총 31.5
	60 이상 90 미만	10 × 100.0% = 10	2구간	4	
	90 이상 120 미만	10 × 80.0% = 8	3구간	7.5	
B (휘발유)	30 이상 60 미만	16 × 62.5% = 10	1구간	10	총 17.5
	60 이상 90 미만	16 × 100.0% = 16	2구간	2.5	
	90 이상 120 미만	16 × 75.0% = 12	3구간	5	
C (경유)	30 이상 60 미만	20 × 50.0% = 10	1구간	10	총 16
	60 이상 90 미만	20 × 100.0% = 20	2구간	2	
	90 이상 120 미만	20 × 75.0% = 15	3구간	4	

따라서 조건에 따른 주행을 완료하는 데 소요되는 연료비는 A 차량은 31.5 × 1,000 = 31,500원, B 차량은 17.5 × 2,000 = 35,000원, C 차량은 16 × 1,600 = 25,600원으로, 두 번째로 높은 연료비가 소요되는 차량은 A며 31,500원의 연료비가 든다.

15 다음은 A 공사의 연도별 임직원 현황에 관한 자료이다. 이에 대한 설명 중 옳은 것을 모두 고르면?

구분	연도	2013	2014	2015
국적	한국	9,566	10,197	9,070
	중국	2,636	3,748	4,853
	일본	1,615	2,353	2,749
	대만	1,333	1,585	2,032
	기타	97	115	153
	계	15,247	17,998	18,857
고용형태	정규직	14,173	16,007	17,341
	비정규직	1,074	1,991	1,516
	계	15,247	17,998	18,857
연령	20대 이하	8,914	8,933	10,947
	30대	5,181	7,113	6,210
	40대 이상	1,152	1,952	1,700
	계	15,247	17,998	18,857
직급	사원	12,365	14,800	15,504
	간부	2,801	3,109	3,255
	임원	81	89	98
	계	15,247	17,998	18,857

⊙ 매년 일본, 대만 및 기타 국적 임직원 수의 합은 중국 국적 임직원 수보다 많다.
ⓛ 매년 전체 임직원 중 20대 이하 임직원이 차지하는 비중은 50% 이상이다.
ⓒ 2014년과 2015년에 전년대비 임직원수가 가장 많이 증가한 국정은 모두 중국이다.
ⓔ 2014년에 국적이 한국이면서 고용형태가 정규직이고 직급이 사원인 임직원은 5,000명 이상이다.

① ⊙, ⓛ
② ⊙, ⓒ
③ ⓛ, ⓔ
④ ⊙, ⓒ, ⓔ
⑤ ⊙, ⓛ, ⓒ, ⓔ

(Tip) ⓛ 2014년은 전체 임직원 중 20대 이하 임직원이 차지하는 비중이 50% 이하이다.

|16~17| 아래의 주간 환율표를 보고 물음에 답하시오.

구분	원/달러	원/유로	원/엔	원/파운드	원/위안
첫째 주	945.54	1211.14	8.54	1770.54	118.16
둘째 주	963.14	1210.64	8.42	1763.55	118.64
셋째 주	934.45	1207.33	8.30	1763.62	119.51
넷째 주	964.54	1113.54	9.12	1663.47	120.64

16 A회사는 첫째 주에 중국에서 7,800켤레의 신발을 단가 200위안에 수입하였고, 일본에 6,400개의 목걸이를 단가 2,000엔에 수출하였다. 수입 금액과 수출 금액의 차이는?

① 101,451,120원 ② 75,017,600원

③ 74,146,500원 ④ 42,654,000원

⑤ 41,365,000원

 ㉠ 수입 금액 : 7,800×200×118.16=184,329,600(원)
㉡ 수출 금액 : 6,400×2,000×8.54=109,312,000(원)
∴ ㉠－㉡=75,017,600(원)

17 일본의 넷째 주 환율은 셋째 주 환율에 비해 몇 % 증가하였는가? (단, 소수점 둘째 자리에서 반올림한다)

① 15.5% ② 12.4%

③ 10.0% ④ 9.9%

⑤ 8.7%

 $\dfrac{9.12-8.30}{8.30}\times100$
$=\dfrac{0.82}{8.30}\times100$
$\therefore\ 9.87(\%)$

18 다음은 A백화점의 판매비율 증가를 나타낸 것으로 전체 평균 판매증가비율과 할인기간의 판매증 가비율을 구분하여 표시한 것이다. 주어진 조건을 고려할 때 A~F에 해당하는 순서대로 차례로 나열한 것은?

월별 \ 구분	A 전체	A 할인 판매	B 전체	B 할인 판매	C 전체	C 할인 판매	D 전체	D 할인 판매	E 전체	E 할인 판매	F 전체	F 할인 판매
1	20.5	30.9	15.1	21.3	32.1	45.3	25.6	48.6	33.2	22.5	31.7	22.5
2	19.3	30.2	17.2	22.1	31.5	41.2	23.2	33.8	34.5	27.5	30.5	22.9
3	17.2	28.7	17.5	12.5	29.7	39.7	21.3	32.9	35.6	29.7	30.2	27.5
4	16.9	27.8	18.3	18.9	26.5	38.6	20.5	31.7	36.2	30.5	29.8	28.3
5	15.3	27.7	19.7	21.3	23.2	36.5	20.3	30.5	37.3	31.3	27.5	27.2
6	14.7	26.5	20.5	23.5	20.5	33.2	19.5	30.2	38.1	39.5	26.5	25.5

ⓐ 의류, 냉장고, 보석, 핸드백, TV, 가구에 대한 표이다.
ⓑ 가구는 1월에 비해 6월에 전체 평균 판매증가비율이 높아졌다.
ⓒ 냉장고는 3월을 제외하고는 할인기간의 판매증가비율이 전체 평균 판매증가비율보다 크다.
ⓓ 핸드백은 할인기간의 판매증가비율보다 전체 평균 판매증가비율이 더 크다.
ⓔ 1월과 6월을 비교할 때 의류는 전체 평균 판매증가비율의 감소가 가장 크다.
ⓕ 보석은 1월에 전체 평균 판매증가비율과 할인기간의 판매증가비율의 차이가 가장 크다.

① TV - 의류 - 보석 - 핸드백 - 가구 - 냉장고
② TV - 냉장고 - 의류 - 보석 - 가구 - 핸드백
③ 의류 - 보석 - 가구 - 냉장고 - 핸드백 - TV
④ 의류 - 냉장고 - 보석 - 가구 - 핸드백 - TV
⑤ 의류 - 보석 - 냉장고 - 가구 - TV - 핸드백

 주어진 표에 따라 조건을 확인해보면, 조건의 ⓑ은 B, E가 해당하는데 ⓒ에서 B가 해당하므로 ⓑ은 E가 된다. ⓓ은 F가 되고 ⓔ은 C가 되며 ⓕ은 D가 된다.
남은 것은 TV이므로 A는 TV가 된다.
그러므로 TV - 냉장고 - 의류 - 보석 - 가구 - 핸드백의 순서가 된다.

19 다음은 연도별 정부위원회 여성참여에 관한 자료이다. 표에 대한 설명으로 옳지 않은 것은?

〈표 1〉 위원회

구분	2003년	2004년	2005년	2006년	2007년	2008년
위원회수(개)	1292	1346	1431	1494	1651	1792
여성참여위원회(개)	1244	1291	1431	1454	1602	1685
여성참여위원회비율(%)	96	96	97	97	97	94

〈표 2〉 위원

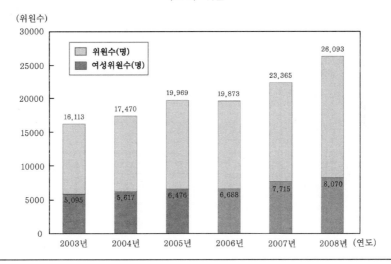

① 여성참여 위원회가 점차 증가하고 있다.

② 여성위위원수는 해마다 증가하는 추세이다.

③ 2008년은 전년도에 비해 여성참여위원회비율이 떨어졌다.

④ 2004년에 작년에 비해 위원회 수가 가장 많이 증가했다.

⑤ 전년 대비 2006년의 여성참여위원회 증가 수는 전년 대비 2004년의 여성참여위원회 증가 수의 절반 이하이다.

 2004년에는 전년에 비해 54개가 증가했고, 2007년이 2006년에 비해 157개 증가로 위원회 수가 가장 많이 증가한 해이다.

20 다음은 X공기업의 팀별 성과급 지급 기준이다. Y팀의 성과평가결과가 아래와 같다면 지급되는 성과급의 1년 총액은?

〈성과급 지급 방법〉

㉮ 성과급 지급은 성과평가 결과와 연계함

㉯ 성과평가는 유용성, 안전성, 서비스 만족도의 총합으로 평가함. 단, 유용성, 안전성, 서비스 만족도의 가중치를 각각 0.4, 0.4, 0.2로 부여함

㉰ 성과평가 결과를 활용한 성과급 지급 기준

성과평가 점수	성과평가 등급	분기별 성과급 지급액	비고
9.0 이상	A	100만 원	성과평가 등급이
8.0 이상 9.0 미만	B	90만 원 (10만 원 차감)	A이면 직전분기
7.0 이상 8.0 미만	C	80만 원 (20만 원 차감)	차감액의 50%를
7.0 미만	D	40만 원 (60만 원 차감)	가산하여 지급

구분	1/4 분기	2/4 분기	3/4 분기	4/4 분기
유용성	8	8	10	8
안전성	8	6	8	8
서비스 만족도	6	8	10	8

① 350만 원
② 360만 원
③ 370만 원
④ 380만 원
⑤ 390만 원

 먼저 아래 표를 항목별로 가중치를 부여하여 계산하면,

구분	1/4 분기	2/4 분기	3/4 분기	4/4 분기
유용성	$8 \times \frac{4}{10} = 3.2$	$8 \times \frac{4}{10} = 3.2$	$10 \times \frac{4}{10} = 4.0$	$8 \times \frac{4}{10} = 3.2$
안전성	$8 \times \frac{4}{10} = 3.2$	$6 \times \frac{4}{10} = 2.4$	$8 \times \frac{4}{10} = 3.2$	$8 \times \frac{4}{10} = 3.2$
서비스 만족도	$6 \times \frac{2}{10} = 1.2$	$8 \times \frac{2}{10} = 1.6$	$10 \times \frac{2}{10} = 2.0$	$8 \times \frac{2}{10} = 1.6$
합계	7.6	7.2	9.2	8
성과평가 등급	C	C	A	B
성과급 지급액	80만 원	80만 원	110만 원	90만 원

성과평가 등급이 A이면 직전분기 차감액의 50%를 가산하여 지급한다고 하였으므로,
3/4분기의 성과급은 직전분기 차감액 20만 원의 50%인 10만 원을 가산하여 지급한다.
∴ 80 + 80 + 110 + 90 = 360(만 원)

21 다음은 줄기세포 치료제 시장 현황에 관한 자료이다. 이에 대한 설명으로 옳지 않은 것은?

구분 치료분야	환자 수(명)	투여율(%)	시장규모(백만 달러)
자가면역	5,000	1	125
암	8,000	1	200
심장혈관	15,000	1	375
당뇨	15,000	5	1,875
유전자	500	20	250
간	400	90	900
신경	5,000	10	1,250
전체	48,900	–	4,975

(1) 투여율(%) = $\dfrac{\text{줄기세포 치료제를 투여한 환자 수}}{\text{환자 수}} \times 100$

(2) 시장규모 = 줄기세포 치료제를 투여한 환자 수 × 환자 1명당 투여비용

(3) 모든 치료분야에서 줄기세포 치료제를 투여한 환자 1명당 투여비용은 동일함

① 투여율에 변화가 없다고 할 때, 각 치료분야의 환자 수가 10% 증가하면, 줄기세포 치료제를 투여한 전체 환자 수도 10% 증가한다.

② 줄기세포 치료제를 투여한 환자 1명당 투여비용은 250만 달러이다.

③ 투여율에 변화가 없다고 할 때, 각 치료분야의 환자 수가 10% 증가하면 전체 줄기세포 치료제 시장규모는 55억 달러 이상이 된다.

④ 다른 치료분야에서는 환자 수와 투여율의 변화가 없다고 할 때, 유전자 분야와 신경 분야의 환자 수가 각각 2,000명씩 증가하고 이 두 분야의 투여율이 각각 절반으로 감소하면, 전체 줄기세포 치료제 시장규모는 변화가 없다.

⑤ 신경 치료분야 시장규모가 그대로인데 환자 1명당 투여비용이 2배로 올랐다면 줄기세포 치료제를 투여한 환자수는 250명이다.

③ 투여율이 일정할 때, 각 치료분야의 환자 수가 10% 증가하면 치료제 투여 환자 수 또한 10% 증가한다. 이때 전체 줄기세포 치료제 시장규모 역시 10% 증가할 것이므로 4975백만 달러의 110%인 54억 7250만 달러가 된다.

① 투여율(%) = $\dfrac{\text{줄기세포 치료제를 투여한 환자 수}}{\text{환자 수}} \times 100$이므로, 투여율이 일정할 때, 환자 수가 10% 증가하면, 줄기세포를 투여한 전체 환자 수도 10% 증가한다.

② $1250000 = 5000 \times x$ ∴ $x = 250$(만 달러)

④ 유전자분야의 환자 수가 2500, 투여율이 10%가 되면 투여 환자 수는 250명이 되고, 신경분야의 환자 수가 7000, 투여율이 5%가 되면 투여 환자 수는 350명이 된다. 현재 유전자분야의 투여 환자 수는 100명, 신경분야의 투여 환자 수는 500명이므로 두 분야의 투여환자수의 합은 불변이므로, 치료제 시장규모에 변화가 없다.

⑤ 현재 신경 치료분야의 투여 환자 수는 500명이므로 시장규모가 그대로라면 투여비용이 2배가 되었을 때 투여 환자 수는 절반이 되므로 250명이 된다.

Answer 20.② 21.③

22 전력과 관련된 아래 자료를 보고 올바르게 해석한 것을 모두 고르면?

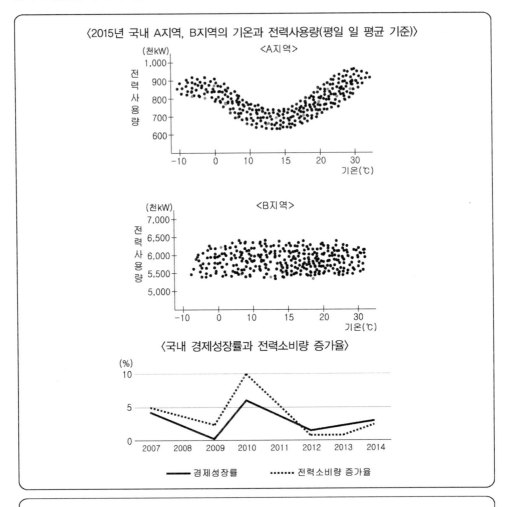

〈2015년 국내 A지역, B지역의 기온과 전력사용량(평일 일 평균 기준)〉

〈국내 경제성장률과 전력소비량 증가율〉

ⓐ 평일 일 평균 전력사용량은 계절과 관계없이 B지역이 A지역보다 항상 많을 것이다.

ⓑ A지역은 여름과 겨울에 전력사용량이 증가하는 것으로 보아 주택용보다 산업용 전력 사용량 비중이 높을 것이다.

ⓒ 경제 성장에 따른 최대 전력 수요 증가가 예상될 경우, 발전 설비 확충 등을 통해 전력 공급 능력을 향상시켜야 한다.

ⓓ 공급 능력이 8,000만kW, 최대 전력 수요가 7,200만kW라면 공급예비율이 10% 이하로 유지되도록 대책을 마련해야 한다.

① ⓐ, ⓑ   ② ⓐ, ⓒ

③ ⓑ, ⓒ   ④ ⓑ, ⓓ

⑤ ⓒ, ⓓ

ⓛ A지역은 여름과 겨울에 전력사용량이 증가하는 것으로 보아 산업용보다 주택용 전력사용량 비중이 높을 것이다.

ⓔ 공급 능력이 8,000만kW, 최대 전력 수요가 7,200kW라면 공급예비율(=공급 능력−최대 전력 수요)이 10% 이상으로 유지되도록 대책을 마련해야 한다.

23 다음에 제시되는 'x를 포함하는 수'들은 일정한 규칙을 가지고 나열되어 있다. 규칙에 의할 경우, 마지막 빈칸 A에 들어갈 수 있는 "를 포함하는 수는 다음 중 무엇인가?

$$(x2+3) \div 4 \qquad 2x \div 2 \qquad (6+x) \div 3 \qquad (x+x+x) \div 3 \qquad (\qquad A \qquad)$$

① $3x-10$

② $x+x-2$

③ $10-2x$

④ $4x^2-100$

⑤ $2x+5-4$

왼쪽부터 x의 값에 1부터 차례대로 정수를 대입할 경우 'x를 포함하는 수'도 같은 정수가 된다. 즉, x가 1이면 'x를 포함하는 수'도 1, x가 2이면 'x를 포함하는 수'도 2가 된다. 따라서 마지막에는 5를 넣어서 5가 되는 수가 와야 하므로 3x5-10=5인 보기 ①이 정답이 된다.

24 다음은 1999~2007년 서울시 거주 외국인의 국적별 인구 분포 자료이다. 이에 대한 설명 중 옳지 않은 것을 고르면?

(단위 : 명)

국적＼연도	1999	2000	2001	2002	2003	2004	2005	2006	2007
대만	3,011	2,318	1,371	2,975	8,908	8,899	8,923	8,974	8,953
독일	1,003	984	937	997	696	681	753	805	790
러시아	825	1,019	1,302	1,449	1,073	927	948	979	939
미국	18,763	16,658	15,814	16,342	11,484	10,959	11,487	11,890	11,810
베트남	841	1,083	1,109	1,072	2,052	2,216	2,385	3,011	3,213
영국	836	854	977	1,057	828	848	1,001	1,133	1,160
인도	491	574	574	630	836	828	975	1,136	1,173
일본	6,332	6,703	7,793	7,559	6,139	6,271	6,710	6,864	6,732
중국	12,283	17,432	21,259	22,535	52,572	64,762	77,881	119,300	124,597
캐나다	1,809	1,795	1,909	2,262	1,723	1,893	2,084	2,300	2,374
프랑스	1,180	1,223	1,257	1,360	1,076	1,015	1,001	1,002	984
필리핀	2,005	2,432	2,665	2,741	3,894	3,740	3,646	4,038	4,055
호주	838	837	868	997	716	656	674	709	737
서울시 전체	57,189	61,920	67,908	73,228	102,882	114,685	129,660	175,036	180,857

※ 2개 이상 국적을 보유한 자는 없는 것으로 가정함

① 서울시 거주 인도국적 외국인 수는 2004~2007년 사이에 매년 증가하였다.

② 2006년 서울시 거주 전체 외국인 중 중국국적 외국인이 차지하는 비중은 60% 이상 이다.

③ 제시된 국적 중 2000~2007년 사이에 서울시 거주 외국인 수가 매년 증가한 국적은 3개 이다.

④ 1999년 서울시 거주 전체 외국인 중 일본국적 외국인과 캐나다국적 외국인의 합이 차지하는 비중은 2006년 서울시 거주 전체 외국인 중 대만국적 외국인과 미국국적 외국인의 합이 차지하는 비중보다 크다.

⑤ 서울시 거주 호주국적 외국인 수가 전년 대비 증가한 해는 감소한 해보다 많다.

③ 2000~2007년 사이에 서울시 거주 외국인 수가 매년 증가한 국적은 중국 1개 이다.

② $\dfrac{119,300}{175,036} \times 100 ≒ 68.16(\%)$

④ ㉠ 1999년 일본국적 외국인과 캐나다국적 외국인의 합이 차지하는 비중

$\dfrac{6,332 + 1,809}{57,189} \times 100 ≒ 14.24(\%)$

㉡ 2006년 대만국적 외국인과 미국국적 외국인의 합이 차지하는 비중

$\dfrac{8,974 + 11,890}{175,036} \times 100 ≒ 11.92(\%)$

∴ 1999년 서울시 거주 전체 외국인 중 일본국적 외국인과 캐나다국적 외국인의 합이 차지하는 비중이 2.32% 더 크다.

⑤ 2001년, 2002년, 2005년, 2006년, 2007년은 증가하였고 2000년, 2003년, 2004년은 감소하였다.

25 다음 그래프와 표는 2005년 초에 조사한 한국의 애니메이션 산업에 대한 자료이다. 자료를 바탕으로 도출된 결론 중 옳은 것과 이를 도출하는 데 필요한 자료가 바르게 연결된 것은?

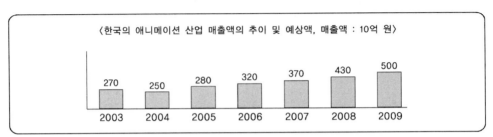

〈표1〉 부문별 한국의 애니메이션 산업 매출액

(단위 : 10억 원)

부문	2003년	2004년
애니메이션 제작	257	234
애니메이션 상영	12	14
애니메이션 수출	1	2
합계	270	250

〈표2〉 분야별 한국의 애니메이션 제작부문 매출액

(단위 : 10억 원)

분야	2003년	2004년
창작 및 판권	80	70
투자수입	1	2
제작 서비스	4	6
단순 복제	150	125
유통 및 배급	18	9
마케팅 및 홍보	4	22
합계	257	234

〈결론〉

㉠ 2005년부터 2009년까지 한국의 애니메이션 산업 매출액은 매년 동일한 폭으로 증가하는 추세를 보일 것이다.

㉡ 2006년 한국의 애니메이션 산업 매출액 규모는 3,000억 원을 넘어서고, 2009년에는 5,000억 원 규모로 성장할 전망이다.

㉢ 2004년 한국의 애니메이션 산업 매출액은 2,500억 원으로 나타났으며, 2003년의 2,700억 원과 비교하면 7% 이상 감소하였다.

㉣ 한국의 애니메이션 제작부문 중 2003년에 비해 2004년에 매출액이 감소한 분야는 4개이다.

	결론	자료
①	㉠	그래프
②	㉡	〈표1〉
③	㉢	〈표1〉
④	㉣	〈표2〉
⑤	㉡	〈표1〉

Tip ① 동일한 폭이 아니라 400억, 500억, 600억, 700억 원씩 증가한다.

②⑤ ㉡의 결론은 그래프를 통해 알 수 있다.

④ 2003년에 비해 2004년에 매출액이 감소한 분야는 창작 및 판권, 단순 복제, 유통 및 배급의 3개 분야이다.

Answer↗ 25.③

04 문제해결능력

1 문제와 문제해결

(1) 문제의 정의와 분류

① 정의 … 문제란 업무를 수행함에 있어서 답을 요구하는 질문이나 의논하여 해결해야 되는 사항이다.

② 문제의 분류

구분	창의적 문제	분석적 문제
문제제시 방법	현재 문제가 없더라도 보다 나은 방법을 찾기 위한 문제 탐구→문제 자체가 명확하지 않음	현재의 문제점이나 미래의 문제로 예견될 것에 대한 문제 탐구→문제 자체가 명확함
해결방법	창의력에 의한 많은 아이디어의 작성을 통해 해결	분석, 논리, 귀납과 같은 논리적 방법을 통해 해결
해답 수	해답의 수가 많으며, 많은 답 가운데 보다 나은 것을 선택	답의 수가 적으며 한정되어 있음
주요특징	주관적, 직관적, 감각적, 정성적, 개별적, 특수성	객관적, 논리적, 정량적, 이성적, 일반적, 공통성

(2) 업무수행과정에서 발생하는 문제 유형

① 발생형 문제(보이는 문제) … 현재 직면하여 해결하기 위해 고민하는 문제이다. 원인이 내재되어 있기 때문에 원인지향적인 문제라고도 한다.
　　㉠ 일탈문제 : 어떤 기준을 일탈함으로써 생기는 문제
　　㉡ 미달문제 : 어떤 기준에 미달하여 생기는 문제

② 탐색형 문제(찾는 문제) … 현재의 상황을 개선하거나 효율을 높이기 위한 문제이다. 방치할 경우 큰 손실이 따르거나 해결할 수 없는 문제로 나타나게 된다.
　　㉠ 잠재문제 : 문제가 잠재되어 있어 인식하지 못하다가 확대되어 해결이 어려운 문제

ⓒ 예측문제 : 현재로는 문제가 없으나 현 상태의 진행 상황을 예측하여 찾아야 앞으로 일
　어날 수 있는 문제가 보이는 문제

ⓒ 발견문제 : 현재로서는 담당 업무에 문제가 없으나 선진기업의 업무 방법 등 보다 좋은
　제도나 기법을 발견하여 개선시킬 수 있는 문제

③ **설정형 문제(미래 문제)** … 장래의 경영전략을 생각하는 것으로 앞으로 어떻게 할 것인가
하는 문제이다. 문제해결에 창조적인 노력이 요구되어 창조적 문제라고도 한다.

예제 1

D회사 신입사원으로 입사한 귀하는 신입사원 교육에서 업무수행과정에서
발생하는 문제 유형 중 설정형 문제를 하나씩 찾아오라는 지시를 받았다.
이에 대해 귀하는 교육받은 내용을 다시 복습하려고 한다. 설정형 문제에
해당하는 것은?

① 현재 직면하여 해결하기 위해 고민하는 문제
② 현재의 상황을 개선하거나 효율을 높이기 위한 문제
③ 앞으로 어떻게 할 것인가 하는 문제
④ 원인이 내재되어 있는 원인지향적인 문제

[출제의도]
업무수행 중 문제가 발생하였을 때
문제 유형을 구분하는 능력을 측정
하는 문항이다.
[해설]
업무수행과정에서 발생하는 문제
유형으로는 발생형 문제, 탐색형
문제, 설정형 문제가 있으며 ①④
는 발생형 문제이며 ②는 탐색형
문제, ③이 설정형 문제이다.

답 ③

---

(3) 문제해결

① **정의** … 목표와 현상을 분석하고 이 결과를 토대로 과제를 도출하여 최적의 해결책을 찾아
실행 · 평가해 가는 활동이다.

② **문제해결에 필요한 기본적 사고**
　ⓒ **전략적 사고** : 문제와 해결방안이 상위 시스템과 어떻게 연결되어 있는지를 생각한다.
　ⓒ **분석적 사고** : 전체를 각각의 요소로 나누어 그 의미를 도출하고 우선순위를 부여하여
　　구체적인 문제해결방법을 실행한다.
　ⓒ **발상의 전환** : 인식의 틀을 전환하여 새로운 관점으로 바라보는 사고를 지향한다.
　ⓒ **내 · 외부자원의 활용** : 기술, 재료, 사람 등 필요한 자원을 효과적으로 활용한다.

③ **문제해결의 장애요소**
　ⓒ 문제를 철저하게 분석하지 않는 경우
　ⓒ 고정관념에 얽매이는 경우
　ⓒ 쉽게 떠오르는 단순한 정보에 의지하는 경우
　ⓒ 너무 많은 자료를 수집하려고 노력하는 경우

④ 문제해결방법
　　㉠ 소프트 어프로치 : 문제해결을 위해서 직접적인 표현보다는 무언가를 시사하거나 암시를 통하여 의사를 전달하여 문제해결을 도모하고자 한다.
　　㉡ 하드 어프로치 : 상이한 문화적 토양을 가지고 있는 구성원을 가정하고, 서로의 생각을 직설적으로 주장하고 논쟁이나 협상을 통해 서로의 의견을 조정해 가는 방법이다.
　　㉢ 퍼실리테이션(facilitation) : 촉진을 의미하며 어떤 그룹이나 집단이 의사결정을 잘 하도록 도와주는 일을 의미한다.

2 문제해결능력을 구성하는 하위능력

(1) 사고력

① **창의적 사고** … 개인이 가지고 있는 경험과 지식을 통해 새로운 가치 있는 아이디어를 산출하는 사고능력이다.
　　㉠ 창의적 사고의 특징
　　　• 정보와 정보의 조합
　　　• 사회나 개인에게 새로운 가치 창출
　　　• 창조적인 가능성

| 예제 2

M사 홍보팀에서 근무하고 있는 귀하는 입사 5년차로 창의적인 기획안을 제출하기로 유명하다. S부장은 이번 신입사원 교육 때 귀하에게 창의적인 사고란 무엇인지 교육을 맡아달라고 부탁하였다. 창의적인 사고에 대한 귀하의 설명으로 옳지 않은 것은?

① 창의적인 사고는 새롭고 유용한 아이디어를 생산해 내는 정신적인 과정이다.
② 창의적인 사고는 특별한 사람들만이 할 수 있는 대단한 능력이다.
③ 창의적인 사고는 기존의 정보들을 특정한 요구조건에 맞거나 유용하도록 새롭게 조합시킨 것이다.
④ 창의적인 사고는 통상적인 것이 아니라 기발하거나, 신기하며 독창적인 것이다.

[출제의도]
창의적 사고에 대한 개념을 정확히 파악하고 있는지를 묻는 문항이다.
[해설]
흔히 사람들은 창의적인 사고에 대해 특별한 사람들만이 할 수 있는 대단한 능력이라고 생각하지만 그리 대단한 능력이 아니며 이미 알고 있는 경험과 지식을 해체하여 다시 새로운 정보로 결합하여 가치 있는 아이디어를 산출하는 사고라고 할 수 있다.

 ②

ⓛ 발산적 사고 : 창의적 사고를 위해 필요한 것으로 자유연상법, 강제연상법, 비교발상법 등을 통해 개발할 수 있다.

구분	내용
자유연상법	생각나는 대로 자유롭게 발상 ex) 브레인스토밍
강제연상법	각종 힌트에 강제적으로 연결지어 발상 ex) 체크리스트
비교발상법	주제의 본질과 닮은 것을 힌트로 발상 ex) NM법, Synectics

Point 》 브레인스토밍
  ㉠ 진행방법
   • 주제를 구체적이고 명확하게 정한다.
   • 구성원의 얼굴을 볼 수 있는 좌석 배치와 큰 용지를 준비한다.
   • 구성원들의 다양한 의견을 도출할 수 있는 사람을 리더로 선출한다.
   • 구성원은 다양한 분야의 사람들로 5~8명 정도로 구성한다.
   • 발언은 누구나 자유롭게 할 수 있도록 하며, 모든 발언 내용을 기록한다.
   • 아이디어에 대한 평가는 비판해서는 안 된다.
  ㉡ 4대 원칙
   • 비판엄금(Support) : 평가 단계 이전에 결코 비판이나 판단을 해서는 안 되며 평가는 나중까지 유보한다.
   • 자유분방(Silly) : 무엇이든 자유롭게 말하고 이런 바보 같은 소리를 해서는 안 된다는 등의 생각은 하지 않아야 한다.
   • 질보다 양(Speed) : 질에는 관계없이 가능한 많은 아이디어들을 생성해내도록 격려한다.
   • 결합과 개선(Synergy) : 다른 사람의 아이디어에 자극되어 보다 좋은 생각이 떠오르고, 서로 조합하면 재미있는 아이디어가 될 것 같은 생각이 들면 즉시 조합시킨다.

② 논리적 사고 … 사고의 전개에 있어 전후의 관계가 일치하고 있는가를 살피고 아이디어를 평가하는 사고능력이다.
  ㉠ 논리적 사고를 위한 5가지 요소 : 생각하는 습관, 상대 논리의 구조화, 구체적인 생각, 타인에 대한 이해, 설득
  ㉡ 논리적 사고 개발 방법
   • 피라미드 구조 : 하위의 사실이나 현상부터 사고하여 상위의 주장을 만들어가는 방법
   • so what기법 : '그래서 무엇이지?'하고 자문자답하여 주어진 정보로부터 가치 있는 정보를 이끌어 내는 사고 기법

③ 비판적 사고 … 어떤 주제나 주장에 대해서 적극적으로 분석하고 종합하며 평가하는 능동적인 사고이다.
  ㉠ 비판적 사고 개발 태도 : 비판적 사고를 개발하기 위해서는 지적 호기심, 객관성, 개방성, 융통성, 지적 회의성, 지적 정직성, 체계성, 지속성, 결단성, 다른 관점에 대한 존중과 같은 태도가 요구된다.

ⓛ 비판적 사고를 위한 태도
　　　• 문제의식 : 비판적인 사고를 위해서 가장 먼저 필요한 것은 바로 문제의식이다. 자신
　　　　이 지니고 있는 문제와 목적을 확실하고 정확하게 파악하는 것이 비판적인 사고의 시
　　　　작이다.
　　　• 고정관념 타파 : 지각의 폭을 넓히는 일은 정보에 대한 개방성을 가지고 편견을 갖지
　　　　않는 것으로 고정관념을 타파하는 일이 중요하다.

(2) 문제처리능력과 문제해결절차

① 문제처리능력 … 목표와 현상을 분석하고 이를 토대로 문제를 도출하여 최적의 해결책을
　　찾아 실행 · 평가하는 능력이다.

② 문제해결절차 … 문제 인식 → 문제 도출 → 원인 분석 → 해결안 개발 → 실행 및 평가
　　㉠ 문제 인식 : 문제해결과정 중 'what'을 결정하는 단계로 환경 분석 → 주요 과제 도출 →
　　　과제 선정의 절차를 통해 수행된다.
　　　• 3C 분석 : 환경 분석 방법의 하나로 사업환경을 구성하고 있는 요소인 자사
　　　　(Company), 경쟁사(Competitor), 고객(Customer)을 분석하는 것이다.

예제 3

L사에서 주력 상품으로 밀고 있는 TV의 판매 이익이 감소하고 있는 상황
에서 귀하는 B부장으로부터 3C분석을 통해 해결방안을 강구해 오라는 지
시를 받았다. 다음 중 3C에 해당하지 않는 것은?

① Customer　　　　　　　　② Company
③ Competitor　　　　　　　④ Content

[출제의도]
3C의 개념과 구성요소를 정확히
숙지하고 있는지를 측정하는 문항
이다.
[해설]
3C 분석에서 사업 환경을 구성하고 있
는 요소인 자사(Company), 경쟁사
(Competitor), 고객을 3C (Customer)
라고 한다. 3C 분석에서 고객 분석
에서는 '고객은 자사의 상품 · 서비스
에 만족하고 있는지'를, 자사 분석에
서는 '자사가 세운 달성목표와 현상
간에 차이가 없는지'를 경쟁사 분석
에서는 '경쟁기업의 우수한 점과 자
사의 현상과 차이가 없는지'에 대한
질문을 통해서 환경을 분석하게 된
다.

답 ④

- SWOT 분석 : 기업내부의 강점과 약점, 외부환경의 기회와 위협요인을 분석·평가하여 문제해결 방안을 개발하는 방법이다.

| | | 내부환경요인 | |
		강점(Strengths)	약점(Weaknesses)
외부환경요인	기회 (Opportunities)	SO 내부강점과 외부기회 요인을 극대화	WO 외부기회를 이용하여 내부약점을 강점으로 전환
	위협 (Threat)	ST 외부위협을 최소화하기 위해 내부강점을 극대화	WT 내부약점과 외부위협을 최소화

ⓛ 문제 도출 : 선정된 문제를 분석하여 해결해야 할 것이 무엇인지를 명확히 하는 단계로, 문제 구조 파악→핵심 문제 선정 단계를 거쳐 수행된다.

- Logic Tree : 문제의 원인을 파고들거나 해결책을 구체화할 때 제한된 시간 안에서 넓이와 깊이를 추구하는데 도움이 되는 기술로 주요 과제를 나무모양으로 분해·정리하는 기술이다.

ⓒ 원인 분석 : 문제 도출 후 파악된 핵심 문제에 대한 분석을 통해 근본 원인을 찾는 단계로 Issue 분석→Data 분석→원인 파악의 절차로 진행된다.

ⓔ 해결안 개발 : 원인이 밝혀지면 이를 효과적으로 해결할 수 있는 다양한 해결안을 개발하고 최선의 해결안을 선택하는 것이 필요하다.

ⓜ 실행 및 평가 : 해결안 개발을 통해 만들어진 실행계획을 실제 상황에 적용하는 활동으로 실행계획 수립→실행→Follow-up의 절차로 진행된다.

예제 4

C사는 최근 국내 매출이 지속적으로 하락하고 있어 사내 분위기가 심상치 않다. 이에 대해 Y부장은 이 문제를 극복하고자 문제처리 팀을 구성하여 해결방안을 모색하도록 지시하였다. 문제처리 팀의 문제해결 절차를 올바른 순서로 나열한 것은?

① 문제 인식→원인 분석→해결안 개발→문제 도출→실행 및 평가
② 문제 도출→문제 인식→해결안 개발→원인 분석→실행 및 평가
③ 문제 인식→원인 분석→문제 도출→해결안 개발→실행 및 평가
④ 문제 인식→문제 도출→원인 분석→해결안 개발→실행 및 평가

[출제의도]
실제 업무 상황에서 문제가 일어났을 때 해결 절차를 알고 있는지를 측정하는 문항이다.
[해설]
일반적인 문제해결절차는 '문제 인식→문제 도출→원인 분석→해결안 개발→실행 및 평가로 이루어진다.

답 ④

1 다음은 연도별·연령별 산전진찰 초진시기 및 의료기관 방문 횟수에 대한 자료이다. 주어진 〈보기〉의 내용을 바탕으로, 빈칸 ㉠~㉣에 들어갈 적절한 연령대를 순서대로 올바르게 나열한 것은 어느 것인가?

(단위 : 주, 번)

모(母)연령	2003년		2006년		2009년		2012년		2015년	
	초진시기	방문횟수	초진시기	방문횟수	초진시기	방문횟수	초진시기	방문횟수	초진시기	방문횟수
㉠	5.64	12.80	5.13	13.47	5.45	13.62	5.01	13.41	5.23	13.67
㉡	5.86	12.57	5.51	12.87	5.42	14.25	6.24	13.68	5.42	13.27
㉢	6.02	12.70	5.34	13.32	5.40	13.16	5.01	13.22	5.23	13.17
㉣	6.68	12.11	5.92	12.56	6.78	13.28	7.36	13.52	5.97	13.11

〈보기〉
a. 25~29세와 30~34세 연령대 임신부 초진 시기의 연도별 변동 패턴(빨라지거나 늦어짐)은 동일하다.
b. 15~24세 임신부의 임신 기간 중 의료기관 방문 횟수가 연령별로 가장 적었던 해는 5개 비교년도 중 3번이다.
c. 35세 이상 연령대의 임신부와 30~34세 연령대의 임신부와의 2003년 대비 2006년의 의료기관 방문횟수 증감률의 차이는 약 2.5%p이다.

	㉠	㉡	㉢	㉣
①	35세 이상,	25~29세,	30~34세,	15~24세
②	25~29세,	35세 이상,	15~24세,	30~34세
③	25~29세,	35세 이상,	30~34세,	15~24세
④	25~29세,	30~34세,	35세 이상,	15~24세
⑤	15~24세,	35세 이상,	30~34세,	25~29세

a. 연령대별 임신부 초진 시기가 연도별로 빨라지거나 늦어지는 변동 패턴이 동일한 것은 ⊙과 ⓒ이므로 둘 중 하나가 25~29세이며, 나머지 하나가 30~34세가 된다.

b. 의료기관 방문 횟수가 연령별로 가장 적었던 해가 3번인 것은 ⓔ의 2003, 2006, 2015년 밖에 없다. 따라서 ⓔ이 15~24세가 된다.

c. a와 b를 근거로 ⓛ이 35세 이상 연령대가 됨을 알 수 있으며, ⓛ과의 증감률 비교를 통해 ⊙과 ⓒ을 구분할 수 있다. ⊙, ⓛ, ⓒ의 방문 횟수 증감률을 차례로 계산해 보면 다음과 같다.

⊙ $(13.47 - 12.8) \div 12.8 \times 100 = 약 5.2\%$

ⓛ $(12.87 - 12.57) \div 12.57 \times 100 = 약 2.4\%$

ⓒ $(13.32 - 12.7) \div 12.7 \times 100 = 약 4.9\%$

따라서 ⓛ과 ⓒ이 2.5%p의 차이를 보이고 있으므로 ⓒ이 30~34세 연령대의 임신부임을 알 수 있다.

2 에너지 신산업에 대한 다음과 같은 정의를 참고할 때, 다음 중 에너지 신산업 분야의 사업으로 보기에 가장 적절하지 않은 것은 어느 것인가?

> 2015년 12월, 세계 195개국은 프랑스 파리에서 UN 기후변화협약을 체결, 파리기후변화협약에 따른 신기후체제의 출범으로 온실가스 감축은 선택이 아닌 의무가 되었으며, 이에 맞춰 친환경 에너지시스템인 에너지 신산업이 대두되었다. 에너지 신산업은 기후변화 대응, 미래 에너지 개발, 에너지 안보, 수요 관리 등 에너지 분야의 주요 현안을 효과적으로 해결하기 위한 '문제 해결형 산업'이다. 에너지 신산업 정책으로는 전력 수요관리, 에너지 관리 통합서비스, 독립형 마이크로그리드, 태양광 렌탈, 전기차 서비스 및 유료충전, 화력 발전 온배수열 활용, 친환경에너지타운, 스마트그리드 확산사업 등이 있다.

① 에너지 프로슈머 시장의 적극 확대를 위한 기반 산업 보강

② 전기차 확대보급을 실시하기 위하여 전기차 충전소 미비 지역에 충전소 보급 사업

③ 신개념 건축물에 대한 관심도 제고를 위한 고효율 제로에너지 빌딩 확대 사업

④ 폐열과 폐냉기의 재활용을 통한 에너지 사용량 감축과 친환경 에너지 창출 유도 산업

⑤ 분산형 전원으로 에너지 자립 도시 건립을 위한 디젤 발전기 추가 보급 사업

디젤 발전은 내연력을 통한 발전이므로 친환경과 지속가능한 에너지 정책을 위한 발전 형태로 볼 수 없다. 오히려 디젤 발전을 줄여 신재생에너지원을 활용한 전력 생산 및 공급 방식이 에너지 신산업 정책에 부합한다고 볼 수 있다.

Answer 1.③ 2.⑤

▎3~4 ▎ 다음은 S공단에서 제공하는 휴양콘도 이용 안내문이다. 다음 안내문을 읽고 이어지는 물음에 답하시오.

▲ 휴양콘도 이용대상
- 주말, 성수기 : 월평균소득이 243만 원 이하 근로자
- 평일 : 모든 근로자(월평균소득이 243만 원 초과자 포함), 특수형태근로종사자
- 이용희망일 2개월 전부터 신청 가능
- 이용희망일이 주말, 성수기인 경우 최초 선정일 전날 23시 59분까지 접수 요망. 이후에 접수할 경우 잔여객실 선정일정에 따라 처리

▲ 휴양콘도 이용우선순위
① 주말, 성수기
  - 주말·성수기 선정 박수가 적은 근로자
  - 이용가능 점수가 높은 근로자
  - 월평균소득이 낮은 근로자
    ※ 위 기준 순서대로 적용되며, 근로자 신혼여행의 경우 최우선 선정
② 평일 : 선착순

▲ 이용·변경·신청취소
- 선정결과 통보 : 이용대상자 콘도 이용권 이메일 발송
- 이용대상자로 선정된 후에는 변경 불가→변경을 원할 경우 신청 취소 후 재신청
- 신청취소는 「복지서비스 > 신청결과확인」 메뉴에서 이용일 10일 전까지 취소
  ※ 9일 전~1일 전 취소는 이용점수가 차감되며, 이용당일 취소 또는 취소 신청 없이 이용하지 않는 경우 (No-Show) 1년 동안 이용 불가
- 선정 후 취소 시 선정 박수에는 포함되므로 이용우선순위에 유의(평일 제외)
  ※ 기준년도 내 선정 박수가 적은 근로자 우선으로 자동선발하고, 차순위로 점수가 높은 근로자 순으로 선발하므로 선정 후 취소 시 차후 이용우선순위에 영향을 미치니 유의하시기 바람
- 이용대상자로 선정된 후 타인에게 양도 등 부정사용 시 신청일 부터 5년간 이용 제한

▲ 기본점수 부여 및 차감방법 안내
☞ 매년(년1회) 연령에 따른 기본점수 부여

[월평균소득 243만 원 이하 근로자]

연령대	50세 이상	40~49세	30~39세	20~29세	19세 이하
점수	100점	90점	80점	70점	60점

※ 월평균소득 243만 원 초과 근로자, 특수형태근로종사자, 고용·산재보험 가입사업장 : 0점

☞ 기 부여된 점수에서 연중 이용점수 및 벌점에 따라 점수 차감

구분	이용점수(1박당)			벌점	
	성수기	주말	평일	이용취소 (9~1일전 취소)	No-show (당일취소, 미이용)
차감점수	20점	10점	0점	50점	1년 사용제한

▲ 벌점(이용취소, No-show)부과 예외
• 이용자의 배우자 · 직계존비속 또는 배우자의 직계존비속이 사망한 경우
• 이용자 본인 · 배우자 · 직계존비속 또는 배우자의 직계존비속이 신체이상으로 3일 이상 의료기관에
 입원하여 콘도 이용이 곤란한 경우
• 운송기관의 파업 · 휴업 · 결항 등으로 운송수단을 이용할 수 없어 콘도 이용이 곤란한 경우
※ 벌점부과 예외 사유에 의한 취소 시에도 선정박수에는 포함되므로 이용우선순위에 유의하시기 바람

3 다음 중 위의 안내문을 보고 올바른 콘도 이용계획을 세운 사람은 누구인가?

① "난 이용가능 점수도 높아 거의 1순위인 것 같은데, 올 해엔 시간이 없으니 내년
  여름휴가 때 이용할 콘도나 미리 예약해 둬야겠군."

② "경태 씨, 우리 신혼여행 때 휴양 콘도 이용 일정을 넣고 싶은데 이용가능점수도
  낮고 소득도 좀 높은 편이라 어려울 것 같네요."

③ "여보, 지난 번 신청한 휴양콘도 이용자 선정 결과가 아직 안 나왔나요? 신청할 때
  제 전화번호를 기재했다고 해서 계속 기다리고 있는데 전화가 안 오네요."

④ "영업팀 최 부장님은 50세 이상이라서 기본점수가 높지만 지난 번 성수기에 2박
  이용을 하셨으니 아직 미사용 중인 20대 엄 대리가 점수 상으로는 좀 더 선정 가
  능성이 높겠군."

⑤ "총무팀 박 대리는 엊그제 아버님 상을 당해서 오늘 콘도 이용은 당연히 취소하겠
  군. 취소야 되겠지만 벌점 때문에 내년에 재이용은 어렵겠어."

 50세인 최 부장은 기본점수가 100점이었으나 성수기 2박 이용으로 40점(1박 당 20점)이
차감되어 60점의 기본점수가 남아 있으나 20대인 엄 대리는 미사용으로 기본점수 70점이
남아 있으므로 점수 상으로는 선정 가능성이 더 높다고 할 수 있다.
① 신청은 2개월 전부터 가능하므로 내년 이용 콘도를 지금 예약할 수는 없다.
② 신혼여행 근로자는 최우선 순위로 콘도를 이용할 수 있다.
③ 선정 결과는 유선 통보가 아니며 콘도 이용권을 이메일로 발송하게 된다.
⑤ 이용자 직계존비속 사망에 의한 취소의 경우이므로 벌점 부과 예외사항에 해당된다.

Answer ↪ 3.④

4 다음 〈보기〉의 신청인 중 올해 말 이전 휴양콘도 이용 순위가 높은 사람부터 순서대로 올바르게 나열한 것은 어느 것인가?

〈보기〉

A씨 : 30대, 월 소득 200만 원, 주말 2박 선정 후 3일 전 취소(무벌점)

B씨 : 20대, 월 소득 180만 원, 신혼여행 시 이용 예정

C씨 : 40대, 월 소득 220만 원, 성수기 2박 기 사용

D씨 : 50대, 월 소득 235만 원, 올 초 선정 후 5일 전 취소, 평일 1박 기 사용

① D씨 − B씨 − A씨 − C씨　　　② B씨 − D씨 − C씨 − A씨

③ C씨 − D씨 − A씨 − B씨　　　④ B씨 − D씨 − A씨 − C씨

⑤ B씨 − A씨 − D씨 − C씨

 모두 월 소득이 243만 원 이하이므로 기본점수가 부여되며, 다음과 같이 순위가 선정된다. 우선, 신혼여행을 위해 이용하고자 하는 B씨가 1순위가 된다. 다음으로 주말과 성수기 선정 박수가 적은 신청자가 우선순위가 되므로 주말과 성수기 이용 실적이 없는 D씨가 2순위가 된다. A씨는 기본점수 80점, 3일 전 취소이므로 20점(주말 2박) 차감을 감안하면 60점의 점수를 보유하고 있으며, C씨는 기본점수 90점, 성수기 사용 40점(1박 당 20점) 차감을 감안하면 50점의 점수를 보유하게 된다. 따라서 최종순위는 B씨 − D씨 − A씨 − C씨가 된다.

5 신임관리자과정 입교를 앞둔 甲은 2017년 4월 13일에 출국하여 4월 27일에 귀국하는 해외여행을 계획하고 있다. 甲은 일정상 출·귀국일을 포함하여 여행기간에는 이러닝 교과목을 수강하거나 온라인 시험에 응시할 수 없는 상황이며, 여행기간을 제외한 시간에는 최대한 이러닝 교과목을 이수하려고 한다. 다음을 바탕으로 판단할 때 〈보기〉 중 옳은 것을 모두 고르면?

- 인재개발원은 신임관리자과정 입교 예정자를 대상으로 사전 이러닝 제도를 운영하고 있다. 이는 입교 예정자가 입교 전에 총 9개 과목을 온라인으로 수강하도록 하는 제도이다.
- 이러닝 교과목은 2017년 4월 10일부터 수강하며, 하루 최대 수강시간은 10시간이다.
- 필수 I 교과목은 교과목별로 정해진 시간의 강의를 모두 수강하는 것을 이수조건으로 한다.
- 필수 II 교과목은 교과목별로 정해진 시간의 강의를 모두 수강하고 온라인 시험에 응시하는 것을 이수조건으로 한다. 온라인 시험은 강의시간과 별도로 교과목당 반드시 1시간이 소요되며, 그 시험시간은 수강시간에 포함된다.

- 신임관리자과정 입교는 2017년 5월 1일이다.
- 2017년 4월 30일 24시까지 교과목 미이수시, 필수Ⅰ은 교과목당 3점, 필수Ⅱ는 교과목당 2점을 교육성적에서 감점한다.

교과목	강의시간	분류
• 사이버 청렴교육	15시간	필수Ⅰ
• 행정업무 운영제도	7시간	
• 공문서 작성을 위한 한글맞춤법	8시간	
• 관리자 복무제도	6시간	
• 역사에서 배우는 관리자의 길	8시간	필수Ⅱ
• 헌법정신에 기반한 관리자윤리	5시간	
• 판례와 사례로 다가가는 헌법	6시간	
• 관리자가 알아야 할 행정법 사례	7시간	
• 쉽게 배우는 관리자 인사실무	5시간	
계	67시간	

※ 교과목은 순서에 상관없이 여러 날에 걸쳐 시간 단위로만 수강할 수 있다.

㉠ 甲은 계획대로라면 교육성적에서 최소 3점 감점을 받을 것이다.

㉡ 甲이 하루 일찍 귀국하면 이러닝 교과목을 모두 이수할 수 있을 것이다.

㉢ '판례와 사례로 다가가는 헌법', '쉽게 배우는 관리자 인사실무'를 여행 중 이수할 수 있다면, 출·귀국일을 변경하지 않고도 교육성적에서 감점을 받지 않을 것이다.

① ㉠

② ㉡

③ ㉢

④ ㉠, ㉢

⑤ ㉠, ㉡, ㉢

甲이 이러닝 교과목을 수강하거나 온라인 시험에 응시할 수 있는 날은 10~12일, 28~30일로 최대 60시간까지 가능하다. 필수Ⅰ과 필수Ⅱ를 모두 이수하기 위해서는 필수Ⅰ 36시간, 필수Ⅱ 36시간(온라인 시험 응시 포함)을 더해 총 72시간이 필요하다.

㉠ 필수Ⅰ, 필수Ⅱ를 모두 이수하기 위해 필요한 시간에서 12시간이 부족하므로 교육성적에서 최소 3점 감점을 받을 것이다.('사이버 청렴교육' 이수 포기)

㉡ 甲이 하루 일찍 귀국해도 최대 70시간까지만 이러닝 교과목을 수강하거나 온라인 시험에 응시할 수 있으므로 모두 이수할 수는 없다.

㉢ '판례와 사례로 다가가는 헌법', '쉽게 배우는 관리자 인사실무' 이수에 필요한 13시간을 빼면 나머지 과목을 이수하는 데 59시간이 필요하므로 일정을 변경하지 않고도 교육성적에서 감점을 받지 않는다.

Answer ↪ 4.④ 5.④

┃6~7┃ A공사에 입사한 甲은 회사 홈페이지에서 국내 다섯 개 댐에 대해 조류 예보를 관리하는 업무를 담당하게 되었다. 다음 내용을 바탕으로 물음에 답하시오.

<조류 예보 단계 및 발령기준>

조류 예보 단계		발령기준(CHI-a)
파란색	평상	15mg/ 미만
노란색	주의	15mg/ 이상
주황색	경보	25mg/ 이상
빨간색	대발생	100mg/ 이상

6 다음은 甲이 지난 7개월 동안 시간 흐름에 따른 조류량 변화 추이를 댐 별로 정리한 자료이다. 이에 대한 분석으로 틀린 것은?

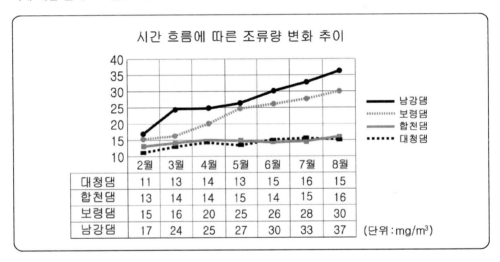

시간 흐름에 따른 조류량 변화 추이

	2월	3월	4월	5월	6월	7월	8월
대청댐	11	13	14	13	15	16	15
합천댐	13	14	14	15	14	15	16
보령댐	15	16	20	25	26	28	30
남강댐	17	24	25	27	30	33	37

(단위 : mg/m³)

① 대청댐의 조류량이 2월부터 5월까지는 "평상" 단계였지만, 6월부터 "주의" 단계로 격상했구나.
② 합천댐은 대청댐과 마찬가지로 총 세 번의 "주의" 단계가 발령되었구나.
③ 보령댐은 2월부터 시간이 지날수록 조류량이 많아져서 줄곧 "주의" 단계였네.
④ 남강댐은 제시된 댐들 중에 매월 조류량이 가장 많고, 4월부터 "경보" 단계였구나.
⑤ 3월에 보령댐과 남강댐은 같은 단계가 발령되었구나.

Tip ③ 보령댐은 2월부터 시간이 지날수록 조류량이 많아져 2~4월은 "주의", 5~8월은 "경보" 단계였다.

7 甲이 다음과 같은 소식을 댐 관리자로부터 전달 받았을 때, 각 댐에 내려야 하는 예보가 적절하게 묶인 것은?

> 발신인 : 乙
> 수신인 : 甲
> 제목 : 장마에 따른 조류량 변화
> • 장마로 인하여 상류로부터의 오염물질 다량유입, 수온 상승과 일조량 증가로 조류가 성장하기에 적합한 환경이 조성됨에 따라, 우점 조류인 아나베나(Anabaena)가 급증하고 있는 것으로 보입니다.
> • 현재 조류량이 급격히 늘어나고 있는데, 현재 시각인 14시를 기준으로 대청댐은 27mg/, 보령댐은 26mg/, 합천댐은 22mg/, 남강댐과 주암댐은 각각 12mg/로 파악되고 있습니다. 긴급히 예보에 반영 부탁드립니다.

① 대청댐 – 대발생

② 보령댐 – 경보

③ 합천댐 – 경보

④ 남강댐 – 주의

⑤ 주암댐 – 경보

 ① 대청댐 – 경보
③ 합천댐 – 주의
④⑤ 남강댐, 주암댐 – 평상

8 다음은 무농약농산물과 저농약농산물 인증기준에 대한 자료이다. 자신이 신청한 인증을 받을 수 있는 사람을 모두 고르면?

무농약농산물과 저농약농산물의 재배방법은 각각 다음과 같다.
1) 무농약농산물의 경우 농약을 사용하지 않고, 화학비료는 권장량의 2분의 1 이하로 사용하여 재배한다.
2) 저농약농산물의 경우 화학비료는 권장량의 2분의 1 이하로 사용하고, 농약은 살포시기를 지켜 살포 최대횟수의 2분의 1 이하로 사용하여 재배한다.

〈농산물별 관련 기준〉

종류	재배기간 내 화학비료 권장량(kg/ha)	재배기간 내 농약살포 최대횟수	농약 살포시기
사과	100	4	수확 30일 전까지
감	120	4	수확 14일 전까지
복숭아	50	5	수확 14일 전까지

甲 : 5k㎡의 면적에서 재배기간 동안 농약을 전혀 사용하지 않고 20t의 화학비료를 사용하여 사과를 재배하였으며, 이 사과를 수확하여 무농약농산물 인증신청을 하였다.

乙 : 3ha의 면적에서 재배기간 동안 농약을 1회 살포하고 50kg의 화학비료를 사용하여 복숭아를 재배하였다. 하지만 수확시기가 다가오면서 병충해 피해가 나타나자 농약을 추가로 1회 살포하였고, 열흘 뒤 수확하여 저농약농산물 인증신청을 하였다.

丙 : 가로와 세로가 각각 100m, 500m인 과수원에서 감을 재배하였다. 재배기간 동안 총 2회(올해 4월 말과 8월 초) 화학비료 100kg씩을 뿌리면서 병충해 방지를 위해 농약도 함께 살포하였다. 추석을 맞아 9월 말에 감을 수확하여 저농약농산물 인증신청을 하였다.

※ 1ha＝10,000㎡, 1t＝1,000kg

① 甲, 乙
② 甲, 丙
③ 乙, 丙
④ 甲, 乙, 丙
⑤ 甲

 甲 : 5k㎡는 500ha이므로 사과를 수확하여 무농약농산물 인증신청을 하려면 농약을 사용하지 않고, 화학비료는 50,000kg(＝50t)의 2분의 1 이하로 사용하여 재배해야 한다.
乙 : 복숭아의 농약 살포시기는 수확 14일 전까지이다. 저농약농산물 인증신청을 위한 살포시기를 지키지 못 하였으므로 인증을 받을 수 없다.
丙 : 5ha(100m×500m)에서 감을 수확하여 저농약농산물 인증신청을 하려면 화학비료는 600kg의 2분의 1 이하로 사용하고, 농약은 살포시기를 지켜(수확 14일 전까지) 살포 최대횟수인 4회의 2분의 1 이하로 사용하여 재배해야 한다.

9 다음은 A그룹 근처의 〈맛집 정보〉이다. 주어진 평가 기준에 따라 가장 높은 평가를 받은 곳으로 신년회를 예약하라는 지시를 받았다. A그룹의 신년회 장소는?

〈맛집 정보〉

음식점 \ 평가항목	음식종류	이동거리	가격 (1인 기준)	맛 평점 (★ 5개 만점)	방 예약 가능 여부
자금성	중식	150m	7,500원	★★☆	○
샹젤리제	양식	170m	8,000원	★★★	○
경복궁	한식	80m	10,000원	★★★★	○
도쿄타워	일식	350m	9,000원	★★★★☆	×
스시나라	일식	500m	12,000원	★★★★★	○

※ ☆은 ★의 반 개다.

〈평가 기준〉
- 평가항목 중 이동거리, 가격, 맛 평점에 대하여 각 항목별로 5, 4, 3, 2, 1점을 각각의 음식점에 하나씩 부여한다.
  - 이동거리가 짧은 음식점일수록 높은 점수를 준다.
  - 가격이 낮은 음식점일수록 높은 점수를 준다.
  - 맛 평점이 높은 음식점일수록 높은 점수를 준다.
- 평가항목 중 음식종류에 대하여 일식 5점, 한식 4점, 양식 3점, 중식 2점을 부여한다.
- 방 예약이 가능한 경우 가점 1점을 부여한다.
- 총점은 음식종류, 이동거리, 가격, 맛 평점의 4가지 평가항목에서 부여 받은 점수와 가점을 합산하여 산출한다.

---

① 자금성 ② 샹젤리제
③ 경복궁 ④ 도쿄타워
⑤ 스시나라

 평가 기준에 따라 점수를 매기면 다음과 같다.

음식점 \ 평가항목	음식 종류	이동 거리	가격 (1인 기준)	맛 평점 (★ 5개 만점)	방 예약 가능 여부	총점
자금성	2	4	5	1	1	13
샹젤리제	3	3	4	2	1	13
경복궁	4	5	2	3	1	15
도쿄타워	5	2	3	4	–	14
스시나라	5	1	1	5	1	13

따라서 A그룹의 신년회 장소는 경복궁이다.

Answer → 8.② 9.③

10 다음은 우리나라의 연도별 유형별 정치 참여도를 나타낸 자료이다. 〈보기〉에 주어진 조건을 참고할 때, ㉠~㉣에 들어갈 알맞은 정치 참여방법을 순서대로 올바르게 나열한 것은 어느 것인가?

	㉠	온라인상 의견 피력하기	정부나 언론에 의견제시	㉡	탄원서·진정서·청원서 제출하기	㉢	공무원·정치인에 민원전달	㉣
2014	53.9	15.0	9.5	21.2	8.8	9.2	10.3	12.8
2015	58.8	14.7	8.8	17.5	7.9	7.6	9.1	9.2
2016	69.3	13.3	6.7	14.9	5.6	6.9	6.1	10.3
2017	74.1	12.2	6.4	14.5	5.8	14.4	5.6	8.5

〈보기〉

1. 주변인과 대화를 하거나 시위 등에 참여하는 방법은 2014년보다 2017년에 그 비중이 더 증가하였다.
2. 2017년에 서명운동에 참여하거나 주변인과 대화를 하는 방법으로 정치에 참여하는 사람의 비중은 모두 온라인상 의견을 피력하는 방법으로 정치에 참여하는 사람의 비중보다 더 많다.
3. 2014~2016년 기간 동안은 시위에 참여하거나 불매운동을 하는 방법으로 정치에 참여한 사람의 비중이 온라인상 의견을 피력하는 방법으로 정치에 참여한 사람의 비중보다 항상 적었다.

① 서명운동 참여하기-주변인과 대화하기-시위·집회 참여하기-불매운동 참여하기
② 주변인과 대화하기-서명운동 참여하기-시위·집회 참여하기-불매운동 참여하기
③ 주변인과 대화하기-서명운동 참여하기-불매운동 참여하기-시위·집회 참여하기
④ 주변인과 대화하기-시위·집회 참여하기-서명운동 참여하기-불매운동 참여하기
⑤ 불매운동 참여하기-주변인과 대화하기-서명운동 참여하기-시위·집회 참여하기

 보기1에 의하면 ㉠과 ㉢이 주변인과 대화하기 또는 시위·집회 참여하기 중 하나임을 알수 있다. 또한 보기2에 의하면 ㉠, ㉡, ㉢ 중 서명운동 참여하기와 주변인과 대화하기가 해당됨을 알 수 있다. 따라서 ㉡이 서명운동 참여하기임을 확인할 수 있다.
보기3에서는 ㉢과 ㉣이 시위·집회 참여하기 또는 불매운동 참여하기 중 하나임을 의미하고 있으므로 보기1과 함께 판단했을 때, ㉢이 시위·집회 참여하기, ㉣이 불매운동 참여하기가 되며 이에 따라 ㉠은 주변인과 대화하기가 된다.

11 신입사원 A는 상사로부터 아직까지 '올해의 K인상' 투표에 참여하지 않은 사원들에게 투표 참여 안내 문자를 발송하라는 지시를 받았다. 다음에 제시된 내용을 바탕으로 할 때, A가 문자를 보내야하는 사원은 몇 명인가?

> '올해의 K인상' 후보에 총 5명(甲~戊)이 올랐다. 수상자는 120명의 신입사원 투표에 의해 결정되며 투표규칙은 다음과 같다.
> • 투표권자는 한 명당 한 장의 투표용지를 받고, 그 투표용지에 1순위와 2순위 각 한 명의 후보자를 적어야 한다.
> • 투표권자는 1순위와 2순위로 동일한 후보자를 적을 수 없다.
> • 투표용지에 1순위로 적힌 후보자에게는 5점이, 2순위로 적힌 후보자에게는 3점이 부여된다.
> • '올해의 K인상'은 개표 완료 후, 총 점수가 가장 높은 후보자가 수상하게 된다.
> • 기권표와 무효표는 없다.
> 현재 투표까지 중간집계 점수는 다음과 같다.

후보자	중간집계 점수
甲	360점
乙	15점
丙	170점
丁	70점
戊	25점

① 50명   ② 45명

③ 40명   ④ 35명

⑤ 30명

 1명의 투표권자가 후보자에게 줄 수 있는 점수는 1순위 5점, 2순위 3점으로 총 8점이다. 현재 투표까지 중간집계 점수가 640이므로 80명이 투표에 참여하였으며, 아직 투표에 참여하지 않은 사원은 120−80=40명이다. 따라서 신입사원 A는 40명의 사원에게 문자를 보내야 한다.

12 다음 〈쓰레기 분리배출 규정〉을 준수한 것은?

- 배출 시간 : 수거 전날 저녁 7시~수거 당일 새벽 3시까지(월요일~토요일에만 수거함)
- 배출 장소 : 내 집 앞, 내 점포 앞
- 쓰레기별 분리배출 방법
  - 일반 쓰레기 : 쓰레기 종량제 봉투에 담아 배출
  - 음식물 쓰레기 : 단독주택의 경우 수분 제거 후 음식물 쓰레기 종량제 봉투에 담아 서, 공동주택의 경우 음식물 전용용기에 담아서 배출
  - 재활용 쓰레기 : 종류별로 분리하여 투명 비닐봉투에 담아 묶어서 배출
    ① 1종(병류)
    ② 2종(캔, 플라스틱, 페트병 등)
    ③ 3종(폐비닐류, 과자 봉지, 1회용 봉투 등)
       ※ 1종과 2종의 경우 뚜껑을 제거하고 내용물을 비운 후 배출
       ※ 종이류 / 박스 / 스티로폼은 각각 별도로 묶어서 배출
  - 폐가전 · 폐가구 : 폐기물 스티커를 부착하여 배출
- 종량제 봉투 및 폐기물 스티커 구입: 봉투판매소

---

① 甲은 토요일 저녁 8시에 일반 쓰레기를 쓰레기 종량제 봉투에 담아 자신의 집 앞에 배출하였다.
② 공동주택에 사는 乙은 먹다 남은 찌개를 그대로 음식물 쓰레기 종량제 봉투에 담아 주택 앞에 배출하였다.
③ 丙은 투명 비닐봉투에 캔과 스티로폼을 함께 담아 자신의 집 앞에 배출하였다.
④ 戊는 집에서 쓰던 냉장고를 버리기 위해 폐기물 스티커를 구입 후 부착하여 월요일 저녁 9시에 자신의 집 앞에 배출하였다.
⑤ 丁은 폐가전을 종량제 봉투에 담아 배출하였다.

    ① 배출 시간은 수거 전날 저녁 7시부터 수거 당일 새벽 3시까지인데 일요일은 수거하지 않으므로 토요일 저녁 8시에 쓰레기를 내놓은 甲은 규정을 준수했다고 볼 수 없다.
    ② 공동주택에서 음식물 쓰레기를 배출할 경우 음식물 전용용기에 담아서 배출해야 한다.
    ③ 스티로폼은 별도로 묶어서 배출해야 하는 품목이다.
    ⑤ 폐가전은 폐기물 스티커를 부착하여 배출해야 한다.

13 다음 〈상황〉과 〈조건〉을 근거로 판단할 때 옳은 것은?

〈상황〉

A대학교 보건소에서는 4월 1일(월)부터 한 달 동안 재학생을 대상으로 금연교육 4회, 금주교육 3회, 성교육 2회를 실시하려는 계획을 가지고 있다.

〈조건〉

• 금연교육은 정해진 같은 요일에만 주 1회 실시하고, 화, 수, 목요일 중에 해야 한다.
• 금주교육은 월요일과 금요일을 제외한 다른 요일에 시행하며, 주 2회 이상은 실시하지 않는다.
• 성교육은 4월 10일 이전, 같은 주에 이틀 연속으로 실시한다.
• 4월 22일부터 26일까지 중간고사 기간이고, 이 기간에 보건소는 어떠한 교육도 실시할 수 없다.
• 보건소의 교육은 하루에 하나만 실시할 수 있고, 토요일과 일요일에는 교육을 실시할 수 없다.
• 보건소는 계획한 모든 교육을 반드시 4월에 완료하여야 한다.

① 금연교육이 가능한 요일은 화요일과 수요일이다.
② 4월 30일에도 교육이 있다.
③ 금주교육은 4월 마지막 주에도 실시된다.
④ 성교육이 가능한 일정 조합은 두 가지 이상이다.
⑤ 4월 4일에는 교육이 없다.

• 화, 수, 목 중에 실시해야 하는 금연교육을 4회 실시하기 위해서는 반드시 화요일에 해야 한다.
• 10일 이전, 같은 주에 이틀 연속으로 성교육을 실시할 수 있는 날짜는 4~5일뿐이다.

상황과 조건에 따라 A대학교 보건소의 교육 일정을 정리해 보면 다음과 같다.

월	화	수	목	금	토	일
1	금연 2	3	성 4	성 5	X 6	X 7
8	금연 9	10	11	12	X 13	X 14
15	금연 16	17	18	19	X 20	X 21
중 22	간 23	고 24	사 25	주 26	X 27	X 28
29	금연 30					

• 금주교육은 (3, 10, 17), (3, 10, 18), (3, 11, 17), (3, 11, 18) 중 실시할 수 있다.

글로벌 화장품회사의 한국지사장인 상사는 다음달 1일부터 15일까지 싱가포르에서 아태지역 마케팅 전략회의 및 세미나가 예정되어 있어 출장을 갈 계획이다. 한국도착은 16일 오전으로 예정되어 있다.

또한 상사는 세미나에서 새로운 신제품의 실험장이라 할 만큼 중요한 한국시장에 대한 좀 더 심층 있는 논의를 위해 '한국여성의 화장품구매패턴'에 대한 프레젠테이션을 계획하고 있다.

14 상사의 해외출장 중 부하직원의 업무처리방법에 대한 설명으로 가장 적절치 않은 것은?

① 거래처의 면담 요청을 받아 상사의 귀국당일 면담일정을 정하였다.

② 결재 서류는 중요도와 긴급도를 고려하여 귀사 후 업무에 복귀하면 즉시 볼 수 있도록 준비했다.

③ 출장 중 수신한 우편물을 분류하고 별도의 지시가 없는 개인우편물은 개봉하지 않았다.

④ 일정한 시간을 정해 상사에게 전화 등으로 보고를 진행하였다.

⑤ 설명이 필요한 추가적인 부분은 이메일로 보고하였다.

 ① 상사에게 확인하지 않은 채 독단적으로 상사의 일정을 정하는 것은 삼가야 한다. 또한 귀국 당일은 상사의 컨디션을 고려하여 일정을 제외시키는 것이 좋다.

15 상사의 출장준비를 위한 부하직원의 관련 업무에 대한 설명으로 가장 적절치 않은 것은?

① 여권만료일을 확인하고 비자를 신청하였다.

② 숙박은 이동의 편의성을 고려하여 회의가 열리는 호텔로 예약하였다.

③ 프레젠테이션자료를 노트북에 저장하고 만약을 위해 USB에 다시 저장하여 별도로 준비하였다.

④ 고액권과 소액권을 섞어 필요한 금액으로 환전하였다.

⑤ 프레젠테이션을 할 회의실의 컴퓨터, 프로젝터, 스크린 등의 유무를 체크하여 정리하였다.

 ① 싱가포르와는 3개월 무비자 협정이 체결되어 있기 때문에 별도의 비자를 신청할 필요가 없다.

16 다음 〈A국 사업타당성조사 규정〉을 근거로 판단할 때, 〈보기〉에서 옳은 것만을 모두 고르면?

제○○조(예비타당성조사 대상사업)

신규 사업 중 총사업비가 500억 원 이상이면서 국가의 재정지원 규모가 300억 원 이상인 건설사업, 정보화사업, 국가연구개발사업에 대해 예비타당성조사를 실시한다.

제△△조(타당성조사의 대상사업과 실시)

① 제○○조에 해당하지 않는 사업으로서, 국가 예산의 지원을 받아 지자체·공기업·준정부기관·기타 공공기관 또는 민간이 시행하는 사업 중 완성에 2년 이상이 소요되는 다음 각 호의 사업을 타당성조사 대상사업으로 한다.

1. 총사업비가 500억 원 이상인 토목사업 및 정보화사업
2. 총사업비가 200억 원 이상인 건설사업

② 제1항의 대상사업 중 다음 각 호의 어느 하나에 해당하는 경우에는 타당성조사를 실시하여야 한다.

1. 사업추진 과정에서 총사업비가 예비타당성조사의 대상 규모로 증가한 사업
2. 사업물량 또는 토지 등의 규모 증가로 인하여 총사업비가 100분의 20 이상 증가한 사업

㉠ 국가의 재정지원 비율이 50%인 총사업비 550억 원 규모의 신규 건설사업은 예비타당성조사 대상이 된다.

㉡ 민간이 시행하는 사업도 타당성조사 대상사업이 될 수 있다.

㉢ 지자체가 시행하는 건설사업으로서 사업완성에 2년 이상 소요되며 전액 국가의 재정지원을 받는 총사업비 460억 원 규모의 사업추진 과정에서, 총사업비가 10% 증가한 경우 타당성조사를 실시하여야 한다.

㉣ 총사업비가 500억 원 미만인 모든 사업은 예비타당성 조사 및 타당성조사 대상사업에서 제외된다.

---

① ㉠, ㉡

② ㉠, ㉢

③ ㉡, ㉢

④ ㉡, ㉣

⑤ ㉢, ㉣

 ㉠ 총사업비 550억 원의 50%는 275억 원이다. 국가의 재정지원 규모가 300억 원 미만이므로 예비타당성조사 대상이 아니다.

㉣ 제△△조 제1항 제2호에 따르면 총사업비가 500억 원 미만인 사업도 타당성조사 대상사업이 될 수 있다.

Answer ➔ 14.① 15.① 16.③

17 다음 글과 〈설립위치 선정 기준〉을 근거로 판단할 때, A사가 서비스센터를 설립하는 방식과 위치로 옳은 것은?

- 휴대폰 제조사 A는 B국에 고객서비스를 제공하기 위해 1개의 서비스센터 설립을 추진하려고 한다.
- 설립방식에는 ㉮ 방식과 ㉯ 방식이 있다.
- A사는 {(고객만족도 효과의 현재가치) − (비용의 현재가치)}의 값이 큰 방식을 선택한다.
- 비용에는 규제비용과 로열티비용이 있다.

구분		㉮ 방식	㉯ 방식
고객만족도 효과의 현재가치		5억 원	4.5억 원
비용의 현재 가치	규제 비용	3억 원(설립 당해 년도만 발생)	없음
	로열티 비용	없음	− 3년간 로열티비용을 지불함 − 로열티비용의 현재가치 환산액 : 설립 당해 년도는 2억 원, 그 다음 해부터는 직전년 도 로열티비용의 1/2씩 감액한 금액

※ 고객만족도 효과의 현재가치는 설립 당해년도를 기준으로 산정된 결과이다.

〈설립위치 선정 기준〉
- 설립위치로 B국의 甲, 乙, 丙 3곳을 검토 중이며, 각 위치의 특성은 다음과 같다.

위치	유동인구(만 명)	20~30대 비율(%)	교통혼잡성
甲	80	75	3
乙	100	50	1
丙	75	60	2

- A사는 {(유동인구) × (20~30대 비율) / (교통혼잡성)} 값이 큰 곳을 선정한다. 다만 A사는 제품의 특성을 고려하여 20~30대 비율이 50% 이하인 지역은 선정대상에서 제외한다.

	설립방식	설립위치		설립방식	설립위치
①	㉮	甲	②	㉮	丙
③	㉯	甲	④	㉯	乙
⑤	㉯	丙			

 ㉠ **설립방식** : {(고객만족도 효과의 현재가치) − (비용의 현재가치)}의 값이 큰 방식 선택
- ㉮ 방식 : 5억 원 − 3억 원 = 2억 원 → 선택
- ㉯ 방식 : 4.5억 원 − (2억 원 + 1억 원 + 0.5억 원) = 1억 원
㉡ **설립위치** : {(유동인구) × (20~30대 비율) / (교통혼잡성)} 값이 큰 곳 선정(20~30대 비율이 50% 이하인 지역은 선정대상에서 제외)
- 甲 : 80 × 75 / 3 = 2,000
- 乙 : 20~30대 비율이 50%이므로 선정대상에서 제외
- 丙 : 75 × 60 / 2 = 2,250 → 선택

18 다음 〈A대학 학사규정〉을 근거로 판단할 때, 〈상황〉의 ㉠과 ㉡에 들어갈 기간으로 옳게 짝지은 것은?

> 제1조(목적) 이 규정은 졸업을 위한 재적기간 및 수료연한을 정하는 것을 목적으로 한다.
> 제2조(재적기간과 수료연한)
> ① 재적기간은 입학 시부터 졸업 시까지의 기간으로 휴학기간을 포함한다.
> ② 졸업을 위한 수료연한은 4년으로 한다. 다만 다음 각 호의 경우에는 수료연한을 달리할 수 있다.
>   1. 외국인 유학생은 어학습득을 위하여 수료연한을 1년 연장하여 5년으로 할 수 있다.
>   2. 특별입학으로 입학한 학생은 2년차에 편입되며 수료연한은 3년으로 한다. 다만 특별입학은 내국인에 한한다.
> ③ 수료와 동시에 졸업한다.
> 제3조(휴학)
> ① 휴학은 일반휴학과 해외 어학연수를 위한 휴학으로 구분한다.
> ② 일반휴학은 해당 학생의 수료연한의 2분의 1을 초과할 수 없으며, 6개월 단위로만 신청할 수 있다.
> ③ 해외 어학연수를 위한 휴학은 해당 학생의 수료연한의 2분의 1을 초과할 수 없으며, 1년 단위로만 신청할 수 있다.

> 〈상황〉
> • A대학의 학생이 재적할 수 있는 최장기간은 (㉠)이다.
> • A대학에 특별입학으로 입학한 학생이 일반휴학 없이 재적할 수 있는 최장기간은 (㉡)이다.

	㉠	㉡
①	9년	4년
②	9년 6개월	4년
③	9년 6개월	4년 6개월
④	10년	4년 6개월
⑤	10년	5년

㉠ 외국인 유학생이 수료연한을 1년 연장하여 5년으로 하고, 일반휴학 2년 6개월과 해외 어학연수를 위한 휴학 2년을 모두 사용한다면 A대학 학생이 재적할 수 있는 최장기간은 9년 6개월이다.

㉡ 특별입학으로 입학한 학생의 수료연한은 3년이고 일반휴학 없이 최장기간 재적하기 위해서는 해외 어학연수를 위한 휴학을 할 수 있는데 3년의 2분의 1을 초과할 수 없으며 1년 단위로만 신청할 수 있으므로 1년만 가능하다. 따라서 총 4년 재적할 수 있다.

Answer ➙ 17.② 18.②

19 다음 글과 〈선거 결과〉를 근거로 판단할 때 옳은 것은?

○○국 의회의원은 총 8명이며, 4개의 선거구에서 한 선거구당 2명씩 선출된다. 선거제도는 다음과 같이 운용된다.

각 정당은 선거구별로 두 명의 후보 이름이 적힌 명부를 작성한다. 유권자는 해당 선거구에서 모든 정당의 후보 중 한 명에게만 1표를 행사하며, 이를 통해 개별 후보자의 득표율이 집계된다.

특정 선거구에서 각 정당의 득표율은 그 정당의 해당 선거구 후보자 2명의 득표율의 합이다. 예를 들어 한 정당의 명부에 있는 두 후보가 각각 30%, 20% 득표를 했다면 해당 선거구에서 그 정당의 득표율은 50%가 된다. 그리고 각 후보의 득표율에 따라 소속 정당 명부에서의 순위(1번, 2번)가 결정된다.

다음으로 선거구별 2개의 의석은 다음과 같이 배분한다. 먼저 해당 선거구에서 득표율 1위 정당의 1번 후보에게 1석이 배분된다. 그리고 만약 1위 정당의 정당 득표율이 2위 정당의 정당 득표율의 2배 이상이라면, 정당 득표율 1위 정당의 2번 후보에게 나머지 1석이 돌아간다. 그러나 1위 정당의 정당 득표율이 2위 정당의 정당 득표율의 2배 미만이라면 정당 득표율 2위 정당의 1번 후보에게 나머지 1석을 배분한다.

〈선거 결과〉

○○국의 의회의원선거 제1~4선거구의 선거 결과를 요약하면 다음과 같다. 수치는 선거구별 득표율(%)이다.

구분	제1선거구	제2선거구	제3선거구	제4선거구
A정당	41	50	16	39
1번 후보	30	30	12	20
2번 후보	11	20	4	19
B정당	39	30	57	28
1번 후보	22	18	40	26
2번 후보	17	12	17	2
C정당	20	20	27	33
1번 후보	11	11	20	18
2번 후보	9	9	7	15

① A정당은 모든 선거구에서 최소 1석을 차지했다.

② B정당은 모든 선거구에서 최소 1석을 차지했다.

③ C정당 후보가 당선된 곳은 제3선거구이다.

④ 각 선거구마다 최다 득표를 한 후보가 당선되었다.

⑤ 가장 많은 당선자를 낸 정당은 B정당이다.

 선거 결과와 의석 배분의 규칙에 따라 당선된 후보를 정리하면 다음과 같다.

정당	후보	제1선거구	제2선거구	제3선거구	제4선거구
A	1번	당선	당선		당선
	2번				
B	1번	당선	당선	당선	
	2번			당선	
C	1번				당선
	2번				

⑤ 가장 많은 당선자를 낸 정당은 4명의 후보가 당선된 B정당이다.

① A정당은 제3선거구에서 의석을 차지하지 못했다.

② B정당은 제4선거구에서 의석을 차지하지 못했다.

③ C정당의 후보가 당성된 곳은 제4선거구이다.

④ 제4선거구의 경우 최다 득표를 한 후보는 B정당의 1번 후보이지만, 정당 득표율이 3위라 당선되지 못하였다.

20 다음 〈휴양림 요금규정〉과 〈조건〉에 근거할 때, 〈상황〉에서 甲, 乙, 丙일행이 각각 지불한 총요금 중 가장 큰 금액과 가장 작은 금액의 차이는?

〈휴양림 요금규정〉

- 휴양림 입장료(1인당 1일 기준)

구분	요금(원)	입장료 면제
어른	1,000	• 동절기(12월~3월) • 다자녀 가정
청소년(만 13세 이상~19세 미만)	600	
어린이(만 13세 미만)	300	

※ '다자녀 가정'은 만 19세 미만의 자녀가 3인 이상 있는 가족을 말한다.

- 야영시설 및 숙박시설(시설당 1일 기준)

구분		요금(원)		비고
		성수기(7~8월)	비수기(성수기 외)	
야영시설 (10인 이내)	황토데크(개)	10,000		휴양림 입장료 별도
	캐빈(동)	30,000		
숙박시설	3인용(실)	45,000	24,000	휴양림 입장료 면제
	5인용(실)	85,000	46,000	

※ 일행 중 '장애인'이 있거나 '다자녀 가정'인 경우 비수기에 한해 야영시설 및 숙박시설 요금의 50%를 할인한다.

〈조건〉

- 총요금 = (휴양림 입장료) + (야영시설 또는 숙박시설 요금)
- 휴양림 입장료는 머문 일수만큼, 야영시설 및 숙박시설 요금은 숙박 일수만큼 계산함. (예 : 2박 3일의 경우 머문 일수는 3일, 숙박 일수는 2일)

〈상황〉

- 甲(만 45세)은 아내(만 45세), 자녀 3명(각각 만 17세, 15세, 10세)과 함께 휴양림에 7월 중 3박 4일간 머물렀다. 甲일행은 5인용 숙박시설 1실을 이용하였다.
- 乙(만 25세)은 어머니(만 55세, 장애인), 아버지(만 58세)를 모시고 휴양림에서 12월 중 6박 7일간 머물렀다. 乙일행은 캐빈 1동을 이용하였다.
- 丙(만 21세)은 동갑인 친구 3명과 함께 휴양림에서 10월 중 9박 10일 동안 머물렀다. 丙일행은 황토데크 1개를 이용하였다.

① 40,000원   ② 114,000원

③ 125,000원   ④ 144,000원

⑤ 165,000원

• 甲 일행
  – 입장료 : 다자녀 가정에 해당하여 입장료가 면제된다.
  – 야영시설 및 숙박시설 요금 : 5인용 숙박시설 성수기 요금인 85,000원이 적용되어 3박의
    요금은 255,000원이다.
  – 총요금 : 0원+255,000원=255,000원
  • 乙 일행
  – 입장료 : 동절기에 해당하여 입장료가 면제된다.
  – 야영시설 및 숙박시설 요금 : 비수기이고 일행 중 장애인이 있어 야영시설 요금이 50% 할
    인된다. 따라서 $30,000 \times 0.5 \times 6 = 90,000$원이다.
  – 총요금 : 0원+90,000원=90,000원
  • 丙 일행
  – 입장료 : $1,000 \times 10 \times 3 = 30,000$원
  – 야영시설 및 숙박시설 요금 : $10,000 \times 9$박=90,000원
  – 총요금 : 30,000+90,000=120,000원
  따라서 총요금이 가장 큰 甲 일행의 금액과 가장 작은 乙 일행의 금액 차이는 255,000−
  90,000=165,000원이다.

Answer⌐→ 20.⑤

21 새로 부임한 상사와 다음과 같은 업무갈등을 느끼고 있다. 이를 해결하기 위한 방안으로 가장 바람직하지 않은 것은?

> 새로 부임한 상사의 지시 스타일은 세부지시를 구체적으로 말하지 않는 편이다. 그래서 어떤 업무의 경우, 자신의 경험적 판단으로 업무를 수행하다 보니 상사의 의도와 다른 결과를 초래하곤 하였다.
> 이러한 문제 상황이 발생했을 때 상황을 설명하려고 하면 상사의 표정이 좋지 않은 것 같아 마음이 편하지가 않다.

① 새로 부임한 상사의 언어 습관을 관찰하여 이를 수용하고자 한다.
② 지시가 끝난 후에라도 명확하지 않은 경우 다시 한 번 복창하여 커뮤니케이션의 오해를 없앤다.
③ 상사의 비언어적 커뮤니케이션을 관찰하면서 보고할 때는 결론부터 먼저 설명하고 상황설명의 정도를 파악한다.
④ 전임상사와의 다름을 인정하고 상사가 불편해 하지 않도록 최소한의 업무관계를 유지하도록 노력한다.
⑤ 체크리스트를 만들어 불분명한 판단을 해야 할 경우 상사에게 다시 한 번 확인한다.

> (Tip) 정확한 업무처리를 위해서는 문제를 회피하는 것을 옳지 않다. 새로 부임한 상사의 지시 스타일에 맞춰 가는 것이 필요하다.

22 표는 A씨의 금융 상품별 투자 보유 비중 변화를 나타낸 것이다. (가)에서 (나)로 변경된 내용으로 옳은 설명을 고르면?

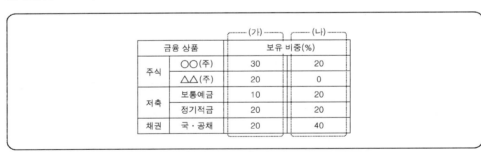

금융 상품		(가) 보유 비중(%)	(나) 보유 비중(%)
주식	○○(주)	30	20
	△△(주)	20	0
저축	보통예금	10	20
	정기적금	20	20
채권	국·공채	20	40

> ㉠ 직접금융 종류에 해당하는 상품 투자 보유 비중이 낮아졌다.
> ㉡ 수익성보다 안정성이 높은 상품 투자 보유 비중이 높아졌다.
> ㉢ 배당 수익을 받을 수 있는 자본 증권 투자 보유 비중이 높아졌다.
> ㉣ 일정 기간 동안 일정 금액을 예치하는 예금 보유 비중이 낮아졌다.

① ㉠㉡   ② ㉠㉢

③ ㉡㉢ ④ ㉡㉣

⑤ ㉢㉣

 주식, 채권은 직접 금융 시장에서 자금을 조달하며, 주식은 수익성이 높으며, 저축과 채권은 주식보다는 안정성이 높다.

23 다음은 ○○기업의 구인 의뢰서이다. 이에 대한 옳은 설명은?

○○기업과 함께 할 인재를 모십니다.

1. 회사 현황
   가. 생산 품목 : 공장 자동화 생산 설비품
   나. 종업원 현황 : 110명(상시)
2. 근무 형태
   가. 근무 시간 : 09 : 00 ~ 18 : 00, 주 5일 근무
   나. 주 2회 시간외 근무(희망자) : 19 : 00 ~ 23 : 00
3. 급여 및 복지
   가. 기본급 : 150만 원(수습 기간 3개월은 80 %)
   나. 시간외 근무 수당 : 8만 원(1회 당)
   다. 상여금 : 명절(추석 및 설) 휴가비 기본급의 100 %
   라. 기타 : 4대 보험, 중식 및 기숙사 제공
4. 모집 인원
   가. 특성화고, 마이스터고 관련 학과 재학생 및 졸업생 00명
   나. 관련 직종 자격증 소지자 우대함

---

① 기업의 형태는 대기업이다.

② 법정 복리 후생을 제공하고 있다.

③ 기준 외 임금은 제시되어 있지 않다.

④ 시간급 형태의 임금을 지급하고 있다.

⑤ 채용 시 우대사항이 없다.

 종업원 현황에서 110명은 중소기업에 해당되며, 4대 보험은 기업이 제공하고 있는 법정 복리 후생이다.

┃24~25 ┃ 다음 상황과 자료를 보고 물음에 답하시오.

　　도서출판 서원각에 근무하는 K씨는 고객으로부터 9급 건축직 공무원 추천도서를 요청받았다. K씨는 도서를 추천하기 위해 다음과 같은 9급 건축직 발행도서의 종류와 특성을 참고하였다.

K씨 : 감사합니다. 도서출판 서원각입니다.
고객 : 9급 공무원 건축직 관련 도서 추천을 좀 받고 싶습니다.
K씨 : 네, 어떤 종류의 도서를 원하십니까?
고객 : 저는 기본적으로 이론은 대학에서 전공을 했습니다. 그래서 많은 예상문제를 풀 수 있는 것이
　　　좋습니다.
K씨 : 아. 문제가 많은 것이라면 딱 잘라서 말씀드리기가 어렵습니다.
고객 : 알아요. 그래도 적당히 가격도 그리 높지 않고 예상문제가 많이 들어 있는 것이면 됩니다.
K씨 : 네. 알겠습니다. 많은 예상문제풀이가 가능한 것 외에는 다른 필요한 사항은 없으십니까?
고객 : 가급적이면 20,000원 이하가 좋을 듯 합니다.

도서명	예상문제 문항 수	기출문제 수	이론 유무	가격	배송 기간
실력평가모의고사	400	120	무	18,000	2일
전공문제집	500	160	유	25,000	3일
문제완성	600	40	무	20,000	2일
합격선언	300	200	유	24,000	1일
기출정복	0	500	무	15,000	1일

24 다음 중 K씨가 고객의 요구에 맞는 도서를 추천해 주기 위해 가장 우선적으로 고려해야 하는 특성은 무엇인가?

① 기출문제 수　　　　　　　　② 이론 유무
③ 가격　　　　　　　　　　　　④ 예상문제 문항 수
⑤ 배송 기간

> (Tip) 고객은 많은 문제를 풀어보기를 원하므로 우선적으로 예상문제의 수가 많은 것을 찾아야
> 한다.

25 고객의 요구를 종합적으로 반영하였을 때 많은 문제와 가격을 맞춘 가장 적당한 도서는?

① 실력평가모의고사   ② 전공문제집

③ 문제완성   ④ 합격선언

⑤ 기출정복

 고객의 요구인 20,000원 가격선과 예상문제의 수가 많은 도서는 문제완성이 된다.

05 직업윤리

1 윤리와 직업

(1) 윤리의 의미

① 윤리적 인간 ⋯ 공동의 이익을 추구하고 도덕적 가치 신념을 기반으로 형성된다.

② 윤리규범의 형성 ⋯ 공동생활과 협력을 필요로 하는 인간생활에서 형성되는 공동행동의 룰을 기반으로 형성된다.

③ 윤리의 의미 ⋯ 인간과 인간 사이에서 지켜야 할 도리를 바르게 하는 것으로 인간 사회에 필요한 올바른 질서라고 할 수 있다.

예제 1

윤리에 대한 설명으로 옳지 않은 것은?

① 윤리는 인간과 인간 사이에서 지켜져야 할 도리를 바르게 하는 것으로 볼 수 있다.

② 동양적 사고에서 윤리는 인륜과 동일한 의미이며, 엄격한 규율이나 규범의 의미가 배어 있다.

③ 인간은 윤리를 존중하며 살아야 사회가 질서와 평화를 얻게 되고, 모든 사람이 안심하고 개인적 행복을 얻게 된다.

④ 윤리는 세상에 두 사람 이상이 있으면 존재하며, 반대로 혼자 있을 때도 지켜져야 한다.

[출제의도]
윤리의 의미와 윤리적 인간, 윤리규범의 형성 등에 대한 기본적인 이해를 평가하는 문제이다.
[해설]
윤리는 인간과 인간 사이에서 지켜져야 할 도리를 바르게 하는 것으로서 이 세상에 두 사람 이상이 있으면 존재하고 반대로 혼자 있을 때에는 의미가 없는 말이 되기도 한다.

답 ④

---

(2) 직업의 의미

① 직업은 본인의 자발적 의사에 의한 장기적으로 지속하는 일로, 경제적 보상이 따라야 한다.

② 입신출세론 ⋯ 입신양명(立身揚名)이 입신출세(立身出世)로 바뀌면서 현대에 와서는 직업활동의 결과를 출세에 비중을 두는 경향이 짙어졌다.

③ **3D 기피현상** … 힘들고(Difficult), 더럽고(Dirty), 위험한(Dangerous) 일은 하지 않으려고 하는 현상

(3) 직업윤리

① 직업윤리란 직업인이라면 반드시 지켜야 할 공통적인 윤리규범으로 어느 직장에 다니느냐를 구분하지 않는다.

② **직업윤리와 개인윤리의 조화**

　㉠ 업무상 행해지는 개인의 판단과 행동이 사회적 파급력이 큰 기업시스템을 통하여 다수의 이해관계자와 관련된다.

　㉡ 많은 사람의 고도화 된 협력을 요구하므로 맡은 역할에 대한 책임완수와 투명한 일 처리가 필요하다.

　㉢ 규모가 큰 공동 재산·정보 등을 개인이 관리하므로 높은 윤리의식이 요구된다.

　㉣ 직장이라는 특수 상황에서 갖는 집단적 인간관계는 가족관계, 친분관계와는 다른 배려가 요구된다.

　㉤ 기업은 경쟁을 통하여 사회적 책임을 다하고, 보다 강한 경쟁력을 키우기 위하여 조직원인의 역할과 능력을 꾸준히 향상시켜야 한다.

　㉥ 직무에 따른 특수한 상황에서는 개인 차원의 일반 상식과 기준으로는 규제할 수 없는 경우가 많다.

▌예제 2

직업윤리에 대한 설명으로 옳지 않은 것은?

① 개인윤리를 바탕으로 각자가 직업에 종사하는 과정에서 요구되는 특수한 윤리규범이다.

② 직업에 종사하는 현대인으로서 누구나 공통적으로 지켜야 할 윤리기준을 직업윤리라 한다.

③ 개인윤리의 기본 덕목인 사랑, 자비 등과 공동발전의 추구, 장기적 상호이익 등의 기본은 직업윤리도 동일하다.

④ 직업을 가진 사람이라면 반드시 지켜야 할 윤리규범이며, 중소기업 이상의 직장에 다니느냐에 따라 구분된다.

[출제의도]
직업윤리의 정의와 내용에 대한 올바른 이해를 요구하는 문제이다.
[해설]
직업윤리란 직업을 가진 사람이라면 반드시 지켜야 할 공통적인 윤리규범을 말하는 것으로 어느 직장에 다니느냐를 구분하지 않는다.

답 ④

2 직업윤리를 구성하는 하위능력

(1) 근로윤리

① 근면한 태도
  ㉠ 근면이란 게으르지 않고 부지런한 것으로 근면하기 위해서는 일에 임할 때 적극적이고 능동적인 자세가 필요하다.
  ㉡ 근면의 종류
  • 외부로부터 강요당한 근면
  • 스스로 자진해서 하는 근면

② 정직한 행동
  ㉠ 정직은 신뢰를 형성하고 유지하는 데 기본적이고 필수적인 규범이다.
  ㉡ 정직과 신용을 구축하기 위한 지침
  • 정직과 신뢰의 자산을 매일 조금씩 쌓아가자.
  • 잘못된 것도 정직하게 밝히자.
  • 타협하거나 부정직을 눈감아 주지 말자.
  • 부정직한 관행은 인정하지 말자.

③ 성실한 자세 … 성실은 일관하는 마음과 정성의 덕으로 자신의 일에 최선을 다하고자 하는 마음자세를 가지고 업무에 임하는 것이다.

예제 3

우리 사회에서 정직과 신용을 구축하기 위한 지침으로 볼 수 없는 것은?

① 정직과 신뢰의 자산을 매일 조금씩 쌓아가도록 한다.
② 잘못된 것도 정직하게 밝혀야 한다.
③ 작은 실수는 눈감아 주고 때론 타협을 하여야 한다.
④ 부정직한 관행은 인정하지 말아야 한다.

[출제의도]
근로윤리 중에서도 정직한 행동과 성실한 자세에 대해 올바르게 이해하고 있는지 평가하는 문제이다.
[해설]
타협하거나 부정직한 일에 대해서는 눈감아주지 말아야 한다.

답 ③

---

(2) 공동체윤리

① 봉사(서비스)의 의미
  ㉠ 직업인에게 봉사란 자신보다 고객의 가치를 최우선으로 하는 서비스 개념이다.

ⓛ SERVICE의 7가지 의미

- S(Smile & Speed) : 서비스는 미소와 함께 신속하게 하는 것
- E(Emotion) : 서비스는 감동을 주는 것
- R(Respect) : 서비스는 고객을 존중하는 것
- V(Value) : 서비스는 고객에게 가치를 제공하는 것
- I(Image) : 서비스는 고객에게 좋은 이미지를 심어 주는 것
- C(Courtesy) : 서비스는 예의를 갖추고 정중하게 하는 것
- E(Excellence) : 서비스는 고객에게 탁월하게 제공되어져야 하는 것

ⓒ 고객접점서비스 : 고객과 서비스 요원 사이에서 15초 동안의 짧은 순간에 이루어지는 서비스로, 이 순간을 진실의 순간(MOT ; Moment of Truth) 또는 결정적 순간이라고 한다.

② 책임의 의미 … 책임은 모든 결과는 나의 선택으로 인한 결과임을 인식하는 태도로, 상황을 회피하지 않고 맞닥뜨려 해결하는 자세가 필요하다.

③ 준법의 의미 … 준법은 민주 시민으로서 기본적으로 지켜야 하는 의무이며 생활 자세이다.

④ 예절의 의미 … 예절은 일정한 생활문화권에서 오랜 생활습관을 통해 하나의 공통된 생활 방법으로 정립되어 관습적으로 행해지는 사회계약적 생활규범으로, 언어문화권에 따라 다르고 같은 언어문화권이라도 지방에 따라 다를 수 있다.

⑤ 직장에서의 예절

㉠ 직장에서의 인사예절

- 악수
- 악수를 하는 동안에는 상대에게 집중하는 의미로 반드시 눈을 맞추고 미소를 짓는다.
- 악수를 할 때는 오른손을 사용하고, 너무 강하게 쥐어짜듯이 잡지 않는다.
- 악수는 힘 있게 해야 하지만 상대의 뼈를 부수듯이 손을 잡지 말아야 한다.
- 악수는 서로의 이름을 말하고 간단한 인사 몇 마디를 주고받는 정도의 시간 안에 끝내야 한다.
- 소개
- 나이 어린 사람을 연장자에게 소개한다.
- 내가 속해 있는 회사의 관계자를 타 회사의 관계자에게 소개한다.
- 신참자를 고참자에게 소개한다.
- 동료임원을 고객, 손님에게 소개한다.
- 비임원을 임원에게 소개한다.
- 소개받는 사람의 별칭은 그 이름이 비즈니스에서 사용되는 것이 아니라면 사용하지 않는다.
- 반드시 성과 이름을 함께 말한다.
- 상대방이 항상 사용하는 경우라면, Dr. 또는 Ph. D. 등의 칭호를 함께 언급한다.

-정부 고관의 직급명은 퇴직한 경우라도 항상 사용한다.
-천천히 그리고 명확하게 말한다.
-각각의 관심사와 최근의 성과에 대하여 간단한 언급을 한다.
• 명함 교환
-명함은 반드시 명함 지갑에서 꺼내고 상대방에게 받은 명함도 명함 지갑에 넣는다.
-상대방에게서 명함을 받으면 받은 즉시 호주머니에 넣지 않는다.
-명함은 하위에 있는 사람이 먼저 꺼내는데 상위자에 대해서는 왼손으로 가볍게 받쳐 내는 것이 예의이며, 동위자, 하위자에게는 오른손으로만 쥐고 건넨다.
-명함을 받으면 그대로 집어넣지 말고 명함에 관해서 한 두 마디 대화를 건네 본다.
-쌍방이 동시에 명함을 꺼낼 때는 왼손으로 서로 교환하고 오른손으로 옮겨진다.
ⓛ 직장에서의 전화예절
• 전화걸기
-전화를 걸기 전에 먼저 준비를 한다. 정보를 얻기 위해 전화를 하는 경우라면 얻고자 하는 내용을 미리 메모하도록 한다.
-전화를 건 이유를 숙지하고 이와 관련하여 대화를 나눌 수 있도록 준비한다.
-전화는 정상적인 업무가 이루어지고 있는 근무 시간에 걸도록 한다.
-당신이 통화를 원하는 상대와 통화할 수 없을 경우에 대비하여 비서나 다른 사람에게 메시지를 남길 수 있도록 준비한다.
-전화는 직접 걸도록 한다.
-전화를 해달라는 메시지를 받았다면 가능한 한 48시간 안에 답해주도록 한다.
• 전화받기
-전화벨이 3~4번 울리기 전에 받는다.
-당신이 누구인지를 즉시 말한다.
-천천히, 명확하게 예의를 갖추고 말한다.
-밝은 목소리로 말한다.
-말을 할 때 상대방의 이름을 함께 사용한다.
-메시지를 받아 적을 수 있도록 펜과 메모지를 곁에 둔다.
-주위의 소음을 최소화한다.
-긍정적인 말로서 전화 통화를 마치고 전화를 건 상대방에게 감사를 표시한다.
• 휴대전화
-당신이 어디에서 휴대전화로 전화를 하든지 간에 상대방에게 통화를 강요하지 않는다.
-상대방이 장거리 요금을 지불하게 되는 휴대전화의 사용은 피한다.
-운전하면서 휴대전화를 하지 않는다.
-친구의 휴대전화를 빌려 달라고 부탁하지 않는다.
-비상시에만 휴대전화를 사용하는 친구에게는 휴대전화로 전화하지 않는다.

ⓒ 직장에서의 E-mail 예절

• E-mail 보내기
–상단에 보내는 사람의 이름을 적는다.
–메시지에는 언제나 제목을 넣도록 한다.
–메시지는 간략하게 만든다.
–요점을 빗나가지 않는 제목을 잡도록 한다.
–올바른 철자와 문법을 사용한다.

• E-mail 답하기
–원래 이-메일의 내용과 관련된 일관성 있는 답을 하도록 한다.
–다른 비즈니스 서신에서와 마찬가지로 화가 난 감정의 표현을 보내는 것은 피한다.
–답장이 어디로, 누구에게로 보내는지 주의한다.

⑥ **성예절을 지키기 위한 자세** … 직장에서 여성의 특징을 살린 한정된 업무를 담당하던 과거와는 달리 여성과 남성이 대등한 동반자 관계로 동등한 역할과 능력발휘를 한다는 인식을 가질 필요가 있다.

　ⓐ 직장 내에서 여성이 남성과 동등한 지위를 보장받기 위해서 그만한 책임과 역할을 다해야 하며, 조직은 그에 상응하는 여건을 조성해야 한다.

　ⓑ 성희롱 문제를 사전에 예방하고 효과적으로 처리하는 방안이 필요한 것이다.

　ⓒ 남성 위주의 가부장적 문화와 성 역할에 대한 과거의 잘못된 인식을 타파하고 남녀공존의 직장문화를 정착하는 노력이 필요하다.

■ 예제 4

예절에 대한 설명으로 옳지 않은 것은?

① 예절은 일정한 생활문화권에서 오랜 생활습관을 통해 하나의 공통된 생활방식으로 정립되어 관습적으로 행해지는 사회계약적인 생활규범이라 할 수 있다.
② 예절은 언어문화권에 따라 다르나 동일한 언어문화권일 경우에는 모두 동일하다.
③ 무리를 지어 하나의 문화를 형성하여 사는 일정한 지역을 생활문화권이라 하며, 이 문화권에 사는 사람들이 가장 편리하고 바람직한 방법이라고 여겨 그렇게 행하는 생활방법이 예절이다.
④ 예절은 한 나라에서 통일되어야 국민들이 생활하기가 수월하며, 올바른 예절을 지키는 것이 바른 삶을 사는 것이라 할 수 있다.

[출제의도]
공동체윤리에 속하는 여러 항목 중 예절의 의미와 특성에 대한 이해능력을 평가하는 문제이다.
[해설]
예절은 언어문화권에 따라 다르고, 동일한 언어문화권이라도 지방에 따라 다를 수 있다. 예를 들면 우리나라의 경우 서울과 지방에 따라 예절이 조금씩 다르다.

답 ②

1 다음 지문의 빈칸에 들어갈 알맞은 것을 〈보기〉에서 고른 것은?

> 기업은 합법적인 이윤 추구 활동 이외에 자선·교육·문화·체육 활동 등 사회에 긍정적 영향을 미치는 책임 있는 활동을 수행하기도 한다. 이처럼 기업이 사회적 책임을 수행하는 이유는 _____

> 〈보기〉
> ㉠ 기업은 국민의 대리인으로서 공익 추구를 주된 목적으로 하기 때문이다.
> ㉡ 기업의 장기적인 이익 창출에 기여할 수 있기 때문이다.
> ㉢ 법률에 의하여 강제된 것이기 때문이다.
> ㉣ 환경 경영 및 윤리 경영의 가치를 실현할 수 있기 때문이다.

① ㉠, ㉡　　　　　　　　　　　② ㉠, ㉢

③ ㉡, ㉢　　　　　　　　　　　④ ㉡, ㉣

⑤ ㉢, ㉣

 기업은 환경 경영, 윤리 경영과 노동자를 비롯한 사회 전체의 이익을 동시에 추구하며 그에 따라 의사 결정 및 활동을 하는 사회적 책임을 가져야 한다.
㉠ 기업은 이윤 추구를 주된 목적으로 하는 사적 집단이다.

2 다음 기사 내용에서 'A씨'에게 필요한 업무 수행의 자세로 알맞은 것은?

> **부실 공사 눈감아준 공무원 입건**
>
> △△경찰서는 부실공사를 알고도 준공검사를 해준 혐의로 공무원 A씨를 불구속 입건했다. 그는 수백 억 원의 예산이 투입되는 주택 건설 사업과 관련해 기존 설계도면에 문제가 있다는 것을 알면서도 설계 변경 없이 공사를 진행하도록 하고 준공검사까지 내주었다. 특히 A씨는 준공검사 때에도 현장에 가지 않고 준공검사 조서를 작성한 것으로 드러났다.

① 많은 성과를 내기 위해 관행에 따라 일을 처리해야 한다.

② 사실 확인보다는 문서의 정확성을 위해 노력해야 한다.

③ 정명(正名) 정신에 따라 사회적 책임을 완수해야 한다.

④ 인정(人情)에 의거해 업무를 처리해야 한다.

⑤ 효율적인 업무 처리를 위해 현장 방문을 생략할 수 있다.

 ③ 사회적으로 문제가 되는 공직자의 비리, 부정부패는 책임 윤리의 부재에서 비롯된 것이다. 이러한 문제를 해결하기 위해서는 사회적 지위에 맞게 역할을 수행해야 한다는 정명(正名) 정신이 필요하다.

Answer 1.④ 2.③

3 다음과 같은 입장에서 긍정의 대답을 할 질문으로 알맞은 것은?

> 기업의 존재는 공공적이며, 사회적 목표에 이바지하는 한에서 정당화된다. 기업이 성장하고 발전하는 것은 기업 혼자만의 힘이 아니므로, 일방적으로 이익을 추구해서는 안 되며 사회에 대해서도 일정한 책임을 져야 한다. 따라서 기업은 사회에 긍정적 영향을 미치는 다양한 활동들에 관심을 가지고 이를 지속적으로 실천해 나가야 한다.

① 기업 활동의 목적은 이윤 추구에 국한되어야 하는가?
② 기업의 이윤 추구와 사회적 책임의 실천이 병행되어야 하는가?
③ 기업은 공동선의 실현보다 경제적 효율성을 우선해야 하는가?
④ 기업의 사익 추구는 자연스럽게 공익 실현으로 이어지는가?
⑤ 재벌 기업의 사유화는 과연 옳은 길인가?

 제시문은 기업이 이윤 추구뿐만 아니라 사회적 책임에 대해서 관심을 가져야 한다고 보고 있는 입장이다. 따라서 기업은 이윤을 얻기 위한 활동과 함께 사회의 공익을 증진할 수 있는 활동도 실천해야 한다.

4 다음 대화의 빈칸에 들어갈 말로 가장 알맞은 것은?

> A : 공직자로서 갖추어야 할 가장 중요한 덕목은 무엇인가요?
> B : 공직자는 국민의 봉사자이므로 청렴이 가장 중요하다고 생각합니다.
> A : 그럼 경제적 사정이 어려운 친인척들이 공공 개발 계획의 정보를 미리 알려달라고 할 때에는 어떻게 해야 할까요?
> B : _____

① 국민의 요청이므로 알 권리를 충족시켜 주어야 합니다.
② 어려운 친인척들에게 경제적 이익을 주어야 합니다.
③ 정보를 알려주되 대가를 요구하지 않아야 합니다.
④ 사익을 배제하고 공명정대하게 행동해야 합니다.
⑤ 인정에 따라 정보를 알려주고 보상을 받아야 합니다.

 ④ 청렴은 성품과 행실이 고결하고 탐욕이 없다는 뜻으로 국민의 봉사자인 공직자가 지녀야 할 중요한 덕목이다. 공직자는 어떠한 상황에서도 사익을 배제하고 공명정대하게 행동해야 한다.

5 다음과 같은 상황에 대하여 A에게 해줄 수 있는 조언으로 알맞은 것은?

> 대학을 졸업한 A는 여러 차례 구직 활동을 하였지만 마땅한 직업을 찾지 못하고 있다. A는 힘들고, 더럽고, 위험한 일에는 종사하고 싶은 마음이 없기 때문이다.

> ㉠ 명예와 부를 획득하기 위해서 어떠한 직업도 마다해선 안 된다.
> ㉡ 생업이 없으면 도덕적 마음도 생길 수 없다.
> ㉢ 예(禮)를 통해 나누어지는 사회적 신분에 성실히 응해야 한다.
> ㉣ 힘든 일이라도 소명 의식을 갖고 신의 부름에 응해야 한다.

① ㉠, ㉡   ② ㉠, ㉢

③ ㉡, ㉢   ④ ㉡, ㉣

⑤ ㉢, ㉣

 ㉠ 직업은 명예와 부를 획득하기 위한 수단적 행위로 보기 어렵다.
㉢ 예를 통해 나누어지는 사회적 역할을 강조하는 것은 주어진 상황의 A에 대한 조언으로 알맞지 않다.

6 윤주는 인바운드 텔레마케팅의 팀장 직책을 맡고 있다. 우연히 신입직원 교육 중 윤주 자신의 신입사원 시절을 떠올리게 되었다. 아래의 내용 중 윤주가 신입사원 시절에 행한 전화매너로써 가장 옳지 않은 사항을 고르면?

① 전화가 잘못 걸려 왔을 시에도 불쾌하게 말하지 않는다.

② 용건을 마치면 인사를 하고 상대가 끊었는지의 여부와는 관계없이 끊는다.

③ 용건 시 대화 자료나 또는 메모도구 등을 항상 준비한다.

④ 자세는 단정하게 앉아서 통화한다.

⑤ 거친 음성이 나타나지 않도록 음성을 가다듬는다.

Tip 용건을 마치면 인사를 하고 상대가 끊었는지를 확인한 후에 끊어야 한다.

Answer → 3.② 4.④ 5.④ 6.②

7 다음 대화의 빈 칸에 들어갈 말로 알맞은 것은?

> A : 직업인으로서 지켜야 할 기본 윤리는 무엇인가요?
> B : 직업인이라면 일반적으로 정직과 성실, 신의, 책임, 의무 등의 덕목을 준수해야 합니다.
> A : 선생님께서 말씀하신 덕목은 모든 사람들에게 요구되는 윤리와 부합하는데, 그 이유는 무엇인가요?
> B : _____

> ㉠ 모든 직업인은 직업인이기 전에 인간이기 때문입니다.
> ㉡ 직업은 사회적 역할 분담의 성격을 지니고 있기 때문입니다.
> ㉢ 직장 생활에서 사람들과 관계를 맺어야 하기 때문입니다.
> ㉣ 특수한 윤리가 필요한 직업은 존재하지 않기 때문입니다.

① ㉠, ㉢ 　　　　　　　　　② ㉡, ㉣
③ ㉠, ㉡, ㉢ 　　　　　　　④ ㉠, ㉢, ㉣
⑤ ㉠, ㉡, ㉢, ㉣

 ㉣ 주어진 내용은 직업윤리의 일반성과는 거리가 멀다. 사회구조의 변화와 정보 사회로의 진전에 따른 전문 직종의 증가와 분화로 해당 직업의 특성에 알맞은 윤리가 요구되고 있는데, 이를 직업윤리의 특수성이라 한다. 특수한 윤리가 필요한 직업은 점점 늘어나고 있는 추세이나 이런 특수성은 보편적인 윤리의 토대 위에 정립되어야 한다.

8 다음 내용에 부합하는 명장(名匠)의 요건으로 알맞은 것은?

> 우리나라는 명장(名匠) 제도를 실시하고 있다. 장인 정신이 투철하고 그 분야에서 최고 수준의 기능을 보유한 사람을 명장으로 선정함으로써 기능인이 긍지와 자부심을 가지고 맡은 분야에 계속 정진할 수 있도록 유도하여 국가 산업 발전에 이바지하고자 한다. 명장 제도는 기술과 품성을 모두 갖춘 훌륭하고 모범적인 기능인이 사회의 귀감이 되도록 하는 역할을 하고 있다.

① 육체노동보다 정신노동에 종사하는 사람이다.
② 사회에 기여한 바는 없지만 기술력이 탁월하다.
③ 자본주의 사회에서 효율적인 가치를 창출하는 직업에 매진한다.
④ 자신의 재능을 기부하여 지역 주민의 삶을 풍요롭게 한다.
⑤ 최고 수준의 기능을 보유하고 있지만 다른 일에 종사한다.

 ④ 명장은 자신의 재능을 기부하여 지역 주민의 삶을 풍요롭게 하는 등 사회적 책임감을 수행하는 사람이다.

9 빈 칸에 들어갈 말로 알맞은 것은?

> 우리는 고아들과 병든 노인들을 헌신적으로 돌보는 의사나 교육에 대한 긍지를 가지고 산골이나 도서 벽지에서 학생 지도에 전념하는 교사들의 삶을 가치 있는 삶이라고 생각한다. 왜냐하면 그들은 직업 생활을 통해 _____을 살았기 때문이다.

① 희생과 헌신 속에서 보람을 느끼는 삶
② 직업에 귀천을 따지지 않는 삶
③ 자신의 전문성을 탁월하게 발휘하는 삶
④ 사회와 국가를 위해 자신을 포기하는 삶
⑤ 자기만족을 느끼는 삶

 ① 의사와 교사는 자신의 직업 생활을 통해 인간에 대한 사랑을 실천하고 희생과 헌신 속에서 보람을 느끼는 삶을 살았다.

10 (가)의 입장에서 (나)의 A에게 해야 할 충고로 알맞은 것은?

> (가) 한 집을 봉양하기 위해서만 벼슬을 구하는 것은 옳지 않다. 예로부터 지혜가 깊은 목민관은 청렴을 교훈으로 삼고, 탐욕을 경계하였다.
> (나) 공무원 A는 연고지의 재개발 업무를 담당하면서 관련 사업 내용을 미리 알게 되었다. 그는 이 내용을 친인척에게 제공하여 돈을 벌게 해주고 싶은 생각에 고민하고 있다.

① 어려움에 처한 친인척을 우선적으로 도와야 한다.
② 시민의 재산권보다 업무 성과를 더 중시해야 한다.
③ 공직 생활로 얻은 재물을 사회에 환원해야 한다.
④ 업무 수행에서 얻은 정보는 공동선을 위해 사용해야 한다.
⑤ 기회가 왔을 때 반드시 잡아야 한다.

 (가)는 공직자들이 갖추어야 할 덕목의 하나로 청렴을 강조한 내용이다. 공직자는 국민보다 우월한 지위를 가지므로, 그런 권위와 권한을 이용하여 사익을 추구하려는 유혹에 빠질 수 있기 때문이다. 따라서 (나)의 공무원 A에게는 업무 수행에서 얻은 정보는 공동선을 위해 사용해야 한다는 충고가 알맞다.

Answer 7.③ 8.④ 9.① 10.④

11 회사의 아이디어 공모에 평소 당신이 생각했던 것을 알고 있던 동료가 자기 이름으로 제안을 하여 당선이 된 경우 당신의 행동으로 가장 적절한 것은?

① 동료에게 나의 아이디어였음을 솔직히 말하라고 설득한다.

② 모른 척 그냥 넘어간다.

③ 회사에 대대적으로 고발하여 동료를 곤경에 빠뜨린다.

④ 동료에게 감정적으로 대응하여 다시는 그러한 행동을 하지 못하도록 한다.

⑤ 사내 인터넷 게시판에 익명으로 동료가 남의 아이디어를 훔쳤다고 글을 쓴다.

 ① 기업윤리와 직장생활의 안정을 도모하기 위해 동료에게 나의 아이디어였음을 솔직히 말하라고 설득하는 것이 가장 적절하다.

12 다음의 사례를 보고 직업윤리에 벗어나는 행동을 바르게 지적한 것은?

> 직장 상사인 A는 항상 회사에서 주식이나 펀드 등 자신만의 사적인 업무로 대단히 분주하다. 사적인 업무의 성과가 좋으면 부하직원들에게 친절히 대하지만, 그렇지 않은 경우 회사의 분위기는 매우 엄숙해지고 부하직원을 호되게 꾸짖는다.

① 주식을 하는 A는 한탕주의를 선호하는 사람이므로 직업윤리에 어긋난다.

② 사무실에서 사적인 재테크를 하는 행위는 직업윤리에 어긋난다.

③ 작은 것의 소중함을 잃고 살아가는 사람이므로 직업윤리에 어긋난다.

④ 자신의 기분에 따라 사원들이 조심해야 하므로 직업윤리에 어긋난다.

⑤ 감정의 기복이 큰 사람으로 직업윤리에 어긋난다.

 ② A가 직장에서 사적인 업무로 컴퓨터를 사용하고, 업무시간에 개인적인 용무를 보는 행위는 직업윤리에 어긋난다.

13 유명 외국계회사와 합병이 되면서 약 1년간 해외에서 근무할 직원으로 옆자리의 동료가 추천되었다. 그러나 해외에서의 업무가 당신의 경력에 도움이 많이 될 것 같아 해외근무를 희망하고 있던 중이었다. 당신의 행동으로 가장 적절한 것은?

① 상사에게 단도직입적으로 해외근무에 대한 강한 의지를 표명한다.

② 동료를 강제로 협박하여 해외근무를 포기하게끔 한다.

③ 동료에게 양해를 구하고 회사 내규에 따라 자신이 추천받을 수 있는 방법을 찾는다.

④ 운명이라 생각하고 그냥 체념한다.

⑤ 회사를 그만 두고 다른 직장을 찾아 본다.

③ 직업윤리에 어긋나지 않는 선에서 동료에게 먼저 양해를 구하고, 회사의 합법적인 절차에 따라 자신이 추천받을 수 있는 방법을 모색하는 것이 가장 적절하다.

14 상사가 당신에게는 어려운 업무만 주고 입사동기인 A에게는 쉬운 업무만 주는 것을 우연히 알게되었다. 당신의 행동으로 가장 적절한 것은?

① 상사에게 왜 차별대우를 하는지에 대해 무작정 따진다.

② 상사에게 알고 있는 사실과 부당한 대우로 인한 불편함을 솔직히 이야기하고 해결 방안을 제시한다.

③ A에 대한 인적사항을 몰래 조사하여 특혜를 받을 만한 사실이 있는지 파헤친다.

④ 직장생활의 일부라고 생각하고 꿋꿋이 참아낸다.

⑤ 상사의 차별대우에 대해 회사 인터넷 게시판에 공개한다.

 ② 개인적인 감정은 되도록 배제하면서 알고 있는 사실과 현재의 상황에 대해 설명하고 불편함을 개선해나가는 것은 직업윤리에 어긋나지 않는다.

15 상사의 실수로 인하여 영업상 큰 손해를 보게 되었다. 그런데 부하직원인 A에게 책임을 전가하려고 한다. 당신은 평소 A와 가장 가까운 사이이며 A는 이러한 상사의 행동에 아무런 대응도 하지않고 있다. 이럴 때 당신의 행동으로 가장 적절한 것은?

① A에게 왜 아무런 대응도 하지 않는지에 대해 따지고 화를 낸다.

② 상사가 A에게 책임을 전가하지 못하도록 A를 대신하여 상사와 맞대응한다.

③ 상사의 부적절한 책임전가 행위를 회사에 대대적으로 알린다.

④ A에게 대응하지 않는 이유를 물어보고 A가 갖고 있는 어려움에 대해 의논하여 도움을 줄 수 있도록 한다.

⑤ A에게 상사에게 맞대응하라고 적극적으로 부추긴다.

 ④ 가까운 동료가 가지고 있는 어려움을 파악하여 스스로 원만한 해결을 이룰 수 있도록 돕는 것이 가장 적절하다.

Answer 11.① 12.② 13.③ 14.② 15.④

16 당신은 새로운 통신망의 개발을 위한 프로젝트에 합류하게 되었는데, 이 개발을 위해서는 마케팅 부서의 도움이 절실히 필요하다. 그러나 귀하는 입사한 지 얼마 되지 않았기 때문에 마케팅 부서의 사람들을 한 명도 제대로 알지 못한다. 이런 상황을 아는지 모르는지 팀장은 귀하에게 이 개발의 모든 부분을 일임하였다. 이럴 때 당신의 행동으로 가장 적절한 것은?

① 팀장에게 다짜고짜 프로젝트를 못하겠다고 보고한다.
② 팀장에게 자신의 상황을 보고한 후 마케팅 부서의 도움을 받을 수 있는 방법을 찾는다.
③ 마케팅 부서의 팀장을 찾아가 도와달라고 직접 부탁한다.
④ 마케팅 부서의 도움 없이도 프로젝트를 수행할 수 있다는 것을 보여주기 위해 그냥 진행한다.
⑤ 회사 외부에서 마케팅에 대해 도움을 받을 수 있는 곳을 알아본다.

> (Tip) ② 자신이 처한 상황에 대한 판단이 우선시 되어야 하며, 혼자서 해결하기 어려운 업무에 대해서는 상사에게 문의하여 조언을 얻거나 도움을 받을 수 있는 방법을 찾는 것이 적절하다.

17 당신은 △△기업의 지원팀 과장으로 협력업체를 관리하는 감독관이다. 새로운 제품의 출시가 임박하여 제대로 상품이 생산되는지를 확인하기 위하여 협력업체를 내방하였다. 그런데 생산현장에서 담당자의 작업지침이 △△기업에서 보낸 작업지침서와 많이 달라 불량품이 발생할 조짐이 현저하다. 이번 신제품에 △△기업은 사활을 걸고 있다. 이러한 상황에서 당신의 행동으로 가장 적절한 것은?

① 협력업체 대표를 불러 작업지침에 대한 사항을 직접 물어본다.
② 곧바로 회사에 복귀하여 협력업체의 무분별한 작업을 고발하고 거래를 중지해야 한다고 보고한다.
③ 협력업체 대표를 불러 작업을 중단시키고 계약을 취소한다고 말한다.
④ 협력업체 현장 담당자에게 왜 지침이 다른지 물어보고 잘못된 부분을 지적하도록 한다.
⑤ 작업을 중단시키고 다른 협력업체를 찾아본다.

> (Tip) ④ 계열사 또는 협력업체와의 관계는 일방적이기보다는 상호보완적인 형태가 바람직하다. 따라서 협력업체 현장 담당자에게 작업지침에 대한 사항을 문의하고 해결방안을 찾도록 하는 것이 적절하다.

18 당신은 설계부서에서 근무를 하고 있다. 최근 수주 받은 제품을 생산하기 위한 기계를 설계하던 중 클라이언트가 요청한 부품을 구매해 줄 것을 구매부서에 요청하였으나 구매부서 담당자는 가격이 비싸다는 이유로 그와 비슷한 저가의 부품을 구매해 주었다. 이러한 상황을 뒤늦게 당신이 알게 되었다. 당신이 취할 수 있는 가장 바람직한 행동은?

① 구매부서 팀장에게 항의를 하고 원하는 부품을 요구한다.

② 클라이언트에게 알리지 않고 저가의 부품을 그냥 사용한다.

③ 클라이언트에게 양해를 구한 후 구매부서를 설득하여 부품을 교환한다.

④ 구매부서의 이러한 행동을 그대로 상부에 보고한다.

⑤ 구매부서 팀장에게 상부에 보고하겠다고 협박하여 원하는 부품으로 교체한다.

 ①⑤ 구매부서 팀장에게 직접 항의하거나 협박하는 것보다는 직원을 먼저 설득하는 것이 바람직하다.
② 설령 저가의 부품을 사용하더라도 클라이언트에게 알리지 않는 것은 바람직하지 않다.
④ 비록 다른 부서의 부당한 업무행위이더라도 아무런 절차 없이 상부에 그대로 보고하는 것은 바람직하지 못하다.

19 A사에 입사한 원모는 근무 첫날부터 지각을 하는 상황에 놓이게 되었다. 급한 마음에 계단이 아닌 엘리베이터를 이용하게 되었고 다행히도 지각을 면한 원모는 교육 첫 시간에 엘리베이터 및 계단 이용에 관한 예절교육을 듣게 되었다. 다음 중 원모가 수강하고 있는 엘리베이터 및 계단 이용 시의 예절 교육에 관한 내용으로써 가장 옳지 않은 내용을 고르면?

① 방향을 잘 인지하고 있는 여성 또는 윗사람과 함께 엘리베이터를 이용할 시에는 여성이나 윗사람이 먼저 타고 내려야 한다.

② 엘리베이터의 경우에 버튼 방향의 뒤 쪽이 상석이 된다.

③ 계단의 이용 시에 상급자 또는 연장자가 중앙에 서도록 한다.

④ 안내여성은 엘리베이터를 탈 시에 손님들보다는 나중에 타며, 내릴 시에는 손님들보다 먼저 내린다.

⑤ 계단을 올라갈 시에는 남성이 먼저이며, 내려갈 시에는 여성이 앞서서 간다.

(Tip) 엘리베이터에서는 버튼 대각선 방향의 뒤 쪽이 상석이 된다.

Answer➜ 16.② 17.④ 18.③ 19.②

20 당신은 □□기업의 기술개발팀에서 근무를 하고 있다. 그런데 10년 넘게 알고 지낸 친한 선배가 당신이 다니고 있는 회사의 신제품 관련 기술에 대한 정보를 조금만 알려달라고 부탁을 하였다. 그 선배는 당신이 어렵고 힘들 때 항상 곁에서 가족처럼 챙겨주고 아껴주던 가족보다 더 소중한 선배이다. 또한 그 신제품을 개발할 때에도 많은 조언과 소스 등을 알려 주었던 선배이다. 회사 기밀을 유출하면 당신은 물론 □□기업은 엄청나게 큰 피해를 입을 수도 있다. 이러한 상황에서 당신이 취할 수 있는 가장 바람직한 행동은?

① 이런 부탁을 할 거면 다시는 연락을 하지 말자고 화를 낸다.

② 그냥 못들은 척하며 은근슬쩍 넘어간다.

③ 다른 선배나 지인에게 자신의 상황을 얘기하며 조언을 구한다.

④ 원하는 기술을 가르쳐주는 대신 새로운 일자리를 달라고 요구한다.

⑤ 도움을 받았던 만큼만 알려준다.

 ③ 가능한 한 회사 기밀이 유출되지 않는 방법으로 해결하는 것이 가장 바람직하다. 아무리 사적으로 친하고 정이 있다고 하여도 기업과 개인을 비교하는 것은 그 기준이 다르므로 함부로 회사 기밀을 유출하는 것은 올바르지 못하다. 따라서 주변에 조언을 구하여 사적인 관계가 무너지지 않도록 원만히 해결해야 한다.

21 다음 중 기업윤리에 대한 설명으로 가장 적절하지 않은 것은?

① 기업윤리의 준수가 단기적으로는 기업의 효율성을 저해할 수 있지만 장기적 관점에서 조직 유효성을 확보할 수 있게 한다.

② 기업윤리는 조직구성원의 행동규범을 제시하고 건전한 시민으로서의 윤리적 성취감을 충족시켜준다.

③ 기업윤리를 확립하기 위해 정부 및 공익단체의 권고와 감시활동이 필요하다.

④ 기업윤리는 사회적 규범의 체계로서 수익성을 추구하는 경영활동과는 독립된 별개의 영역이므로 경영목표나 전략에 영향을 주지 않는다.

⑤ 기업윤리는 업무상 행해지는 개인의 판단과 행동이 사회적 파급력이 큰 시스템을 통하여 다수의 이해관계자와 관련되어 있다.

 기업윤리는 기업을 올바르게 운영하는 기준 및 기업의 도덕적 책임도 포함되는 것으로 기업의 경영 방식 및 경영 정책에 영향을 준다.

22 직업윤리의 기본 원칙으로 알맞은 것은?

> ㉠ 사회적 책임　　　　　　　　㉡ 연대의식의 해체
>
> ㉢ 전문성 제고　　　　　　　　㉣ 천직·소명 의식
>
> ㉤ 협회의 강령 비판

① ㉠, ㉡, ㉢　　　　　　　　　　② ㉠, ㉢, ㉣

③ ㉡, ㉢, ㉣　　　　　　　　　　④ ㉡, ㉢, ㉤

⑤ ㉢, ㉣, ㉤

 ㉡ 연대의식의 해체는 직장에서의 인간관계를 어렵게 하고, 직업의 사회적 의미를 퇴색시킨다.
㉤ 협회의 강령을 잘 준수하는 것도 훌륭한 직업인의 자세이다.

23 A는 현재 한 기업의 경력 20년차 부장으로서 근무하고 있다. 최근 상부에서 기업문화 개선을 위한 방안으로 전화응대 시 서로 자신의 신분을 먼저 알리도록 하자는 지시사항이 내려왔다. 경력과 회사 내의 위치를 고려하였을 때, 전화 상대가 대부분 자신의 후배인 경우가 많은 A에게는 못마땅한 상황이다. 이러한 상황에서 A에게 해줄 수 있는 조언으로 가장 적절한 것은?

① 직장 내에서 전화를 걸거나 받는 경우 자신의 신분을 먼저 알리는 것은 부끄럽거나 체면을 구기는 일이 아니다. 또한 전화상대가 후배일 가능성만 높을 뿐, 선배일 수도 있고 외부 고객의 전화일 수도 있다.

② 전화응대 시 서로 자신의 신분을 먼저 알림으로써 친목도모 및 사내 분위기 향상의 효과가 있으며, 직원들 간의 원활한 의사소통에도 도움이 된다.

③ 비록 직급이 높은 간부들에게는 못마땅한 부분이 있을 수 있으나, 상부의 지시사항을 잘 이해함으로써 발생하는 부수적인 효과도 기대할 수 있다.

④ 직장 내 상사로서 솔선수범하여 기업문화 개선에 앞장서는 모습을 보인다면 후배 직원들에게 좋은 본보기가 되어 회사의 위계질서를 세우는 데 큰 도움이 될 수 있다.

⑤ 상부의 지시사항이니 못마땅하더라도 따라야 한다. 후배들에게 모범이 되는 모습을 보여야 한다.

 높은 직급의 간부로서 이행해야 하는 불편하고 번거로운 지시사항에 대해 불만스러움이 있는 상황이므로 이를 해결해줄 수 있는 조언으로 적절한 것은 ①이다.

Answer☞ 20.③ 21.④ 22.② 23.①

24 다음은 인터넷 검색을 통하여 얻은 내용을 나타낸 것이다. 주어진 내용에 해당하는 사례들을 〈보기〉에서 알맞게 고른 것은?

> 기업이 생산 및 영업 활동을 하면서 환경경영, 윤리경영, 사회공헌과 노동자를 비롯한 지역 사회 등 사회 전체의 이익을 동시에 추구하며 그에 따라 의사결정 및 활동을 하는 것

〈보기〉
㉠ 장난감 제조업체인 A사는 자사 공장에서의 아동 노동을 금지하는 규정을 제정하고 시행하였다.
㉡ 가공식품 회사인 B사는 생산 원가를 낮추기 위해 공장을 해외로 이전하기로 하였다.
㉢ 무역회사인 C사는 매년 소재지의 학교와 문화 시설에 상당액을 기부하고 있다.
㉣ 자동차 회사인 D사는 구조 조정을 명분으로 상당수의 직원을 해고하였다.

① ㉠, ㉡   ② ㉠, ㉢
③ ㉡, ㉢   ④ ㉡, ㉣
⑤ ㉢, ㉣

 ㉠ 기업이 인권을 보호하기 위해 노력한 활동으로 사회적 책임을 수행한 사례에 해당한다.
㉢ 지역 사회의 이익을 함께 추구하는 기업 활동으로 기업의 사회적 책임을 수행한 사례에 해당한다.
㉡㉣ 기업이 이윤을 확대하기 위해 취한 행동으로 기업의 사회적 책임 수행과는 거리가 멀다.

25 다음 대화의 빈칸에 들어갈 내용으로 적절하지 않은 것은?

> 교사 : '노블레스 오블리주'가 무슨 뜻인가요?
> 학생 : 사회 지도층이 공동체를 위해 지녀야 할 도덕성을 의미합니다.
> 교사 : 그렇다면 그 구체적인 예로 어떤 것이 있을까요?
> 학생 : ＿＿＿＿＿＿＿＿＿＿ 등이 있습니다.

① 법관이 은퇴한 후 무료 변호 활동을 하는 것
② 전문직 종사자가 사회에 대한 부채 의식을 버리는 것
③ 의사가 낙후된 지역에서 의료 봉사활동을 하는 것
④ 교수가 재능 기부에 참여하여 지식을 나누는 것
⑤ 기업에서 소외지역 아동을 위한 장학금을 기부하는 것

 사회 지도층으로서의 도덕적 의무를 이행하기 위해서 고위공직자 및 전문직 종사자는 사회에 대한 책임감을 가져야 한다.

06 자원관리능력

1 자원과 자원관리

(1) 자원

① **자원의 종류** … 시간, 돈, 물적자원, 인적자원

② **자원의 낭비요인** … 비계획적 행동, 편리성 추구, 자원에 대한 인식 부재, 노하우 부족

(2) 자원관리 기본 과정

① 필요한 자원의 종류와 양 확인

② 이용 가능한 자원 수집하기

③ 자원 활용 계획 세우기

④ 계획대로 수행하기

예제 1

당신은 A출판사 교육훈련 담당자이다. 조직의 효율성을 높이기 위해 전사적인 시간관리에 대한 교육을 실시하기로 하였지만 바쁜 일정 상 직원들을 집합교육에 동원할 수 있는 시간은 제한적이다. 다음 중 귀하가 최우선의 교육 대상으로 삼아야 하는 것은 어느 부분인가?

구분	긴급한 일	긴급하지 않은 일
중요한 일	제1사분면	제2사분면
중요하지 않은 일	제3사분면	제4사분면

[출제의도]
주어진 일들을 중요도와 긴급도에 따른 시간관리 매트릭스에서 우선순위를 구분할 수 있는가를 측정하는 문항이다.
[해설]
교육훈련에서 최우선 교육대상으로 삼아야 하는 것은 긴급하지 않지만 중요한 일이다. 이를 긴급하지 않다고 해서 뒤로 미루다보면 급박하게 처리해야하는 업무가 증가하여 효율적인 시간관리가 어려워진다.

① 중요하고 긴급한 일로 위기사항이나 급박한 문제, 기간이 정해진 프로젝트 등이 해당되는 제1사분면
② 긴급하지는 않지만 중요한 일로 인간관계구축이나 새로운 기회의 발굴, 중장기 계획 등이 포함되는 제2사분면
③ 긴급하지만 중요하지 않은 일로 잠깐의 급한 질문, 일부 보고서, 눈 앞의 급박한 사항이 해당되는 제3사분면
④ 중요하지 않고 긴급하지 않은 일로 하찮은 일이나 시간낭비거리, 즐거운 활동 등이 포함되는 제4사분면

구분	긴급한 일	긴급하지 않은 일
중요한 일	위기사항, 급박한 문제, 기간이 정해진 프로젝트	인간관계구축, 새로운 기회의 발굴, 중장기계획
중요하지 않은 일	잠깐의 급한 질문, 일부 보고서, 눈앞의 급박한 사항	하찮은 일, 우편물, 전화, 시간낭비거리, 즐거운 활동

답 ②

2 자원관리능력을 구성하는 하위능력

(1) 시간관리능력

① 시간의 특성
  ㉠ 시간은 매일 주어지는 기적이다.
  ㉡ 시간은 똑같은 속도로 흐른다.
  ㉢ 시간의 흐름은 멈추게 할 수 없다.
  ㉣ 시간은 꾸거나 저축할 수 없다.
  ㉤ 시간은 사용하기에 따라 가치가 달라진다.

② 시간관리의 효과
  ㉠ 생산성 향상
  ㉡ 가격 인상
  ㉢ 위험 감소
  ㉣ 시장 점유율 증가

③ 시간계획

　　㉠ 개념 : 시간 자원을 최대한 활용하기 위하여 가장 많이 반복되는 일에 가장 많은 시간을 분배하고, 최단시간에 최선의 목표를 달성하는 것을 의미한다.

　　㉡ 60 : 40의 Rule

계획된 행동 (60%)		계획 외의 행동 (20%)	자발적 행동 (20%)
총 시간			

예제 2

유아용품 홍보팀의 사원 은이씨는 일산 킨텍스에서 열리는 유아용품박람회에 참여하고자 한다. 당일 회의 후 출발해야 하며 회의 종료 시간은 오후 3시이다.

장소	일시
일산 킨텍스 제2전시장	2016. 1. 20(금) PM 15:00~19:00 * 입장가능시간은 종료 2시간 전까지

오시는 길
지하철 : 4호선 대화역(도보 30분 거리)
버스 : 8109번, 8407번(도보 5분 거리)

• 회사에서 버스정류장 및 지하철역까지 소요시간

출발지	도착지		소요시간
회사	×× 정류장	도보	15분
		택시	5분
	지하철역	도보	30분
		택시	10분

• 일산 킨텍스 가는 길

교통편	출발지	도착지	소요시간
지하철	강남역	대화역	1시간 25분
버스	×× 정류장	일산 킨텍스 정류장	1시간 45분

위의 제시 상황을 보고 은이씨가 선택할 교통편으로 가장 적절한 것은?

① 도보 – 지하철　　　　　② 도보 – 버스
③ 택시 – 지하철　　　　　④ 택시 – 버스

[출제의도]
주어진 여러 시간정보를 수집하여 실제 업무 상황에서 시간자원을 어떻게 활용할 것인지 계획하고 할당하는 능력을 측정하는 문항이다.
[해설]
④ 택시로 버스정류장까지 이동해서 버스를 타고 가게 되면 택시(5분), 버스(1시간 45분), 도보(5분)으로 1시간 55분이 걸린다.
① 도보–지하철 : 도보(30분), 지하철(1시간 25분), 도보(30분)이므로 총 2시간 25분이 걸린다.
② 도보–버스 : 도보(15분), 버스(1시간 45분), 도보(5분)이므로 총 2시간 5분이 걸린다.
③ 택시–지하철 : 택시(10분), 지하철(1시간 25분), 도보(30분)이므로 총 2시간 5분이 걸린다.

답 ④

(2) 예산관리능력

① 예산과 예산관리

　　㉠ 예산 : 필요한 비용을 미리 헤아려 계산하는 것이나 그 비용

　　㉡ 예산관리 : 활동이나 사업에 소요되는 비용을 산정하고, 예산을 편성하는 것뿐만 아니라 예산을 통제하는 것 모두를 포함한다.

② 예산의 구성요소

비용	직접비용	재료비, 원료와 장비, 시설비, 여행(출장) 및 잡비, 인건비 등
	간접비용	보험료, 건물관리비, 광고비, 통신비, 사무비품비, 각종 공과금 등

③ 예산수립 과정 : 필요한 과업 및 활동 구명 → 우선순위 결정 → 예산 배정

예제 3

당신은 가을 체육대회에서 총무를 맡으라는 지시를 받았다. 다음과 같은 계획에 따라 예산을 진행하였으나 확보된 예산이 생각보다 적게 되어 불가피하게 비용항목을 줄여야 한다. 다음 중 귀하가 비용 항목을 없애기에 가장 적절한 것은 무엇인가?

〈○○산업공단 춘계 1차 워크숍〉

1. 해당부서 : 인사관리팀, 영업팀, 재무팀
2. 일　　　정 : 2016년 4월 21일~23일(2박 3일)
3. 장　　　소 : 강원도 속초 ○○연수원
4. 행사내용 : 바다열차탑승, 체육대회, 친교의 밤 행사, 기타

① 숙박비　　　　　　　　　② 식비
③ 교통비　　　　　　　　　④ 기념품비

[출제의도]
업무에 소요되는 예산 중 꼭 필요한 것과 예산을 감축해야할 때 삭제 또는 감축이 가능한 것을 구분해내는 능력을 묻는 문항이다.

[해설]
한정된 예산을 가지고 과업을 수행할 때에는 중요도를 기준으로 예산을 사용한다. 위와 같이 불가피하게 비용 항목을 줄여야 한다면 기본적인 항목인 숙박비, 식비, 교통비는 유지되어야 하기에 항목을 없애기 가장 적절한 정답은 ④번이 된다.

답 ④

(3) 물적관리능력

① 물적자원의 종류
    ㉠ 자연자원 : 자연상태 그대로의 자원 ex) 석탄, 석유 등
    ㉡ 인공자원 : 인위적으로 가공한 자원 ex) 시설, 장비 등

② 물적자원관리 … 물적자원을 효과적으로 관리할 경우 경쟁력 향상이 향상되어 과제 및 사업의 성공으로 이어지며, 관리가 부족할 경우 경제적 손실로 인해 과제 및 사업의 실패 가능성이 커진다.

③ 물적자원 활용의 방해요인
    ㉠ 보관 장소의 파악 문제
    ㉡ 훼손
    ㉢ 분실

④ 물적자원관리 과정

과정	내용
사용 물품과 보관 물품의 구분	• 반복 작업 방지 • 물품활용의 편리성
동일 및 유사 물품으로의 분류	• 동일성의 원칙 • 유사성의 원칙
물품 특성에 맞는 보관 장소 선정	• 물품의 형상 • 물품의 소재

예제 4

S호텔의 외식사업부 소속인 K씨는 예약일정 관리를 담당하고 있다. 아래의 예약일정과 정보를 보고 K씨의 판단으로 옳지 않은 것은?

〈S호텔 일식 뷔페 1월 ROOM 예약 일정〉

* 예약 : ROOM 이름(시작시간)

SUN	MON	TUE	WED	THU	FRI	SAT
					1	2
					백합(16)	장미(11) 백합(15)
3	4	5	6	7	8	9
라일락(15)		백향목(10) 백합(15)	장미(10) 백향목(17)	백합(11) 라일락(18)	백향목(15)	장미(10) 라일락(15)

ROOM 구분	수용가능인원	최소투입인력	연회장 이용시간
백합	20	3	2시간
장미	30	5	3시간
라일락	25	4	2시간
백향목	40	8	3시간

- 오후 9시에 모든 업무를 종료함
- 한 타임 끝난 후 1시간씩 세팅 및 정리
- 동 시간 대 서빙 투입인력은 총 10명을 넘을 수 없음

안녕하세요, 1월 첫째 주 또는 둘째 주에 신년회 행사를 위해 ROOM을 예약하려고 하는데요. 저희 동호회의 총 인원은 27명이고 오후 8시쯤 마무리하려고 합니다. 신정과 주말, 월요일은 피하고 싶습니다. 예약이 가능할까요?

① 인원을 고려했을 때 장미ROOM과 백향목ROOM이 적합하겠군.
② 만약 2명이 안 온다면 예약 가능한 ROOM이 늘어나겠구나.
③ 조건을 고려했을 때 예약 가능한 ROOM은 5일 장미ROOM뿐이겠구나.
④ 오후 5시부터 8시까지 가능한 ROOM을 찾아야해.

[출제의도]
주어진 정보와 일정표를 토대로 이용 가능한 물적자원을 확보하여 이를 정확하게 안내할 수 있는 능력을 측정하는 문항이다. 고객이 제공한 정보를 정확하게 파악하고 그 조건 안에서 가능한 자원을 제공할 수 있어야 한다.

[해설]
③ 조건을 고려했을 때 5일 장미ROOM과 7일 장미ROOM이 예약 가능하다.
① 참석 인원이 27명이므로 30명 수용 가능한 장미ROOM과 40명 수용 가능한 백향목ROOM 두 곳이 적합하다.
② 만약 2명이 안 온다면 총 참석인원 25명이므로 라일락ROOM, 장미ROOM, 백향목ROOM이 예약 가능하다.
④ 오후 8시에 마무리하려고 계획하고 있으므로 적절하다.

답 ③

(4) 인적자원관리능력

① **인맥** … 가족, 친구, 직장동료 등 자신과 직접적인 관계에 있는 사람들인 핵심인맥과 핵심인맥들로부터 알게 된 파생인맥이 존재한다.

② **인적자원의 특성** … 능동성, 개발가능성, 전략적 자원

③ **인력배치의 원칙**
  - ㉠ 적재적소주의 : 팀의 효율성을 높이기 위해 팀원의 능력이나 성격 등과 가장 적합한 위치에 배치하여 팀원 개개인의 능력을 최대로 발휘해 줄 것을 기대하는 것
  - ㉡ 능력주의 : 개인에게 능력을 발휘할 수 있는 기회와 장소를 부여하고 그 성과를 바르게 평가하며 평가된 능력과 실적에 대해 그에 상응하는 보상을 주는 원칙
  - ㉢ 균형주의 : 모든 팀원에 대한 적재적소를 고려

④ **인력배치의 유형**
  - ㉠ 양적 배치 : 부문의 작업량과 조업도, 여유 또는 부족 인원을 감안하여 소요인원을 결정하여 배치하는 것
  - ㉡ 질적 배치 : 적재적소의 배치
  - ㉢ 적성 배치 : 팀원의 적성 및 흥미에 따라 배치하는 것

| 예제 5

최근 조직개편 및 연봉협상 과정에서 직원들의 불만이 높아지고 있다. 온갖 루머가 난무한 가운데 인사팀원인 당신에게 사내 게시판의 직원 불만사항에 대한 진위여부를 파악하고 대안을 세우라는 팀장의 지시를 받았다. 다음 중 당신이 조치를 취해야 하는 직원은 누구인가?

① 사원 A는 팀장으로부터 업무 성과가 탁월하다는 평가를 받았는데도 조직개편으로 인한 부서 통합으로 인해 승진을 못한 것이 불만이다.

② 사원 B는 회사가 예년에 비해 높은 영업 이익을 얻었는데도 불구하고 연봉 인상에 인색한 것이 불만이다.

③ 사원 C는 회사가 급여 정책을 변경해서 고정급 비율을 낮추고 기본급과 인센티브를 지급하는 제도로 바꾼 것이 불만이다.

④ 사원 D는 입사 동기인 동료가 자신보다 업무 실적이 좋지 않고 불성실한 근무태도를 가지고 있는데, 팀장과의 친분으로 인해 자신보다 높은 평가를 받은 것이 불만이다.

[출제의도]
주어진 직원들의 정보를 통해 시급하게 진위여부를 가리고 조치하여 인력배치를 해야 하는 사항을 확인하는 문제이다.

[해설]
사원 A, B, C는 각각 조직 정책에 대한 불만이기에 논의를 통해 조직적으로 대처하는 것이 옳지만, 사원 D는 팀장의 독단적인 전횡에 대한 불만이기 때문에 조사하여 시급히 조치할 필요가 있다. 따라서 가장 적절한 답은 ④번이 된다.

답 ④

출제예상문제

1 다음 글과 〈법조문〉을 근거로 판단할 때, 甲이 乙에게 2,000만 원을 1년 간 빌려주면서 선이자로 800만 원을 공제하고 1,200만 원만을 준 경우, 乙이 갚기로 한 날짜에 甲에게 전부 변제하여야 할 금액은?

> 돈이나 물품 등을 빌려 쓴 사람이 돈이나 같은 종류의 물품을 같은 양만큼 갚기로 하는 계약을 소비대차라 한다. 소비대차는 이자를 지불하기로 약정할 수 있고, 그 이자는 일정한 이율에 의하여 계산한다. 이런 이자는 돈을 빌려주면서 먼저 공제할 수도 있는데, 이를 선이자라 한다. 한편 약정 이자의 상한에는 법률상의 제한이 있다.

> 〈법조문〉
>
> 제00조
> ① 금전소비대차에 관한 계약상의 최고이자율은 연 30%로 한다.
> ② 계약상의 이자로서 제1항에서 정한 최고이자율을 초과하는 부분은 무효로 한다.
> ③ 약정금액(당초 빌려주기로 한 금액)에서 선이자를 사전공제한 경우, 그 공제액이 '채무자가 실제 수령한 금액'을 기준으로 하여 제1항에서 정한 최고이자율에 따라 계산한 금액을 초과하면 그 초과부분은 약정금액의 일부를 변제한 것으로 본다.

① 760만 원 　　　　　　　　② 1,000만 원

③ 1,560만 원 　　　　　　　④ 1,640만 원

⑤ 1,800만 원

 채무자인 乙이 실제 수령한 금액인 1,200만 원을 기준으로 최고연이자율 연 30%를 계산하면 360만 원이다. 그런데 선이자 800만 원을 공제하였으므로 360만 원을 초과하는 440만 원은 무효이며, 약정금액 2,000만 원의 일부를 변제한 것으로 본다. 따라서 1년 후 乙이 갚기로 한 날짜에 甲에게 전부 변제하여야 할 금액은 2,000 − 440 = 1,560만 원이다.

Answer⟶ 1.③

|2~3 | 다음 A렌터카 업체의 이용 안내문을 읽고 이어지는 물음에 답하시오.

<대여 및 반납 절차>

● 대여절차
01. 예약하신 대여지점에서 A렌터카 직원 안내에 따라 예약번호, 예약자명 확인하기
02. 예약자 확인을 위해 면허증 제시 후, 차량 임대차 계약서 작성하기
03. 예약하셨던 차종 및 대여기간에 따라 차량 대여료 결제
04. 준비되어 있는 차량 외관, 작동상태 확인하고 차량 인수인계서 서명하기
05. 차량 계약서, 인수인계서 사본과 대여하신 차량 KEY 수령

● 반납절차
01. 예약 시 지정한 반납지점에서 차량 주차 후, 차량 KEY와 소지품 챙기기
02. A렌터카 직원에게 차량 KEY 반납하기
03. A렌터카 직원과 함께 차량의 내/외관 및 Full Tank (일부지점 예외) 확인하기
04. 반납시간 초과, 차량의 손실, 유류 잔량 및 범칙금 확인하여 추가 비용 정산하기

<대여 자격기준>

01. 승용차, 9인승 승합차 : 2종 보통면허 이상
02. 11인승 이상 승합차 : 1종 보통면허 이상
03. 외국인의 경우에는 국제 운전 면허증과 로컬 면허증(해당 국가에서 발급된 면허증) 동시 소지자에 한함
04. 운전자 등록 : 실 운전자 포함 제2운전자까지 등록 가능

<요금 안내>

차종	일 요금(원)			초과시간당 요금(원)		
	1일 요금	3~6일	7일+	+6시간	+9시간	+12시간
M(4인승)	190,000	171,000	152,000	114,000	140,600	166,800
N(6인승)	219,000	197,000	175,000	131,400	162,100	192,300
V9(9인승) V11(11인승)	270,000	243,000	216,000	162,000	199,800	237,100
T9(9인승) T11(11인승)	317,000	285,000	254,000	190,200	234,600	278,300
리무진	384,000	346,000	307,000	230,400	284,200	337,200

※ 사전 예약 없이 12시간 이상 초과할 경우 추가 1일 요금이 더해짐

2 다음 중 A렌터카를 대여하려는 일행이 알아야 할 사항으로 적절하지 않은 것은?

① 차량 대여를 위해서 서명해야 할 서류는 두 가지이다.

② 2종 보통 면허로 A렌터카 업체의 모든 차량을 이용할 수 있다.

③ 대여지점과 반납지점은 미리 예약한 곳으로 지정이 가능하다.

④ 유류비는 대여 시와 동일한 정도의 연료가 남았으면 별도로 지불하지 않는다.

⑤ 외국인이 대여를 할 경우, 2개의 면허증이 필요하다.

 ② 외국인은 국제면허증과 자국의 면허증이 필요하며, 내국인의 경우에는 11인승 이상을 대여할 경우 1종 보통면허가 필요하다.

① 임대차 계약서와 차량 인수인계서에 서명을 해야 한다.

③ '예약 시 지정한 반납지점'이라고 명시되어 있으므로 대여지점과 반납지점은 미리 예약한 곳으로 지정이 가능하다고 볼 수 있다.

④ 차량 반납 시 유류 잔량을 확인한다고 명시되어 있다는 것으로 보아, 대여자의 부담이라고 판단할 수 있다.

⑤ 외국인의 경우에는 국제 운전 면허증과 로컬면허증 두 개가 모두 필요하다.

3 A렌터카 업체의 요금 현황을 살펴본 일행의 반응으로 적절하지 않은 것은?

① "우린 4인 가족이니 M차종을 3일 대여하면 2일 대여하는 것보다 일 요금이 19,000원 싸구나."

② "우리 일행이 11명이니 하루만 쓸 거면 V11이 가장 적당하겠다."

③ "2시간이 초과되는 것과 6시간이 초과되는 것은 어차피 똑같은 요금이구나."

④ "T9을 대여해서 12시간을 초과하면 초과시간요금이 V11 하루 요금보다 비싸네."

⑤ "여보, 길이 막혀 초과시간이 12시간보다 한두 시간 넘으면 6시간 초과 요금을 더 내야하니 염두에 두세요."

 ⑤ 길이 막혀 늦어지는 경우는 사전 예약이 된 경우라고 볼 수 없으므로 초과시간이 12시간에서 한두 시간이 넘을 경우 6시간의 초과 요금이 아닌, 추가 1일의 요금이 더해진다.

① 1일 대여보다 3~6일 대여가 1일 대여요금이 19,000원 저렴하다.

② V11과 T11이 11인승이므로 저렴한 V11이 경제적이다.

③ 초과시간요금은 6시간까지 모두 동일하다.

④ T9을 대여해서 12시간을 초과하면 278,000원의 초과시간요금이 발생하므로 V11의 하루 요금인 270,000원보다 비싸지게 된다.

Answer ➔ 2.② 3.⑤

4 다음은 정부에서 지원하는 〈귀농인 주택시설 개선사업 개요〉와 〈심사 기초 자료〉이다. 이를 근거로 판단할 때, 지원대상 가구만을 모두 고르면?

〈귀농인 주택시설 개선사업 개요〉

□ 사업목적 : 귀농인의 안정적인 정착을 도모하기 위해 일정 기준을 충족하는 귀농가구의 주택 개·보수 비용을 지원

□ 신청자격 : △△군에 소재하는 귀농가구 중 거주기간이 신청마감일(2014. 4. 30.) 현재 전입일부터 6개월 이상이고, 가구주의 연령이 20세 이상 60세 이하인 가구

□ 심사기준 및 점수 산정방식

• 신청마감일 기준으로 다음 심사기준별 점수를 합산한다.

• 심사기준별 점수

(1) 거주기간 : 10점(3년 이상), 8점(2년 이상 3년 미만), 6점(1년 이상 2년 미만), 4점(6개월 이상 1년 미만)

 ※ 거주기간은 전입일부터 기산한다.

(2) 가족 수 : 10점(4명 이상), 8점(3명), 6점(2명), 4점(1명)

 ※ 가족 수에는 가구주가 포함된 것으로 본다.

(3) 영농규모 : 10점(1.0 ha 이상), 8점(0.5 ha 이상 1.0 ha 미만), 6점(0.3 ha 이상 0.5 ha 미만), 4점(0.3 ha 미만)

(4) 주택노후도 : 10점(20년 이상), 8점(15년 이상 20년 미만), 6점(10년 이상 15년 미만), 4점(5년 이상 10년 미만)

(5) 사업시급성 : 10점(매우 시급), 7점(시급), 4점(보통)

□ 지원내용

• 예산액 : 5,000,000원

• 지원액 : 가구당 2,500,000원

• 지원대상 : 심사기준별 점수의 총점이 높은 순으로 2가구. 총점이 동점일 경우 가구주의 연령이 높은 가구를 지원. 단, 하나의 읍·면당 1가구만 지원 가능

〈심사 기초 자료(2014. 4. 30. 현재)〉

귀농가구	가구주 연령(세)	주소지 (△△군)	전입일	가족 수 (명)	영농 규모(ha)	주택 노후도 (년)	사업 시급성
甲	49	A	2010. 12. 30	1	0.2	17	매우 시급
乙	48	B	2013. 5. 30	3	1.0	13	매우 시급
丙	56	B	2012. 7. 30	2	0.6	23	매우 시급
丁	60	C	2013. 12. 30	4	0.4	13	시급
戊	33	D	2011. 9. 30	2	1.2	19	보통

① 甲, 乙　　　　　　　② 甲, 丙

③ 乙, 丙　　　　　　　④ 乙, 丁

⑤ 丙, 戊

 甲~戊의 심사기준별 점수를 산정하면 다음과 같다. 단, 丁은 신청마감일(2014. 4. 30.) 현재 전입일부터 6개월 이상의 신청자격을 갖추지 못하였으므로 제외한다.

구분	거주기간	가족 수	영농규모	주택노후도	사업시급성	총점
甲	10	4	4	8	10	36점
乙	4	8	10	6	10	38점
丙	6	6	8	10	10	40점
戊	8	6	10	8	4	36점

따라서 상위 2가구는 丙과 乙이 되는데, 2가구의 주소지가 B읍·면으로 동일하므로 총점이 더 높은 丙을 지원하고, 나머지 1가구는 甲, 戊의 총점이 동점이므로 가구주의 연령이 더 높은 甲을 지원하게 된다.

Answer↪ 4.②

5 甲, 乙, 丙은 서울특별시(수도권 중 과밀억제권역에 해당) ○○동 소재 3층 주택 소유자와 각 층별로 임대차 계약을 체결하고 현재 거주하고 있는 임차인들이다. 이들의 보증금은 각각 5,800만 원, 2,000만 원, 1,000만 원이다. 위 주택 전체가 경매절차에서 주택가액 8,000만 원에 매각되었고, 甲, 乙, 丙모두 주택에 대한 경매신청 등기 전에 주택의 인도와 주민등록을 마쳤다. 乙과 丙이 담보물권자보다 우선하여 변제받을 수 있는 금액의 합은? (단, 확정일자나 경매비용은 무시한다)

제00조

① 임차인은 보증금 중 일정액을 다른 담보물권자(擔保物權者)보다 우선하여 변제받을 권리가 있다. 이 경우 임차인은 주택에 대한 경매신청의 등기 전에 주택의 인도와 주민등록을 마쳐야 한다.

② 제1항에 따라 우선변제를 받을 보증금 중 일정액의 범위는 다음 각 호의 구분에 의한 금액 이하로 한다.

   1. 수도권정비계획법에 따른 수도권 중 과밀억제권역 : 2,000만 원

   2. 광역시(군지역과 인천광역시지역은 제외) : 1,700만 원

   3. 그 밖의 지역 : 1,400만 원

③ 임차인의 보증금 중 일정액이 주택가액의 2분의 1을 초과하는 경우에는 주택가액의 2분의 1에 해당하는 금액까지만 우선변제권이 있다.

④ 하나의 주택에 임차인이 2명 이상이고 그 각 보증금 중 일정액을 모두 합한 금액이 주택가액의 2분의 1을 초과하는 경우, 그 각 보증금 중 일정액을 모두 합한 금액에 대한 각 임차인의 보증금 중 일정액의 비율로 그 주택가액의 2분의 1에 해당하는 금액을 분할한 금액을 각 임차인의 보증금 중 일정액으로 본다.

제00조

전조(前條)에 따라 우선변제를 받을 임차인은 보증금이 다음 각 호의 구분에 의한 금액 이하인 임차인으로 한다.

   1. 수도권정비계획법에 따른 수도권 중 과밀억제권역 : 6,000만 원

   2. 광역시(군지역과 인천광역시지역은 제외) : 5,000만 원

   3. 그 밖의 지역 : 4,000만 원

---

① 2,200만 원   ② 2,300만 원

③ 2,400만 원   ④ 2,500만 원

⑤ 2,600만 원

수도권 중 과밀억제권역에 해당하므로 우선변제를 받을 보증금 중 일정액의 범위는 2,000 만 원이다. 그런데 ④처럼 하나의 주택에 임차인이 2명 이상이고 그 보증금 중 일정액을 모두 합한 금액(甲 2,000만 원 + 乙 2,000만 원 + 丙 1,000만 원 = 5,000만 원)이 주택가 액인 8,000만 원의 2분의 1을 초과하므로 그 각 보증금 중 일정액을 모두 합한 금액에 대한 각 임차인의 보증금 중 일정액의 비율(2 : 2 : 1)로 그 주택가액의 2분의 1에 해당하는 금액(4,000만 원)을 분할한 금액을 각 임차인의 보증금 중 일정액으로 봐야 한다.
따라서 우선변제를 받을 보증금 중 일정액은 甲 1,600만 원, 乙 1,600만 원, 丙 800만 원으로 乙과 丙이 담보물권자보다 우선하여 변제받을 수 있는 금액의 합은 1,600 + 800 = 2,400만 원이다.

6 다음에 제시된 인사제도 중, 인력 배치의 원칙인 '적재적소 주의', '능력주의', '균형주의'가 나타나 있는 항목을 순서대로 적절히 연결한 것은 보기 중 어느 것인가?

채용	– 학력 및 연령제한 철폐 ·· (가) – 공개경쟁 원칙
보직	– 순환보직을 원칙으로 탄력적인 인력 배치 ······················ (나) – 사내공모를 통한 해외근무자 선발 ···························· (다) – 인사상담등록시스템에 의한 투명한 인사
승진	– 능력과 성과에 따른 승진관리 – 승진 심사 및 시험에 의한 승진자 결정
평가	– 역량평가 및 업적평가 ··· (라) – 상사 · 부하 · 동료 · 본인에 의한 다면평가시스템 운영 ·········· (마)

① (가), (나), (라)   ② (라), (나), (다)

③ (나), (가), (라)   ④ (마), (라), (나)

⑤ (다), (마), (가)

 순환보직을 원칙으로 탄력적인 인력 배치는 조직의 상황과 개인의 역량 및 특성에 맞는 인력의 적재적소 배치를 위한 방안으로 볼 수 있다. 또한, 학력이나 연령 등의 폐지는 실제 업무에 필요한 능력과 자질을 갖추고도 학력이나 연령 제한에 의해 능력이 사장되는 상황을 방지할 수 있는 방안이 될 수 있어 능력주의 원칙으로 볼 수 있으며, 역량과 업적을 평가하여 각 조직 간 인력 배치의 균형을 이룰 수 있는 근거를 마련할 수 있다는 점에서 균형주의 원칙으로 볼 수 있다.

Answer 5.③ 6.③

7 다음 상황에서 총 순이익 200억 중에 Y사가 150억을 분배 받았다면 Y사의 연구개발비는 얼마인가?

　　X사와 Y사는 신제품을 공동개발하여 판매한 총 순이익을 다음과 같은 기준에 의해 분배하기로 약정하였다.

• 1번째 기준 : X사와 Y사는 총 순이익에서 각 회사 제조원가의 10%에 해당하는 금액을 우선 각자 분배 받는다.
• 2번째 기준 : 총 순수익에서 위의 1번째 기준에 의해 분배받은 금액을 제외한 나머지 금액에 대한 분배는 각 회사가 연구개발을 지출한 비용에 비례하여 분배액을 정한다.

〈신제품 개발과 판례에 따른 연구개발비용과 총 순이익〉

(단위 : 억 원)

구분	X사	Y사
제조원가	200	600
연구개발비	100	(　)
총 순이익	200	

---

① 200억 원　　　　　　　　② 250억 원

③ 300억 원　　　　　　　　④ 350억 원

⑤ 400억 원

 1번째 기준에 의해 X사는 200억의 10%인 20억을 분배받고, Y사는 600억의 10%인 60억을 분배받는다. Y가 분배받은 금액이 총 150억이라고 했으므로 X사가 분배받은 금액은 50억이다. X사가 두 번째 기준에 의해 분배받은 금액은 30억이고, Y사가 두 번째 기준에 의해 분배받은 금액은 90억이다. 두 번째 기준은 연구개발비용에 비례하여 분배받은 것이므로 X사의 연구개발비의 3배로 계산하면 300억이다.

▮8~9▮ D회사에서는 1년에 1명을 선발하여 해외연수를 보내주는 제도가 있다. 김부장, 최과장, 오과장, 홍대리, 박사원 5명이 지원한 가운데 〈선발 기준〉과 〈지원자 현황〉은 다음과 같다. 다음을 보고 물음에 답하시오.

〈선발 기준〉

구분	점수	비고
외국어 성적	50점	
근무 경력	20점	15년 이상이 만점 대비 100%, 10년 이상 15년 미만이 70%, 10년 미만이 50%이다. 단, 근무경력이 최소 5년 이상인 자만 선발 자격이 있다.
근무 성적	10점	
포상	20점	3회 이상이 만점 대비 100%, 1~2회가 50%, 0회가 0%이다.
계	100점	

〈지원자 현황〉

구분	김부장	최과장	오과장	홍대리	박사원
근무경력	30년	20년	10년	3년	1년
포상	2회	4회	0회	5회	3회

※ 외국어 성적은 김부장과 최과장이 만점 대비 50%이고, 오과장이 80%, 홍대리, 박사원이 100%이다.
※ 근무 성적은 최과장과 박사원이 만점이고, 김부장, 오과장, 홍대리는 만점 대비 90%이다.

8 위의 선발기준과 지원자 현황에 따를 때 가장 높은 점수를 받은 사람이 선발된다면 선발되는 사람은?

① 김부장 ② 최과장
③ 오과장 ④ 홍대리
⑤ 박사원

	김부장	최과장	오과장	홍대리, 박사원
외국어 성적	25점	25점	40점	근무경력이 5년 미만이므로 선발 자격이 없다.
근무 경력	20점	20점	14점	
근무 성적	9점	10점	9점	
포상	10점	20점	0점	
계	64점	75점	63점	

Answer → 7.③ 8.②

9 회사 규정의 변경으로 인해 선발기준이 다음과 같이 변경되었다면, 새로운 선발기준 하에서 선발되는 사람은? (단, 가장 높은 점수를 받은 사람이 선발된다)

구분	점수	비고
외국어 성적	40점	
근무 경력	40점	30년 이상이 만점 대비 100%, 20년 이상 30년 미만이 70%, 20년 미만이 50%이다. 단, 근무경력이 최소 5년 이상인 자만 선발 자격이 있다.
근무 성적	10점	
포상	10점	3회 이상이 만점 대비 100%, 1~2회가 50%, 0회가 0%이다.
계	100점	

① 김부장　　　　　　　　　　② 최과장
③ 오과장　　　　　　　　　　④ 홍대리
⑤ 박사원

	김부장	최과장	오과장	홍대리, 박사원
외국어 성적	20점	20점	32점	
근무 경력	40점	28점	20점	근무경력이 5년
근무 성적	9점	10점	9점	미만이므로 선발
포상	5점	10점	0점	자격이 없다.
계	74점	68점	61점	

10 다음 글과 〈조건〉을 근거로 판단할 때, 중국으로 출장 가는 사람으로 짝지어진 것은?

C회사에서는 업무상 외국 출장이 잦은 편이다. 인사부 A씨는 매달 출장 갈 직원들을 정하는 업무를 맡고 있다. 이번 달에는 총 4국가로 출장을 가야 하며 인원은 다음과 같다.

미국	영국	중국	일본
1명	4명	3명	4명

출장을 갈 직원은 이과장, 김과장, 신과장, 류과장, 임과장, 장과장, 최과장이 있으며, 개인별 출장 가능한 국가는 다음과 같다.

국가＼직원	이과장	김과장	신과장	류과장	임과장	장과장	최과장
미국	○	×	○	×	×	×	×
영국	○	×	○	○	○	×	×
중국	×	○	○	○	○	×	○
일본	×	×	○	×	○	○	○

※ ○ : 출장 가능, × : 출장 불가능
※ 어떤 출장도 일정이 겹치진 않는다.

〈조건〉

• 한 사람이 두 국가까지만 출장 갈 수 있다.
• 모든 사람은 한 국가 이상 출장을 가야 한다.

① 김과장, 최과장, 류과장　　② 김과장, 신과장, 류과장
③ 신과장, 류과장, 임과장　　④ 김과장, 임과장, 최과장
⑤ 이과장, 류과장, 최과장

 모든 사람이 한 국가 이상 출장을 가야 한다고 했으므로 김과장은 꼭 중국을 가야 하며, 장과장은 꼭 일본을 가야 한다. 또한 영국으로 4명이 출장을 가야 되고, 출장 가능 직원도 4명이므로 이과장, 신과장, 류과장, 임과장이 영국을 가야한다. 4국가 출장에 필요한 직원은 12명인데 김과장과 장과장이 1국가 밖에 못가므로 나머지 5명이 2국가를 출장간다는 것에 주의한다.

	출장가는 직원
미국(1명)	이과장
영국(4명)	류과장, 이과장, 신과장, 임과장
중국(3명)	김과장, 최과장, 류과장
일본(4명)	장과장, 최과장, 신과장, 임과장

Answer↪ 9.① 10.①

11 인사부에서 근무하는 H씨는 다음 〈상황〉과 〈조건〉에 근거하여 부서 배정을 하려고 한다. 〈상황〉과 〈조건〉을 모두 만족하는 부서 배정은 어느 것인가?

〈상황〉

　총무부, 영업부, 홍보부에는 각각 3명, 2명, 4명의 인원을 배정하여야 한다. 이번에 선발한 인원으로는 5급이 A, B, C가 있으며, 6급이 D, E, F가 있고 7급이 G, H, I가 있다.

〈조건〉
조건1 : 총무부에는 5급이 2명 배정되어야 한다.
조건2 : B와 C는 서로 다른 부서에 배정되어야 한다.
조건3 : 홍보부에는 7급이 2명 배정되어야 한다.
조건4 : A와 I는 같은 부서에 배정되어야 한다.

	총무부	영업부	홍보부
①	A, C, I	D, E	B, F, G, H
②	A, B, E	D, G	C, F, H, I
③	A, B, I	C, D, G	E, F, H
④	B, C, H	D, E	A, F, G, I
⑤	A, B, I	G, H	C, D, E, F

 ② A와 I가 같은 부서에 배정되어야 한다는 조건4를 만족하지 못한다.
③ 홍보부에 4명이 배정되어야 한다는 〈상황〉에 부합하지 못한다.
④ B와 C가 서로 다른 부서에 배정되어야 한다는 조건2를 만족하지 못한다.
⑤ 홍보부에 7급이 2명 배정되어야 한다는 조건3을 만족하지 못한다.

12 다음은 어느 회사의 성과상여금 지급기준이다. 다음 기준에 따를 때 성과상여금을 가장 많이 받는 사원과 가장 적게 받는 사원의 금액 차이는 얼마인가?

〈성과상여금 지급기준〉

지급원칙

• 성과상여금은 적용대상사원에 대하여 성과(근무성적, 업무난이도, 조직 기여도의 평점 합) 순위에 따라 지급한다.

성과상여금 지급기준액

5급 이상	6급~7급	8급~9급	계약직
500만 원	400만 원	200만 원	200만 원

지급등급 및 지급률

• 5급 이상

지급등급	S등급	A등급	B등급	C등급
성과 순위	1위	2위	3위	4위 이하
지급률	180%	150%	120%	80%

• 6급 이하 및 계약직

지급등급	S등급	A등급	B등급
성과 순위	1위~2위	3~4위	5위 이하
지급률	150%	130%	100%

지급액 산정방법

개인별 성과상여금 지급액은 지급기준액에 해당등급의 지급율을 곱하여 산정한다.

〈소속사원 성과 평점〉

사원	평점			직급
	근무성적	업무난이도	조직기여도	
수현	8	5	7	계약직
이현	10	6	9	계약직
서현	8	8	6	4급
진현	5	5	8	5급
준현	9	9	10	6급
지현	9	10	8	7급

Answer ⟶ 11.① 12.③

① 260만 원   ② 340만 원

③ 400만 원   ④ 450만 원

⑤ 500만 원

 사원별로 성과상여금을 계산해보면 다음과 같다.

사원	평점 합	순위	산정금액
수현	20	5	200만 원×100%＝200만 원
이현	25	3	200만 원×130%＝260만 원
서현	22	4	500만 원×80%＝400만 원
진현	18	6	500만 원×80%＝400만 원
준현	28	1	400만 원×150%＝600만 원
지현	27	2	400만 원×150%＝600만 원

가장 많이 받은 금액은 600만 원이고 가장 적게 받은 금액은 200만 원이므로 이 둘의 차는 400만 원이다.

13 G회사에서 근무하는 S씨는 직원들의 출장비를 관리하고 있다. 이 회사의 규정이 다음과 같을 때 S씨가 甲 부장에게 지급해야 하는 총일비와 총 숙박비는 각각 얼마인가? (국가 간 이동은 모두 항공편으로 한다고 가정한다)

여행일수의 계산

여행일수는 여행에 실제로 소요되는 일수에 의한다. 국외여행의 경우에는 국내 출발일은 목적지를, 국내 도착일은 출발지를 여행하는 것으로 본다.

여비의 구분계산

• 여비 각 항목은 구분하여 계산한다.
• 같은 날에 여비액을 달리하여야 할 경우에는 많은 액을 기준으로 지급한다.

일비·숙박비의 지급

• 국외여행자의 경우는 〈국외여비정액표〉에 따라 지급한다.
• 일비는 여행일수에 따라 지급한다.
• 숙박비는 숙박하는 밤의 수에 따라 지급한다. 다만 항공편 이동 중에는 따로 숙박비를 지급하지 아니한다.

〈국외여비정액표〉

(단위 : 달러)

구분	여행국가	일비	숙박비
부장	A국	80	233
	B국	70	164

〈甲의 여행일정〉

1일째	(06:00) 출국
2일째	(07:00) A국 도착
	(18:00) 만찬
3일째	(09:00) 회의
	(15:00) A국 출국
	(17:00) B국 도착
4일째	(09:00) 회의
	(18:00) 만찬
5일째	(22:00) B국 출국
6일째	(20:00) 귀국

<table>
<tr><th></th><th>총일비(달러)</th><th>총숙박비(달러)</th></tr>
<tr><td>①</td><td>450</td><td>561</td></tr>
<tr><td>②</td><td>450</td><td>610</td></tr>
<tr><td>③</td><td>460</td><td>610</td></tr>
<tr><td>④</td><td>460</td><td>561</td></tr>
<tr><td>⑤</td><td>470</td><td>561</td></tr>
</table>

 ㉠ 1일째와 2일째는 일비가 각각 80달러이고, 3일째는 여비액이 다를 경우 많은 액을 기준으로 삼는다 했으므로 80달러, 4~6일째는 각각 70달러이다. 따라서 총일비는 450달러이다.

㉡ 1일째에서 2일째로 넘어가는 밤에는 항공편에서 숙박했고, 2일째에서 3일째 넘어가는 밤에는 숙박비가 233달러이다. 3일째에서 4일째로 넘어가는 밤과 4일째에서 5일째로 넘어가는 밤에는 각각 숙박비가 164달러이다. 5일째에서 6일째로 넘어가는 밤에는 항공편에서 숙박했다. 따라서 총숙박비는 561달러이다.

Answer ➡ 13.①

┃14~15 ┃ 공장 주변지역의 농경수 오염에 책임이 있는 기업이 총 70억 원의 예산을 가지고 피해현황 심사와 보상을 진행한다고 한다. 다음 글을 읽고 물음에 답하시오.

총 500건의 피해가 발생했고, 기업측에서는 실제 피해 현황을 심사하여 보상하기로 하였다. 심사에 소요되는 비용은 보상 예산에서 사용한다. 심사를 통해 좀 더 정확한 피해 규모를 파악할 수 있지만, 그에 따라 소요되는 비용 또한 증가하게 된다.

	1일째	2일째	3일째	4일째
일별 심사 비용(억 원)	0.5	0.7	0.9	1.1
일별 보상대상 제외건수	50	45	40	35

- 보상금 총액＝예산－심사 비용
- 표는 누적수치가 아닌, 하루에 소요되는 비용을 말함
- 일별 심사 비용은 매일 0.2억씩 증가하고 제외건수는 매일 5건씩 감소함
- 제외건수가 0이 되는 날, 심사를 중지하고 보상금을 지급함

14 기업측이 심사를 중지하는 날까지 소요되는 일별 심사 비용은 총 얼마인가?

① 15억 원 ② 15.5억 원
③ 16억 원 ④ 16.5억 원
⑤ 17억 원

 제외건수가 매일 5건씩 감소한다고 했으므로 11일째 되는 날 제외건수가 0이 되고 일별 심사 비용은 총 16.5억 원이 된다.

15 심사를 중지하고 총 500건에 대해서 보상을 한다고 할 때, 보상대상자가 받는 건당 평균 보상금은 대략 얼마인가?

① 약 1천만 원 ② 약 2천만 원
③ 약 3천만 원 ④ 약 4천만 원
⑤ 약 5천만 원

 (70억－16.5억)/500건＝1,070만 원

16 甲회사 인사부에 근무하고 있는 H부장은 각 과의 요구를 모두 충족시켜 신규직원을 배치하여야 한다. 각 과의 요구가 다음과 같을 때 홍보과에 배정되는 사람은 누구인가?

〈신규직원 배치에 대한 각 과의 요구〉
• 관리과 : 5급이 1명 배정되어야 한다.
• 홍보과 : 5급이 1명 배정되거나 6급이 2명 배정되어야 한다.
• 재무과 : B가 배정되거나 A와 E가 배정되어야 한다.
• 총무과 : C와 D가 배정되어야 한다.

〈신규직원〉
• 5급 2명(A, B)
• 6급 4명(C, D, E, F)

① A
② B
③ C와 D
④ E와 F
⑤ C, D와 F

 주어진 조건을 보면 관리과와 재무과에는 반드시 각각 5급이 1명씩 배정되고, 총무과에는 6급 2명이 배정된다. 인원수를 따져보면 홍보과에는 5급을 배정할 수 없기 때문에 6급이 2명 배정된다. 6급 4명 중에 C와 D는 총무과에 배정되므로 홍보과에 배정되는 사람은 E와 F이다. 각 과별로 배정되는 사람을 정리하면 다음과 같다.

관리과	A
홍보과	E, F
재무과	B
총무과	C, D

17 S기관은 업무처리시 오류 발생을 줄이기 위해 2016년부터 오류 점수를 계산하여 인사고과에 반영한다고 한다. 이를 위해 매월 직원별로 오류 건수를 조사하여 오류 점수를 다음과 같이 계산한다고 할 때, 가장 높은 오류 점수를 받은 사람은 누구인가?

<오류 점수 계산 방식>
• 일반 오류는 1건당 10점, 중대 오류는 1건당 20점씩 오류 점수를 부과하여 이를 합산한다.
• 전월 우수사원으로 선정된 경우, 합산한 오류 점수에서 80점을 차감하여 월별 최종 오류 점수를 계산한다.

<S기관 벌점 산정 기초자료>

직원	오류 건수(건)		전월 우수사원 선정 여부
	일반 오류	중대 오류	
A	5	20	미선정
B	10	20	미선정
C	15	15	선정
D	20	10	미선정
E	15	10	미선정

① A

② B

③ C

④ D

⑤ E

 ① A : 450점
② B : 500점
③ C : 370점
④ D : 400점
⑤ E : 350점

18 Z회사는 6대(A~F)의 자동차 생산을 주문받았다. 오늘을 포함하여 30일 이내에 자동차를 생산할 계획이며 Z회사의 하루 최대투입가능 근로자 수는 100명이다. 다음 〈공정표〉에 근거할 때 Z회사가 벌어들일 수 있는 최대 수익은 얼마인가? (단, 작업은 오늘부터 개시되며 각 근로자는 자신이 투입된 자동차의 생산이 끝나야만 다른 자동차의 생산에 투입될 수 있고 1일 필요 근로자 수 이상의 근로자가 투입되더라도 자동차당 생산 소요기간은 변하지 않는다)

〈공정표〉

자동차	소요기간	1일 필요 근로자 수	수익
A	5일	20명	15억 원
B	10일	30명	20억 원
C	10일	50명	40억 원
D	15일	40명	35억 원
E	15일	60명	45억 원
F	20일	70명	85억 원

① 150억 원
② 155억 원
③ 160억 원
④ 165억 원
⑤ 170억 원

 최대 수익을 올리는 있는 진행공정은 다음과 같다.

F(20일, 70명)			C(10일, 50명)
B(10일, 30명)	A(5일, 20명)		

F(85억)＋B(20억)＋A(15억)＋C(40억)＝160억

19 J회사 관리부에서 근무하는 L씨는 소모품 구매를 담당하고 있다. 2016년 5월 중에 다음 조건 하에서 A4용지와 토너를 살 때, 총 비용이 가장 적게 드는 경우는? (단, 2016년 5월 1일에는 A4용지와 토너는 남아 있다고 가정하며, 다 썼다는 말이 없으면 그 소모품들은 남아있다고 가정한다)

- A4용지 100장 한 묶음의 정가는 1만 원, 토너는 2만 원이다. (A4용지는 100장 단위로 구매함)
- J회사와 거래하는 ◇◇오피스는 매달 15일에 전 품목 20% 할인 행사를 한다.
- ◇◇오피스에서는 5월 5일에 A사 카드를 사용하면 정가의 10%를 할인해 준다.
- 총 비용이란 소모품 구매가격과 체감비용(소모품을 다 써서 느끼는 불편)을 합한 것이다.
- 체감비용은 A4용지와 토너 모두 하루에 500원이다.
- 체감비용을 계산할 때, 소모품을 다 쓴 당일은 포함하고 구매한 날은 포함하지 않는다.
- 소모품을 다 쓴 당일에 구매하면 체감비용은 없으며, 소모품이 남은 상태에서 새 제품을 구입할 때도 체감비용은 없다.

---

① 3일에 A4용지만 다 써서, 5일에 A사 카드로 A4용지와 토너를 살 경우

② 13일에 토너만 다 써서 당일 토너를 사고, 15일에 A4용지를 살 경우

③ 10일에 A4용지와 토너를 다 써서 15일에 A4용지와 토너를 같이 살 경우

④ 3일에 A4용지만 다 써서 당일 A4용지를 사고, 13일에 토너를 다 써서 15일에 토너만 살 경우

⑤ 5일에 A4용지를 다 써서 당일에 A사 카드로 A4용지만 사고 10일에 토너를 다 써서 15일에 토너만 살 경우

① 1,000원(체감비용)＋27,000원＝28,000원
② 20,000원(토너)＋8,000원(A4용지)＝28,000원
③ 5,000원(체감비용)＋24,000원＝29,000원
④ 10,000원(A4용지)＋1,000원(체감비용)＋16,000원(토너)＝27,000원
⑤ 9,000원(A4용지)＋2,500원(체감비용)＋16,000원(토너)＝27,500원

20 다음에서 설명하는 예산제도는 무엇인가?

> 이것은 정부 예산이 여성과 남성에게 미치는 영향을 평가하고 이를 반영함으로써 예산에 뒷받침되는 정책과 프로그램이 성별 형평성을 담보하고, 편견과 고정관념을 배제하며, 남녀 차이를 고려하여 의도하지 않은 예산의 불평등한 배분효과를 파악하고, 이에 대한 개선안을 제시함으로써 궁극적으로 예산의 배분규칙을 재정립할 수 있도록 하는 제도이다. 또한 정책의 공정성을 높일 수 있으며, 남녀의 차이를 고려하므로 정책이 더 효율적이고 양성 평등한 결과를 기대할 수 있다. 그리하여 남성과 여성이 동등한 수준의 삶의 질을 향유할 수 있다는 장점이 있다.

① 품목별예산제도   ② 성인지예산제도

③ 영기준예산제도   ④ 성과주의예산제도

⑤ 주민참여예산제도

 ① **품목별 예산제도** : 지출대상을 품목별로 분류해 그 지출대상과 한계를 명확히 규정하는 통제지향적 예산제도
③ **영기준예산제도** : 모든 예산항목에 대해 전년도 예산을 기준으로 잠정적인 예산을 책정하지 않고 모든 사업계획과 활동에 대해 법정경비 부분을 제외하고 영 기준(zero-base)을 적용하여 과거의 실적이나 효과, 정책의 우선순위를 엄격히 심사해 편성한 예산제도
④ **성과주의예산제도** : 예산을 기능별, 사업계획별, 활동별로 분류하여 예산의 지출과 성과의 관계를 명백히 하기 위한 예산제도
⑤ **주민참여예산제도** : 지방지치단체 예산편성에 주민이 직접 참여할 수 있도록 한 제도

Answer 19.④   20.②

21 다음 사례에 나오는 효진의 시간관리 유형은 무엇인가?

> 효진은 하루 24시간 중 8시간의 회사 업무 이외에도 8시간을 효율적으로 활용하고 8시간동안 충분히 숙면도 취한다. 그녀는 어느 누구보다도 하루하루를 정신없이 바쁘게 살아가는 사람 중 한 명이다.

① 시간 창조형　　　　　　　② 시간 소비형
③ 시간 절약형　　　　　　　④ 시간 파괴형
⑤ 시간 틈새형

 시간관리의 유형
　㉠ **시간 창조형(24시간형 인간)** : 긍정적이며 에너지가 넘치고 빈틈없는 시간계획을 통해 비전과 목표 및 행동을 실천하는 사람
　㉡ **시간 절약형(16시간형 인간)** : 8시간 회사 업무 이외에도 8시간을 효율적으로 활용하고 8시간을 자는 사람. 정신없이 바쁘게 살아가는 사람
　㉢ **시간 소비형(8시간형 인간)** : 8시간 일하고 16시간을 제대로 활용하지 못하며 빈둥대면서 살아가는 사람, 시간은 많은데도 불구하고 마음은 쫓겨 항상 바쁜 척하고 허둥대는 사람
　㉣ **시간 파괴형(0시간형 인간)** : 주어진 시간을 제대로 활용하기는커녕 시간관념이 없이 자신의 시간은 물론 남의 시간마저 죽이는 사람

22 다음 사례를 읽고 분석한 내용으로 옳지 않은 것은?

> 경수는 영화를 보기 위해 5,000원을 지불하고 영화표를 예매하였다. 하지만 영화를 보기로 한 날 갑작스럽게 친구가 등산을 가자고 제안하였다. 경수는 잠시 고민하였지만 결국 영화를 보기로 결정하고 친구와의 등산은 다음으로 미뤘다. 여기서 영화 관람과 등산에 소요되는 시간은 동일하고 경수에게 영화 관람의 편익은 10,000원이고 등산의 편익은 3,000원이다. 또한 영화표의 환불이나 양도는 불가하다.

① 영화 관람과 등산 중 경수에게 더 큰 실익을 주는 것은 영화관람이다.
② 영화 관람으로 인한 기회비용은 3,000원이다.
③ 경수가 영화를 관람하기로 한 것은 합리적 선택이다.
④ 영화 관람을 위해 지불한 5,000원은 회수할 수 없는 한계비용이다.
⑤ 영화 관람으로 인한 기회비용은 영화 관람으로 인한 매몰비용보다 적다.

④ 영화 관람을 위해 지불한 5,000원은 회수할 수 없는 매몰비용이다.

※ 매몰비용과 한계비용

ㄱ 매몰비용 : 이미 매몰되어 다시 되돌릴 수 없는 비용으로 의사결정을 하고 실행한 후에 발생하는 비용 중 회수할 수 없는 비용을 말한다.

ㄴ 한계비용 : 생산물 한 단위를 추가로 생산할 때 필요한 총 비용의 증가분을 말한다.

23 업무상 지출하는 비용은 회계 상 크게 직접비와 간접비로 구분할 수 있으며, 이러한 지출 비용을 개인의 가계에 대입하여 구분할 수도 있다. M씨의 개인 지출 내역이 다음과 같을 경우, M씨의 전체 지출 중 간접비가 차지하는 비중은 얼마인가?

(단위 : 만 원)

보험료	공과금	외식비	전세 보증금	자동차 보험료	의류 구매	병원 치료비
20	55	60	10,000	11	40	15

① 약 13.5%

② 약 8.8%

③ 약 0.99%

④ 약 4.3%

⑤ 약 2.6%

 업무상 지출의 개념이 개인 가계에 적용될 경우, 의식주에 직접적으로 필요한 비용은 직접비용, 세금, 보험료 등의 비용은 간접비용에 해당된다. 따라서 간접비용은 보험료, 공과금, 자동차 보험료, 병원비로 볼 수 있다. 총 지출 비용이 10,201만 원이며, 이 중 간접비용이 20+55+11+15=101만 원이므로 101÷10,201×100=약 0.99%가 됨을 알 수 있다.

24 어느 회사에서 영업부, 편집부, 홍보부, 전산부, 영상부, 사무부에 대한 직무조사 순서를 정할 때 다음과 같은 조건을 충족시켜야 한다면 순서로 가능한 것은?

> • 편집부에 대한 조사는 전산부 또는 영상부 중 어느 한 부서에 대한 조사보다 먼저 시작되어야 한다.
> • 사무부에 대한 조사는 홍보부나 전산부에 대한 조사보다 늦게 시작될 수는 있으나, 영상부에 대한 조사보다 나중에 시작될 수 없다.
> • 영업부에 대한 조사는 아무리 늦어도 홍보부 또는 전산부 중 적어도 어느 한 부서에 대한 조사보다는 먼저 시작되어야 한다.

① 홍보부 – 편집부 – 사무부 – 영상부 – 전산부 – 영업부
② 영상부 – 홍보부 – 편집부 – 영업부 – 사무부 – 전산부
③ 전산부 – 영업부 – 편집부 – 영상부 – 사무부 – 홍보부
④ 편집부 – 홍보부 – 영업부 – 사무부 – 영상부 – 전산부
⑤ 편집부 – 홍보부 – 사무부 – 영상부 – 영업부 – 전산부

(Tip) ②③은 사무부가 영상부에 대한 조사보다 나중에 시작될 수 없다는 조건과 모순된다. ①은 영업부에 대한 조사가 홍보부 또는 전산부 중 적어도 어느 한 부서에 대한 조사보다는 먼저 시작되어야 한다는 조건에 모순된다. 따라서 가능한 답은 ④이다.

25 다음은 신입직원인 동성과 성종이 기록한 일기의 한 부분이다. 이에 대한 설명으로 옳지 않은 것은?

동성의 일기

2016. 2. 5 금
　… 중국어 실력이 부족하여 하루 종일 중국어를 해석하는데 온 시간을 투자하였고 동료에게 무시를 당했다. 평소 중국어 공부를 소홀히 한 것이 후회스럽다.

2016. 2. 13 토
　… 주말이지만 중국어 학원을 등록하여 오늘부터 중국어 수업을 들었다. 회사 업무도 업무지만 중국어는 앞으로 언젠가는 필요할 것이니까 지금부터라도 차근차근 배워야겠다.

성종의 일기

2016. 2. 21 일
　오늘은 고등학교 동창들과 만든 테니스 모임이 있는 날이다. 여기서 친구들과 신나게 운동을 하면 지금까지 쌓였던 피로가 한 순간에 날아간다. 지난 한 주의 스트레스를 오늘 여기서 다 날려 버리고 내일 다시 새로운 한 주를 시작해야지.

2016. 2. 26 금
　업무가 끝난 후 오랜만에 대학 친구들과 회식을 하였다. 그 중에서 한 친구는 자신의 아들이 이번에 ○○대학병원 인턴으로 가게 됐는데 직접 환자를 수술하는 상황에 처하자 두려움이 생겨 실수를 하여 직위해제 되었다며 아들 걱정을 하였다. 그에 비하면 나는 비록 작은 회사에 다니지만 그래도 내 적성과 맞는 직업을 택해 매우 다행이라는 생각이 문득 들었다.

---

① 성종은 비공식조직의 순기능을 경험하고 있다.

② 동성은 재사회화 과정을 거치고 있다.

③ 성종은 적성과 직업의 불일치 상황에 놓여 있다.

④ 동성은 업무수행에 있어 비공식적 제재를 받았다.

⑤ 성종의 친구 아들은 공식적 제재를 받았다.

(Tip) ③ 직업불일치 상황에 놓여 있는 것은 성종의 친구 아들이다.

Answer↪ 24.④ 25.③

PART

III

한국사 및 영어

01 한국사

1 다음 중 백제와 관련된 유물로 옳은 것은?

①

②

③

④

⑤

 ① 백제의 금동대향로이다. 충남 부여군 부여읍 능산리 절터에서 출토된 것으로 도교사상과 관련이 있고, 국보 제287호이다.
② 신라 첨성대
③ 고구려 광개토대왕릉비
④ 신라 화순 쌍봉사 철감 선사탑
⑤ 발해 이불병좌상

2 다음 지문의 내용과 관련된 왕은 누구인가?

> 1392년 조선을 건국한 후 만으로 6년이 지난 1398년 음력 8월 26일 왕위 계승 문제를 둘러싸고 난이 일어났다. 훗날 (   )과 이방간 왕자들이 중심이었다 하여 이를 왕자의 난이라 부르고, 2년 후인 1400년에 일어난 난과 구별하여 제1차 왕자의 난이라 한다.

① 태조   ② 정종

③ 태종   ④ 세종

⑤ 문종

 ③ 태종 이방원은 제1차 왕자의 난으로 정도전과 세자 방석 등을 제거하고 정치적 실권을 장악했다. 이후 제2차 왕자의 난을 진압하며 세자로 책봉, 1400년 11월 정종의 뒤를 이어 조선의 제3대 왕으로 등극한다.

3 다음 중 6조에 대한 설명으로 옳은 것은?

① 이조 : 나라의 인구과 가구수 그리고 토지를 파악하여 해마다 곡식의 생산을 산출하여 그에 맞는 조세를 부과하는 일 등을 맡아보던 관청이다.

② 호조 : 관직에 등용된 사람들에게 그 직을 정하여 주고, 나라에 공이 있는 사람들을 치하하여 공신으로 봉작하고 여러 관직의 관원들의 성적을 평점하는 등의 일을 하던 곳이다.

③ 예조 : 법률 및 사건 발생시 소송 그리고 죄에 대한 형벌을 내리고, 노예의 관리도 함께 맡아보던 관청이다.

④ 형조 : 예법과 예술, 종묘제례, 사신대접, 관원이 임금에게 문안이나 정사를 아뢰는 일 등의 국가교류에 대한 일을 맡아보던 관청이다.

⑤ 공조 : 산림관리를 비롯하여 물건을 만드는 공장 건물을 짓는 일에 관한 일을 맡아보던 관청이다.

 ① 호조 ② 이조 ③ 형조 ④ 예조

Answer 1.① 2.③ 3.⑤

4 다음 ( ) 안에 들어갈 말로 적절한 것은?

> ( )은 급진 개화파 서재필이 갑신정변에 실패하자 미국으로 망명하였다가 돌아와서 창간한 신문이다. 서재필은 신문을 통해서 정치개혁과 구습 타파를 외치면서 국민을 계도했고 영문판은 외국인들에게 조선의 실정을 알리는 국가 홍보를 담당했다. 한글 전용과 구독료를 싸게 책정하여 신문의 대중화를 촉진하면서 정부의 잘못과 관리들의 무능 부패를 비판하고 외세 침탈에 저항하는 언론의 전통을 세우는 기초를 닦았다.

① 한성순보
② 황성신문
③ 대한매일신보
④ 독립신문
⑤ 제국신문

 ④ 미국에서 귀국한 서재필이 정부로부터 4,400원의 자금을 지급받아 1896년 4월 7일 창간하였다. 처음에는 가로 22cm, 세로 33cm의 국배판 정도 크기로 4면 가운데 3면은 한글 전용 「독립신문」으로 편집하고, 마지막 1면은 영문판 「The Independent」로 편집하였다. 창간 이듬해인 1897년 1월 5일자부터 국문판과 영문판을 분리하여 두 가지 신문을 발행하였다. 이 신문은 여러 가지로 한국 신문사상 획기적인 위치를 차지할 뿐만 아니라, 19세기 말 한국사회의 발전과 민중의 계몽을 위하여 지대한 역할을 수행한 한 시대의 기념비적인 신문으로 평가받고 있다.

5 다음 중 고구려에 대한 설명으로 옳지 않은 것은?

① 공사상과 비유비무를 강조하는 삼론종이 융성하였다.
② 태학을 세워 인재를 양성하였다.
③ 양인이었다가 노비가 된 사람을 조사하여 다시 양인이 될 수 있도록 조처한 법을 시행하였다.
④ 소수림왕 때에 불교를 받아들였다.
⑤ 신부 집 뒤에 집을 짓고 살다가 자식을 낳아 장성하면 아내를 데리고 신랑 집으로 돌아가는 제도가 있었다.

 ③ 노비안검법에 관한 설명이다. 노비안검법은 고려 초기 광종 때 시행하였던 제도이다. 광종은 노비의 안검을 명령하고 억울하게 노비가 된 양인을 회복시켰는데, 이것은 호족에게 귀속되던 세를 국가에 환원시키고 호족의 사병을 감소시킴으로써 호족의 약화와 왕권의 강화라는 결과를 가져오게 하였다.

6 다음 제시된 글과 관련된 국가와 맺지 않은 조약은?

> 고종 3년(1866)에 제너럴 셔먼 호가 대동강을 통해 와서 통상을 요구하다가, 평양 군민이 불살라 버린 사건에 대한 문책을 구실로 로저스 제독이 5척의 군함으로 강화도를 공격하여 왔다. 이를 조선의 수비대가 광성보와 갑곶 등지에서 미국 함대를 격퇴시켰다. 흥선대원군은 "서양 오랑캐가 침범하여 싸우지 않음은 곧 화의하는 것이요, 화의를 주장함은 나라를 파는 것이다(양이침범 비전즉화 주화매국(洋夷侵犯 非戰則和 主和賣國))."라는 내용의 척화비를 각지에 세우고 통상수교 거부정책을 확고하게 유지하였다. 이러한 대외 정책은 외세의 침략을 일시적으로 저지하는 데에는 성공하였으나, 조선의 문호 개방을 늦추는 결과를 가져왔다.

① 대륙붕협약 　　　　　② 주둔군지위협정
③ 자유무역협정 　　　　④ 투자협정
⑤ 항공안전협정

 제시된 글은 신미양요에 관한 설명이다. 신미양요는 미국이 제너럴셔먼호 사건을 계기로 조선과의 통상관계 수립을 목적으로 인해 벌어졌다.
① 한일 대륙붕협약은 1974년 1월 30일에 서울특별시에서 대한민국과 일본이 서로 체결한 2개의 조약으로, 정식 명칭은 대한민국과 일본국 간의 양국에 인접한 대륙붕 북부구역경계 획정에 관한 협정 및 대한민국과 일본국 간의 양국에 인접한 대륙붕 남부구역공동개발에 관한 협정이다. 1978년 6월 22일부터 발효되었다.

7 다음 중 설명이 다른 하나는?

① 1963년 사적 제57호로 지정되었으며, 2014년에는 유네스코에 의해 세계문화유산으로 지정되었다.
② 군수 물자를 저장하는 특수 창고를 설치한 중요한 거점성이었다.
③ 갑곶진과 더불어 강화 입구를 지키는 성으로, 1694년(숙종 20)에 축성되었다.
④ 조선시대에는 외성과 옹성을 갖춘 전형적인 산성이면서, 산성의 변화 과정과 기능을 이해하는데 가장 중요한 유적으로 평가되고 있다.
⑤ 신라 문무왕 때 쌓은 주장성의 옛터를 활용하여 1624년에 축성하였다.

 ①②④⑤ 남한산성에 관한 설명이다.
③ 문수산성에 관한 설명이다.

Answer↝ 4.④　5.③　6.①　7.③

8 다음 중 상인에 대한 설명으로 옳은 것은?

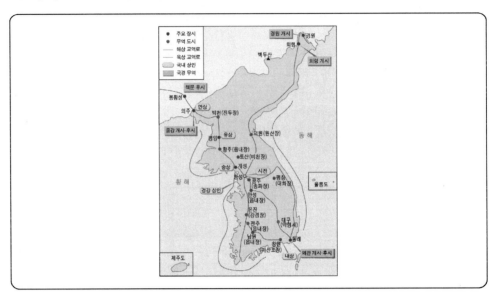

① 만상 – 주로 청과의 무역에 종사하였다.

② 유상 – 황국 중앙 총상회를 조직하였다.

③ 송상 – 육의전 상인이 대표적이었다.

④ 경강 상인 – 각지에 송방이라는 지점을 설치하였다.

⑤ 내상 – 금난전권을 통해 사상을 억압하였다.

 ②③ 경강 상인에 관한 설명이다.
④ 송상에 관한 설명이다.
⑤ 시전상인에 관한 설명이다.

9 다음의 일이 일어난 결과 발생한 사실로 옳은 것은?

> "만약 상국 국경을 침범해 천자에게 죄를 진다면 나라와 백성의 운명은 끝날 것이다. 나는 합당한 이치로 글을 올려 군사를 돌이킬 것을 청하였다. 그러나 왕은 살피지 아니하였고 최영도 늙고 혼몽하여 듣지 아니하였다. 너희들은 나와 함께 왕을 만나 직접 진실을 말하고 임금 곁에는 악인을 없애 백성을 편안하게 하지 않겠는가?" 여러 장수들이 모두 말하였다. "우리나라 사직의 안위가 공에 매여 있으니 감히 명령대로 따르지 않겠습니까?" 군사를 돌이켜 압록강에 이르러 흰 말을 타고 활과 화살을 잡고 언덕 위에 서서 군사가 다 건너기를 기다렸다.
>
> – 고려사 –

① 요동 지방에 대한 정벌이 단행되었다.

② 명이 고려에 철령 이북의 땅을 요구하였다.

③ 권문세족들이 권력을 배경으로 농장을 확대하였다.

④ 홍건적을 이끈 주원장이 난징을 수도로 명을 세웠다.

⑤ 과전법을 비롯한 사회 전반에 대한 개혁이 실시되었다.

 제시된 자료는 이성계가 위화도에서 회군하는 모습을 보여 주고 있다. 이성계는 위화도 회군 이후 최영을 제거하고 우왕을 폐위한 후 정치적 실권을 장악하였다.
① 고려 정부는 요동 지방에 대한 정벌을 시도하였으나, 이에 반대한 이성계가 위화도에서 회군하였다.
② 명이 고려에 철령 이북의 땅을 요구한 것을 계기로 요동 정벌을 계획하였다.
③ 신진 사대부는 위화도 회군 이전부터 권문세족들이 농장을 확대하고 있던 세태를 비판하였다.
④ 홍건적을 이끈 주원장이 명을 건국한 이후 고려에 철령 이북의 땅을 요구하였다.

Answer 8.① 9.⑤

10 다음 퍼즐 안에 들어가지 않은 글자는 무엇인가?

	1.		1)		2)
		2.		3)	

[가로]
1. 고려 말에 원나라 지배에서 벗어나고자 과감한 개혁정치를 단행한 왕
2. 고려시대 국립교육기관으로 국가에서 필요한 인재를 양성하기 위한 최고의 교육기관

[세로]
1) 신라의 승려 혜초가 고대 인도의 5천축국을 답사하고 쓴 여행기
2) 고구려시대의 빈민구호제도로 춘궁기에 국가에서 곡식을 대여하였다가 수확기에 갚게
   하는 제도
3) 조선시대 각 도의 감사가 정무를 보던 관아

① 군 ② 공
③ 진 ④ 법
⑤ 민

1.공	민	1)왕		2)진
		오		대
		천		법
		축		
		2.국	자	3)감
		전		영

11 다음 사건과 관련된 단체는 무엇인가?

> • 밀양 · 진영 폭탄반입사건
> • 상해 황포탄 의거
> • 종로경찰서 폭탄투척 및 삼판통 · 효제동 의거
> • 동경 니주바시 폭탄투척의거
> • 동양척식회사 및 식산은행폭탄투척의거

① 한국광복군 ② 한인애국단
③ 구국모험단 ④ 대한독립군단
⑤ 의열단

 제시된 사건과 관련 있는 단체는 의열단이다.
　⑤ 의열단 : 1919년 11월 만주에서 조직된 독립운동단체
　① 한국광복군 : 1940년 중국 충칭에서 창설된 대한민국 임시정부의 군대
　② 한인애국단 : 1931년 중국 상해에서 조직된 독립운동단체
　③ 구국모험단 : 1919년 중국 상해에서 조직된 독립운동단체
　④ 대한독립군단 : 1920년 만주에서 조직된 독립군 연합부대

12 다음 제시된 내용과 가장 관련이 깊은 인물은?

> • 토지 개혁론으로 한전론을 주장하였다.
> • 「성호사설」, 「곽우록」 등을 저술하였다.
> • 나라를 좀먹는 6가지 폐단을 지적하였다.
> • 환곡제도 대신 사창제도의 실시를 주장하였다.

① 정약용 ② 유형원
③ 박지원 ④ 이익
⑤ 김육

 성호 이익(1681~1763)
　㉠ 이익학파 형성 : 유형원의 실학사상을 계승 · 발전시켜 안정복, 이중환 등의 제자를 길러냈다.
　㉡ 한전론 주장 : 한 가정의 생활을 유지하는 데 필요한 일정한 토지를 영업전으로 정하여
　　 법으로 매매를 금지하고 나머지 토지만을 매매 허용해야 한다고 주장했다.
　㉢ 6가지 폐단 지적 : 나라를 좀먹는 6가지 폐단으로 양반문벌제도, 노비제도, 과거제도, 사
　　 치와 미신, 승려, 게으름을 지적하였다.
　㉣ 폐전론과 사창제도 주장 : 농민을 괴롭히고 있던 고리대와 화폐의 폐단을 비판하고 환곡
　　 제도 대신 사창제도의 실시를 주장했다.

Answer ↪ 10.① 11.⑤ 12.④

13 다음 자료의 조세제도와 관련된 왕에 대한 설명으로 옳은 것은?

> 토지의 조세는 비옥도와 연분의 높고 낮음에 따라 거둔다. 감사는 각 읍(邑)마다 연분을 살펴 정하되, 곡식의 작황이 비록 같지 않더라도 종합하여 10분을 기준으로 삼아 소출이 10분이면 상상년, 9분이면 상중년 … 2분이면 하하년으로 각각 등급을 정하여 보고한다. 이를 바탕으로 의정부와 6조에서 의논하여 결정한다.

① 규장각을 설치하고 능력 있는 서얼들을 대거 등용하였다.

② 「향약집성방」, 「의방유취」 등의 의약서적들이 편찬되었다.

③ 이시애가 난을 일으키자 이를 평정하고 중앙집권 체제를 공고히 수립하였다.

④ 「동국여지승람」, 「동국통감」, 「동문선」, 「오례의」, 「악학궤범」 등의 서적을 간행하였다.

⑤ 조선과 청국 사이에 국경선을 표시하기 위해 백두산정계비를 세웠다.

 제시된 자료는 조선 세종 때 실시된 연분 9등법과 전분 6등법에 대한 내용이다.
① 정조와 관련된 내용이다.
③ 세조와 관련된 내용이다.
④ 성종과 관련된 내용이다.
⑤ 숙종과 관련된 내용이다.

14 다음의 역사적 사실들을 시대 순으로 바르게 배열한 것은?

> ㉠ 성문사를 창건하여 순도를 머무르게 하고, 이불란사를 창건하여 아도를 머무르게 했다.
> ㉡ 고구려를 침범하여 평양성을 공격하고 고국원왕을 전사시켰다.
> ㉢ 한성(漢城)을 빼앗기고 웅진(熊津, 충청남도 공주)으로 도읍을 옮겼다.
> ㉣ 광개토왕의 훈적을 기념하기 위해 국내성에 광개토대왕비를 세웠다.

① ㉠-㉡-㉢-㉣   ② ㉢-㉣-㉠-㉡

③ ㉡-㉠-㉣-㉢   ④ ㉣-㉢-㉡-㉠

⑤ ㉡-㉣-㉠-㉢

 ㉡ 371년(근초고왕 26) ㉠ 375년(소수림왕 5) ㉣ 414년(장수왕 3) ㉢ 475년(문주왕 즉위년)

15 다음에 해당하는 나라에 대한 설명으로 옳은 것을 모두 고르면?

> 습속에 서적을 좋아하여 문지기, 말먹이꾼의 집에 이르기까지 각기 큰 거리에 커다란 집을 짓고 이를 경당(扃堂)이라 부른다. 자제들이 혼인하기 전까지 밤낮으로 여기에서 글을 읽고 활을 익히게 한다.
>
> – 「구당서」 –
>
> 임금이 태학(太學)을 세워 자제들을 교육하였다.
>
> – 「삼국사기」 –

> ㉠ 12월에 영고(迎鼓)라는 축제를 거행하였다.
> ㉡ 대대로, 태대형, 대로, 욕살 등의 관직을 두었다.
> ㉢ 모반이나 반역을 한 자가 있으면 군중을 모아 횃불로 불사른 뒤 머리를 베고 가속은 모두 적몰한다.
> ㉣ 매년 10월 무천이라는 제천행사를 통해 밤낮없이 술을 마시고 노래를 부르고 춤을 춘다.
> ㉤ 10월에 동맹이라는 제천행사를 통해 하늘에 제사를 지낸다.
> ㉥ 제사장인 천군은 신성 지역인 소도에서 의례를 주관하였다.

① ㉠, ㉡, ㉢   ② ㉡, ㉢, ㉤

③ ㉠, ㉢, ㉥   ④ ㉡, ㉣, ㉥

⑤ ㉣, ㉤, ㉥

 위에 제시된 나라는 고구려이다.
㉡㉢㉤ 고구려 ㉠ 부여 ㉣ 동예 ㉥ 삼한

16 다음은 백제의 각 시대의 수도를 나타낸 것이다. ㈐ 시기의 설명으로 옳지 않은 것은?

> 한성시대 → 웅진시대 → ㈐

① 동성왕은 북위에 대해서는 위로, 흉리로 폄하하는 등 대립각을 세웠다.

② 성왕은 국호를 남부여로 개칭하고 중앙과 지방의 제도를 정비하였다.

③ 무령왕은 지방 22담로에 왕족을 파견하여 지방통제를 강화하였다.

④ 무왕은 현존 최고(最古)의 석탑인 미륵사지 석탑을 건립하였다.

⑤ 위덕왕은 성왕의 명복을 빌기 위해 능사를 창건하고 금동대향로를 만들었다.

 ① 동성왕은 웅진시대의 왕이다.
㈎ 한성시대 : 한강유역의 문화적, 지리적 이점으로 인해 선진 문화를 적극 수용하였으며 그로 인해 삼국 중 가장 먼저 중흥기를 누렸다.
㈏ 웅진시대 : 고구려 장수왕의 남진정책으로 인해 한성이 함락당한 후 천도하였고 천도 후 왕권의 약화, 무역의 침체 등으로 인해 국력이 쇠퇴하였다.
㈐ 사비시대 : 성왕은 사비로 수도를 천도한 뒤 국호를 남부여로 개칭하고 중앙과 지방의 제도를 정비하는 등 백제의 재중흥을 꿈꿨으나 관산성 전투에서 신라에게 패배, 전사하였다.

17 다음 제시된 자료의 밑줄 친 '이것'에 참여한 인물을 〈보기〉에서 고르면?

> '이것'은 한국 임시정부 수립 문제를 해결할 목적으로 중도파와 좌우 정치인들이 중심이 되어 1946년 5월 25일 구성되었다. 1946년 초 서울에서 열린 제1차 미소공동위원회가 아무 성과도 없이 결렬되고 좌·우익의 대립이 격화되면서 중도파 세력들은 위기감을 느꼈다. 좌우파의 중도계열 인사들은 좌·우파 협의기구 설립에 나섰고 미군정 당국도 이를 지원하여 이에 '이것'이 구성되었다.

〈보기〉
㉠ 김구   ㉡ 여운형
㉢ 이승만   ㉣ 김규식

① ㉠, ㉡   ② ㉡, ㉢

③ ㉠, ㉢   ④ ㉡, ㉣

⑤ ㉢, ㉣

 위의 제시된 자료의 '이것'은 좌우 합작 위원회를 말한다. 당시 좌우 합작 위원회에 참여한 대표적인 인물로 남측의 김규식과 북측의 여운형 등이 있다.

18 다음 자료에서 제시된 ㈎, ㈏ 국가에 대한 설명으로 옳은 것은?

> ㈎ 이 나라는 변한의 12소국, 소국 연맹체, 초기 고대국가 등의 단계를 거쳤다. 서기전 1세기 낙동강 유역에 세형동검과 관련된 청동기 및 초기 철기 문화가 유입되면서 문화 기반이 성립되었다. … 이 나라는 연맹왕국으로 있었는데 크게 전기와 후기로 나뉘어 전기 연맹은 4세기 말 5세기 초에 몰락하고 후기 연맹은 6세기 중반에 신라에 모두 병합되었다.
>
> ㈏ 시조의 성은 박씨이고 이름은 혁거세이다. 전한 효선제 오봉 원년 갑자 4월 병진일에 왕위에 올랐다. 왕호는 거서간이다. 이 때 나이 열세 살이었으며 나라 이름은 서라벌이었다.

① ㈎는 왕 아래에 마가, 우가, 저가, 구가 등의 벼슬을 두었다.
② ㈏의 시조는 고구려와 함께 부여계통의 인물이다.
③ ㈎와 ㈏ 모두 중앙집권국가로 발전하였다.
④ ㈎는 철 생산 능력이 우월하여 일찍이 왜국에 철 소재 자원 및 철기제작 기술을 전수하였다.
⑤ ㈏는 왜와 교류를 하였는데 대표적인 유물로 칠지도가 있다.

 ㈎는 가야에 대한 내용이고 ㈏는 신라에 대한 내용이다.
① 부여에 대한 설명이다.
②⑤ 백제에 대한 설명이다.
③ 가야는 중앙집권국가로 발전하지 못하였다.

19 다음 제도를 처음 시행한 왕의 업적으로 옳은 것은?

> • 집집마다 부과하던 공물을 토지 결수에 따라 쌀·삼베·무명·동전 등으로 납부하는 제도로 1경당 미곡 12두만을 납부한다.
> • 이원익, 한백겸 등의 주장으로 경기도에 처음 시행되었다.

① 대전회통 편찬　　　　　② 장용영 설치
③ 중립외교 실시　　　　　④ 백두산정계비 설치
⑤ 북벌 추진

 대동법은 광해군(1608) 때 이원익, 한백겸 등의 주장으로 경기도에 처음 시행되었으며 숙종(1708) 때 이르러 함경도와 평안도를 제외한 전국에서 실시되었다.
　① 흥선대원군
　② 정조
　④ 숙종
　⑤ 효종

20 다음에서 설명하는 왕의 업적으로 옳은 것은?

> 　왕이 대궐로 돌아와 그 대나무로 피리를 만들어 원서의 천존고에 간직해 두었는데 이 피리를 불면 적병이 물러가고 병이 나으며 가물 때는 비가 내리고…. 바람이 자고 파도가 가라앉으므로 이것을 국보로 삼았다.
>
> 　　　　　　　　　　　　　　　　　　　　　　　　　－「삼국유사」－

① 신라에 쳐들어 온 왜를 무찔렀다.
② 웅진으로 도읍을 옮겼다.
③ 당나라와 연합하여 백제를 멸망시켰다.
④ 관료전 제도를 실시하고 녹읍을 혁파하였다.
⑤ 좌평제를 22부사제로 개혁하였다.

 제시된 자료에 나오는 왕은 신문왕이다.
　① 광개토대왕
　② 문주왕
　③ 태종무열왕
　⑤ 무령왕

21 다음 자료를 읽고 이 자료의 배경이 된 전쟁과 관련된 것을 모두 고르면?

> 이십삼일 동서남문의 영문에서 군사를 내고 임금께서는 북문에서 싸움을 독촉하셨다.
>
> 이십사일 큰 비가 내리니 성첩(城堞)을 지키는 군사들이 모두 옷을 적시고 얼어 죽은 사람이 많으니 임금이 세자와 함께 뜰 가운데에 서서 하늘에 빌어 가로대, "오늘날 이렇게 이른 것은 우리 부자가 죄를 지었음이니 이 성의 군사들과 백성들이 무슨 죄가 있으리오. 하늘께서는 우리 부자에게 재앙을 내리시고 원컨대 만민을 살려주소서." 여러 신하들이 안으로 드시기를 청하였지만 임금께서 허락하지 아니하시더니 얼마 있지 않아 비가 그치고 날씨가 차지 아니하니 성중의 사람들이 감격하여 울지 않은 이가 없더라.
>
> 이십육일 이경직, 김신국이 술과 고기, 은합을 가지고 적진에 들어가니 적장이 가로되, "우리 군중에서는 날마다 소를 잡고 보물이 산처럼 높이 쌓여 있으니 이따위 것을 무엇에 쓰리오. 네 나라 군신(君臣)들이 돌구멍에서 굶은 지 오래되었으니 가히 스스로 쓰는 것이 좋을 듯 하도다."하고 마침내 받지 않고 도로 보냈다.

> ㉠ 권율은 행주산성에서 일본군을 크게 무찔렀다.
> ㉡ 왕이 삼전도에서 항복의 예를 함으로써 전쟁은 일단락되었다.
> ㉢ 진주목사 김시민이 지휘한 조선군은 진주성에서 일본군에게 막대한 피해를 입혔다.
> ㉣ 전쟁이 끝난 후 조선은 명과의 관계를 완전히 끊고 청나라에 복속하였다.
> ㉤ 청은 소현세자와 봉림대군을 비롯하여 대신들의 아들을 볼모로 데려갔다.

① ㉠, ㉡, ㉢　　　　　　　　　　② ㉠, ㉢, ㉤

③ ㉡, ㉣, ㉤　　　　　　　　　　④ ㉡, ㉢, ㉣

⑤ ㉢, ㉣, ㉤

 제시된 자료는 산성일기의 일부로 이 작품의 배경과 관련된 전쟁은 병자호란이다. 따라서 병자호란과 관련된 것은 ㉡㉣㉤이다.
㉠ 임진왜란 때의 행주대첩 ㉢ 임진왜란 때의 진주대첩

22 다음에서 설명하는 사상에 대한 설명으로 옳지 않은 것은?

> 산세나 지형이 인간 생활에 영향을 끼친다는 사상으로, 도선에 의해 널리 보급되었다. 방위(方位)를 청룡·주작·백호·현무의 4가지로 나누어 모든 산천(山川)은 이들 4개의 동물을 상징하는 것으로 간주하였고, 어느 것을 주로 하는가는 그 장소나 풍수에 따라 다르게 된다. 그리고 땅 속에 흐르고 있는 정기(正氣)가 물에 의하여 방해되거나 바람에 의하여 흩어지지 않는 장소를 산천의 형세에 따라 선택하여 주거(住居)를 짓거나 조상의 묘를 쓰면 자손은 그 정기를 받아 부귀복수(富貴福壽)를 누리게 된다고 믿었다.

① 신라 말에 경주 외 지방의 중요성을 자각하는 계기가 되었다.
② 고려 초기에는 서경 천도와 북진 정책 추진의 이론적 근거가 되었다.
③ 6두품에 의해 정치 이념으로 발달하였다.
④ 고려 중기에는 한양 명당설이 대두하여 한양이 남경으로 승격되었다.
⑤ 조선 건국 이후 한양 천도와 양반 사대부의 산송 문제에도 영향을 끼쳤다.

 풍수지리설은 경주 중심의 지리 개념에서 벗어나 지방의 중요성을 강조하였으며 지방 호족들과 유학자들의 관심을 받았다.

23 조선의 건국 과정을 순서대로 나열한 것은?

> ㉠ 한양 천도　　　　　　　　㉡ 조선 건국
> ㉢ 위화도 회군　　　　　　　　㉣ 과전법 실시

① ㉠ - ㉡ - ㉢ - ㉣　　　　　　② ㉠ - ㉢ - ㉡ - ㉠
③ ㉢ - ㉠ - ㉡ - ㉣　　　　　　④ ㉢ - ㉣ - ㉡ - ㉠
⑤ ㉣ - ㉢ - ㉠ - ㉡

 이성계는 위화도 회군(1388)으로 정치적 실권을 장악한 후 신진 사대부의 경제적 기반을 마련하기 위해 과전법을 실시(1391)하였다. 그리고 반대 세력을 제거한 후 조선을 건국(1392)하고 한양으로 도읍을 옮겼다(1394).

24 다음 지도를 참고하여 각 지역의 봉기와 그 내용이 옳지 않은 것을 고르면?

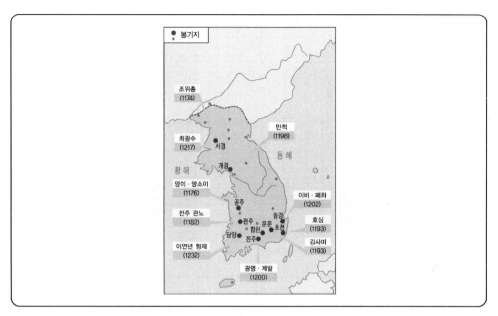

① 만적의 난 – 노비들의 신분 해방 운동
② 김보당·조위총의 난 – 농민들의 신분 해방 운동
③ 전주 관노의 난 – 지방관의 가혹한 수탈에 반발
④ 김사미·효심의 봉기 – 경주와 강릉지역까지 세력 확대
⑤ 망이·망소이의 난 – 일반 군현보다 무거운 조세와 부역에 반발

② 김보당과 조위총의 난은 문신들이 무신으로부터 권력을 되찾아오기 위한 반란이다. 김 보당은 의종 복위를 시도하여 군사를 일으켰으나 실패하였다. 조위총은 서경에서 무신 정권에 대한 저항 운동을 전개하였고 농민들도 가담하여 개경부근까지 진격하였으나 진 압되었다.

① 최충헌의 사노비인 만적이 개경에서 '왕후장상의 씨가 따로 있나'라며 주도한 봉기는 천 민출신으로 최고 권력자가 된 이의민의 영향을 받아 일어났으며 사전에 발각되어 성공 하지 못했지만 이후, 30여 년간 이와 비슷한 신분해방 운동이 전개되었다.

④ 김사미(운문)와 효심(초전)의 봉기는 경주와 강릉 지역까지 세력이 확대되었다.

⑤ 망이·망소이는 공주 명학소에서 일반 군현보다 무거운 조세 부담과 부역에 반발하여 봉기를 일으켜 한때 충청도 일대를 점령했었다. 정부는 명학소를 충순현으로 승격시키 고 주민들을 회유하였으나 뒤에 태도를 바꿔 봉기 관련자를 처벌하였다.

Answer 22.③ 23.④ 24.②

25 다음 (가), (나)는 고려 시대 대표적인 불상이다. 이에 대한 설명으로 옳은 것은?

관촉사 석조 미륵보살 입상

광주 춘궁리 철불

① (가)는 통일 신라 시대 양식을 계승하였다.

② 권문세족의 영향을 받았으며 특정 소재와 형태가 반복되었다.

③ (가), (나)를 통해 소형 불상이 유행하였음을 알 수 있다.

④ (가), (나)를 통해 비례미와 조형미가 강조되었음을 알 수 있다.

⑤ 친근하고 과장된 표현을 통해 지방 문화의 독자적인 모습을 엿볼 수 있다.

 고려 시대에는 불상, 석탑 등이 많이 제작되었으며 사찰을 후원하는 호족의 영향으로 지역
별 특색이 나타나 다양한 소재와 규모, 형태의 불상이 제작되었다. 통일 신라 시대의 불상
은 비례미와 조형미가 특징인 반면, 고려시대는 대형 불상이 유행하였으며, 통일 신라 시대
의 불상과는 동떨어진 친근하고 과장된 표현을 통해 지방 문화의 독자적인 모습을 엿볼 수
있다.

26 다음의 정책을 추진한 인물에 대한 설명으로 옳은 것은?

> • 위훈삭제 • 소격서 폐지 • 방납의 폐단 시정

① 경연을 강화하고 언론활동을 활성화하였다.

② 소수서원을 설립하여 훈구세력을 몰아내었다.

③ 관리들에게 '신언패'를 차고 다니게 하였다.

④ 나뭇잎에 꿀을 발라 '주초위왕'이라는 글씨를 써넣었다.

⑤ 청과의 통상 강화, 수레와 선박의 이용 등을 역설하였다.

 조광조의 개혁에 대한 내용으로, 조광조는 경연을 강화하고 언론활동을 활성화하였다.
② 주세붕이 세운 백운동 서원은 이황의 건의로 소수서원이 되었다.
③ 신언패는 조선시대 연산군 때 관리들에게 말을 삼가기 위하도록 차게 한 패이다.
④ '주초위왕'이라는 글씨를 써서 조광조를 모함한 이들은 훈구세력이다.
⑤ 북학파 실학자인 박제가에 대한 설명이다.

27 다음 밑줄 친 '허생'과 같은 활동을 한 상인은?

> 허생은 안성의 한 주막에 자리를 잡고 밤, 대추, 감, 배, 귤 등의 과일을 모두 사들였다. 허생이 과일을 한꺼번에 사들이자, 온 나라가 잔치나 제사를 치르지 못할 지경에 이르렀다. 따라서 과일 값은 크게 올랐다. 허생은 이에 10배의 값으로 과일을 되팔았다.
> – 「허생전」 –

① 도고   ② 공인

③ 객주   ④ 덕대

⑤ 보부상

 허생과 같이 대규모의 자본과 조직을 바탕으로 물건을 독점하여 사고파는 도매상인을 도고라고 불렀다. 상업이 발달하면서 도고는 많은 부를 축적하였다.

28 다음 내용과 관련된 시기에 대한 설명으로 적절한 것은?

> • 조선 후기에 들어와 농업 경영에 새로운 변화가 나타났다.
> • 교환 경제가 발달하면서 화폐의 수요가 크게 늘어났다.

① 농종법 보급의 증가　　　② 광작의 금지

③ 타조법의 일반화　　　　④ 다수 농민의 몰락

⑤ 1인당 경작면적의 감소

 모내기법의 보급으로 부농이 증가하였으며, 빈익빈 부익부의 심화로 부농에게 토지 소유권
을 빼앗긴 대다수의 농민들이 몰락하였다.
① 조선 후기에는 농종법보다 견종법이 더 확산되었다.
② 1인당 경작면적이 확대되는 광작은 금지된 적이 없다.
③ 일정 액수를 소작료로 내는 도조법이 조선 후기에 증가하였다.
⑤ 1인당 경작면적은 더욱 증가하였다.

29 고려·조선 시대의 신분제에 대한 설명으로 옳은 것을 모두 고른 것은?

> ㉠ 서얼은 관직의 진출이 불가능하였다.
> ㉡ 향리는 토착세력으로서 지방관을 보좌하면서 위세를 부리기도 하였다.
> ㉢ 고려 시대 백정은 일반 농민이고, 조선 시대에는 도살업에 종사하여 천민을 백정이라
> 하였다.
> ㉣ 노비 주인은 노비에 대한 상속, 매매, 증여권을 가지고 있었다.

① ㉠, ㉡　　　　　　　　② ㉠, ㉢

③ ㉠, ㉡　　　　　　　　④ ㉠, ㉢, ㉣

⑤ ㉡, ㉢, ㉣

 ㉠ 서얼은 문과 응시가 금지되었지만, 다른 잡과는 응시가 가능하였다.
㉡ 고려 시대의 향리는 그 지역의 실질적 지배세력이었으나. 조선 시대에는 수령의 보좌역
으로 세습적 아전으로 격하되었지만 세금 징수 등의 역할을 담당하면서 위세를 부리기
도 하였다.
㉢ 고려의 백정은 양민인 일반농민을 가리키며, 조선 시대의 백정은 도살업에 종사하는 천
민을 말한다.
㉣ 노비는 주인에게 예속된 존재로서 상속, 매매, 증여의 대상이었다.

30 다음 자료와 관련된 학자의 주장으로 옳은 것은?

> 비유하건대, 재물은 대체로 샘(井)과 같다. 퍼내면 차고, 버려두면 말라 버린다. 그러므로 비단옷을 입지 않아서 나라에 비단 짜는 사람이 없게 되면 여공(女工)이 쇠퇴하고, 쭈그러진 그릇을 싫어하지 않고 기교를 숭상하지 않아서 나라에 공장(工匠)이 도야하는 일이 없게 되면 기예가 망하게 되며, 농사가 황폐해져서 그 법을 잃게 되므로, 사농공상의 사민(四民)이 모두 곤궁하여 서로 구제할 수 없게 된다.

① 영업전 이외의 토지만 매매를 허용하자고 주장하였다.
② 사농공상의 직업 평등과 전문화를 주장하였다.
③ 관리, 선비, 농민 등 신분에 따라 차등 있게 토지를 분배하자고 주장하였다.
④ 상공업 발전을 위해 수레가 다닐 수 있도록 길을 만들도록 하고, 절약보다 소비를 권장해야 한다고 주장하였다.
⑤ 공동경작과 공동분배를 통한 여전론을 주장하였다.

 제시문은 박제가의 「북학의」 중 일부로 그는 청에 다녀온 후 청의 문물을 적극적으로 수용할 것을 제창하였다. 상공업의 발달, 청과의 통상 강화, 수레와 선박의 이용 등을 역설하였다. 또한 생산과 소비와의 관계를 우물의 물에 비유면서 생산을 자극하기 위해서는 절약보다 소비를 권장해야 한다고 주장하였다.
① 이익 ② 유수원 ③ 유형원 ⑤ 정약용

31 다음 밑줄 친 내용에 대한 설명으로 옳지 않은 것은?

> 조선은 육지에서와 달리 해전에서 왜군에 큰 타격을 입혔다. 수군이 해전에서 승리한 것과 때를 같이하여 <u>전국 각지에서 의병이 조직되었다.</u>

① 곽재우, 김시민 등이 의병장으로 큰 활약을 하였다.
② 승려들은 승군을 조직하여 왜군에게 대항하였다.
③ 농민들도 고을을 지키기 위해 의병에 참여하였다.
④ 자발적으로 조직되었으며, 관군과 협력하기도 하였다.
⑤ 향토 지리에 알맞은 전술로 적에게 큰 타격을 주었다.

 의병은 나라를 지키고자 자발적으로 일어난 조직으로, 곽재우, 조헌, 유정, 휴정 등이 의병장으로 활약하였다.
① 김시민은 관군이었다.

32 다음 그림과 관련된 신분에 대한 설명으로 옳지 않은 것은?

① 조선 후기의 실학자나 농촌 지식인들로 이루어졌다.
② 이들은 지주 세력을 지지하였다.
③ 부농의 성장이 이들의 몰락 원인이 되었다.
④ 상업 및 수공업으로 생계를 꾸려나가기도 하였다.
⑤ 권력쟁탈전에서 소외된 다수의 양반들이 몰락하여 잔반이 되었다.

 조선 후기 사회경제적 변화 속에서 양반 상호 간에 일어난 극심한 정치적 갈등은 몰락양반(잔반)을 등장시켰으며 이들은 양반관료나 지주와는 이해관계를 달리하였고 농민층의 입장에 설 수밖에 없었다.

33 다음 사건들의 순서를 바르게 연결한 것은?

> (가) 미국 상선 제너럴셔먼호를 평양 사람들이 불살라 침몰시켰다.
> (나) 통상 요구를 거절당한 독일 상인 오페르트가 남연군의 묘를 도굴하려고 시도하다가 실패하였다.
> (다) 제너럴셔먼호 사건을 구실로 미국 함대가 강화도에 침략하였다. 어재연이 이끄는 수비대의 저항으로 광성보 전투에서 승리하여 미군이 퇴각하였다.
> (라) 병인박해를 구실로 프랑스 함대가 강화도를 침략하였고 한성근 부대와 양헌수 부대가 프랑스군을 격파하였다.
> (마) 유생들의 천주교 금지 주장 여론이 강해지면서 흥선대원군이 프랑스 선교사와 천주교 신자들을 처형하였다.

① (마) → (가) → (라) → (나) → (다)
② (마) → (라) → (가) → (나) → (다)
③ (마) → (나) → (라) → (가) → (다)
④ (나) → (마) → (가) → (라) → (다)
⑤ (나) → (가) → (마) → (라) → (다)

 (가)는 제너럴 셔먼호 사건이며 (나)는 오페르트 도굴 사건, (다)는 신미양요, (라)는 병인양요, (마)는 병인박해이다.
병인박해(1866년 초반부터) → 제너럴 셔먼호 사건(1866년 8월) → 병인양요(1866년 10월) → 오페르트 도굴사건(1868년) → 신미양요(1871년) → 척화비 건립(1871년)

Answer → 31.① 32.② 33.①

34 다음의 그림에 대한 설명으로 옳은 것은?

① 서양 유화 기법을 동양화에 접목시켰다.

② 민중의 미적 감각을 잘 나타냈으며 조선 후기 서민층의 성장을 의미한다.

③ 서울 근교와 강원도의 명승지들을 두루 답사하여 사실적으로 그려내었다.

④ 양반과 부녀자의 생활과 남녀 사이의 애정 등을 감각적으로 묘사하였다.

⑤ 당시 사람들의 일상적인 모습을 생동감 있게 그려 회화의 폭을 확대하였다.

 정선의 인왕제색도는 18세기 전반의 진경산수화의 대표작이며, 중국 남종과 북종 화법을 고루 수용하여 우리의 고유한 자연과 풍속에 맞춘 새로운 화법으로 창안한 것이다.
① 18세기 말 강세황의 영통골 입구도에 대한 설명이다.
② 민화에 대한 설명이다.
④ 18세기 후반 신윤복의 풍속화에 대한 설명이다.
⑤ 18세기 후반 풍속화에 대한 설명이다.

35 다음 글이 설명하는 것과 관련이 깊은 것은?

> 1. 청에 의존하려는 생각을 버리고 자주 독립의 기초를 세운다.
> 2. 왕실 전범을 제정하여 왕위계승의 법칙과 종친과 외척과의 구별을 명확히 한다.
> 3. 임금은 각 대신과 의논하여 정사를 행하고, 종실·외척의 내정간섭을 용납하지 않는다.
> 4. 왕실사무와 국정사무를 나누어 서로 혼동하지 않는다.
> 5. 의정부 및 각 아문의 직무, 권한을 명백히 한다.
> 6. 인민이 세를 바침에 있어서 법령에 따라 율을 정하되 멋대로 각목을 붙이거나 징수해서는 안 된다.
> 7. 조세의 과징과 경비의 지출은 모두 탁지아문에서 관할한다.
> 8. 왕실비용을 솔선절감하여 각 아문과 지방관청의 모범이 되도록 한다.
> 9. 왕실비와 각 관부의 비용은 1년 예산을 정하여 재정의 기초를 확립한다.
> 10. 지방관제를 속히 개정하여 지방관리의 직권을 제한 조절한다.

① 재정은 탁지부에서 전관하며 예산과 결산을 국민에 공포하였다.

② 무명의 잡세를 폐지하고 공사채의 면제를 주장하였다.

③ 입헌군주제를 주장하며 지주입장을 옹호하였다.

④ 이노우에 공사가 친일내각과 함께 추진하였다.

⑤ 왕실예산이 정부예산에서 독립되었다.

 제시문은 제2차 갑오개혁에서 개혁추진의 의지를 밝히며 고종이 종묘에서 반포한 '홍범 14조'이다. 청일전쟁에서 일본이 승세를 잡자, 이노우에 공사가 조선에 대한 적극적 간섭정책을 취하면서 갑신정변의 주동자였던 박영효와 서광범을 참여시켜 김홍집·박영효 연립내각을 성립시켰다. 2차 갑오개혁은 이 친일내각에 의해 추진되었다.
① 독립협회에 대한 설명이다.
② 동학의 폐정개혁안에 대한 설명이다.
③ 갑신정변에 대한 설명이다.
⑤ 대한제국에 대한 설명이다.

36 다음 도표의 (개)에 들어갈 내용은?

| 을사조약 체결 | ⇨ | (개) | ⇨ | 고종의 강제 퇴위 | ⇨ | 한·일 신협약 체결 |

① 일본인 차관 임명　　　　　② 군대의 강제 해산

③ 사법권과 경찰권 박탈　　　④ 서울 진공 작전 전개

⑤ 헤이그에 특사 파견

 을사조약이 체결된 후 고종은 헤이그에서 열린 만국 평화 회의에 특사를 파견하였다. 그러나 일본의 방해로 3인의 특사는 회의에 참석하지 못하였다.
①②③④ 모두 한·일 신협약 후에 일어난 사건이다.

37 다음의 민족 운동과 관련된 설명으로 옳은 것은?

> 지금 우리들은 정신을 새로이 하고 충의를 떨칠 때이니, 국채 1천 3백만 원은 우리 대한제국의 존망에 직결된 것입니다. 이것을 갚으면 나라가 보존되고 이것을 갚지 못하면 나라가 망할 것은 필연적인 사실이나, 지금 국고에서는 도저히 갚을 능력이 없으며 …(중략)…2천만 인민들이 3개월 동안 흡연을 금지하고, 그 대금으로 한 사람에게 매달 20전씩 거둔다면 1천 3백만 원을 모을 수 있습니다.

① 대한매일신보에서 후원하였다.

② 평양에서 조만식을 중심으로 시작되었다.

③ 총독부의 방해로 큰 성과를 이루지 못하였다.

④ 서상돈에게 국채 보상금을 횡령하였다는 누명을 씌워 구속하였다.

⑤ 대구에서 국채 보상 기성회가 조직되어 전 국민의 호응을 얻었다.

 ① 국채 보상 운동은 대한매일신보 등의 신문사에서 후원하였다. 일본은 한국을 재정적으로 예속시키기 위하여 차관을 도입하게 하였다. 국채 보상 운동은 1907년에 대구에서 서상돈, 김광제 등 지식인과 상공인들이 일제에 진 빚을 갚기 위해 시작하여 전 국민 운동으로 확산되었다.
② 물산 장려운동에 대한 설명이다.
③ 국채보상운동은 '통감부'의 방해로 큰 성과를 이루지 못하였다.
④ 국채 보상 기성회의 간사인 양기탁에게 국채 보상금을 횡령하였다는 누명을 씌워 구속하였다.
⑤ 국채 보상 기성회는 서울에서 조직되었다.

38 다음 자료와 관련된 민족 운동에서 제기된 주장을 〈보기〉에서 고른 것은?

> 새야 새야 파랑새야
> 녹두밭에 앉지 마라.
> 녹두꽃이 떨어지면
> 청포 장수 울고 간다.

〈보기〉
ㄱ 청상과부의 재가를 허용하라.
ㄴ 언론과 집회의 자유를 보장하라.
ㄷ 탐관오리는 그 죄목을 조사하여 엄징하라.
ㄹ 중대 범죄를 공판하되, 피고의 인권을 존중하라.

① ㄱ, ㄴ   ② ㄱ, ㄷ
③ ㄴ, ㄷ   ④ ㄴ, ㄹ
⑤ ㄷ, ㄹ

동학 농민 운동의 지도자 '전봉준'을 기리기 위해 백성들이 불렀던 노래이며 ㄴㄹ은 독립협회의 주장이다.
동학 농민 운동은 폐정개혁안을 통해 탐관오리·횡포한 부호·양반 유생의 정벌, 노비문서 소각, 천인들에 대한 처우개선, 과부의 재가허용, 모든 무명잡세의 폐지, 문벌과 지벌을 타파한 인재의 등용, 토지의 평균분작을 주장하였다. 그리고 전주화약 이후 설치된 집강소에서는 폐정을 개혁하면서 노비문서와 토지문서를 소각하고 창고를 열어 식량과 금전을 농민에게 나누어 주는 등 농민 자치개혁을 하였다.

Answer → 36.⑤ 37.① 38.②

39 다음 자료에 해당하는 종교에 대한 설명으로 옳은 것은?

> • 1909년 단군교로 창시되었고 1910년 본부를 만주로 이동하였다.
> • 1911년 북간도에 중광단을 조직하고 독립 정신과 애국 사상을 고취하였다.
> • 1919년 대한 정의단을 결성하여 독립군을 양성하였다.
> • 1920년 김좌진이 이끄는 북로군정서는 청산리 대첩에서 승리하였다.

① 인내천 사상을 바탕으로 평등주의를 표방하였다.
② 신사참배 거부운동을 벌였다.
③ 137명의 유림대표가 서명한 독립탄원서를 파리 강화회의에 제출하였다.
④ 3.1 운동에 참가하였으며 사찰령에 반대하였다.
⑤ 나철 · 오기호가 창시하여 민족의식을 고취하였다.

 대종교는 나철 · 오기호가 창시하였으며, 단군을 교조로 하여 민족 고유의 하느님을 신앙하는 종교이다.
① 동학 ② 개신교 ③ 유교 ④ 불교

40 다음 인물들을 중심으로 결성된 단체의 활동을 〈보기〉에서 모두 고르면?

> • 안창호   • 이승훈   • 양기탁

> 〈보기〉
> ㉠ 국채 보상 운동 전개   ㉡ 이화 학당, 배재 학당 설립
> ㉢ 자기 회사, 태극 서관 운영   ㉣ 만주 삼원보에 신흥 무관 학교 설립

① ㉠, ㉡   ② ㉠, ㉢
③ ㉡, ㉢   ④ ㉡, ㉣
⑤ ㉢, ㉣

 신민회는 안창호, 이승훈, 양기탁 등이 1907년에 조직한 항일 비밀 단체이다. 국권회복과 공화정체의 국민국가 수립을 위한 실력양성운동을 목표로 설립되었으며 일제에 의해 105인 사건으로 해체되었다(1911).
㉠ 국채 보상 운동은 서상돈 등의 제안으로 발단된 주권수호운동이다.
㉡ 이화학당과 배재학당은 외국인에 의해 세워진 학교이다. 신민회는 평양에 대성학교를 세우고, 청주에 오산학교를 건립하였다.
㉢ 산업진흥을 위해서 평양 마산동에 자기회사를 만들어 운영하였으며 출판활동을 위해 태극서관을 세웠다.
㉣ 만주 삼원보에 신흥 무관 학교를 설립하여 무장 독립전쟁을 수행하였다.

41 다음 조약의 특징으로 옳은 것은?

> • 바닷가 통상에 편리한 항구 2개소를 앞으로 20개월 내에 개항한다.
> • 조선국 해안을 일본국의 항해자가 자유로이 측량하도록 허가한다.
> • 일본국 인민이 조선국 항구에 머무르는 동안 죄를 범한 것이 조선국 인민에 관계된 사건일 때에는 일본국 법에 의거하여 모두 일본 관원이 심판한다.

① 흥선대원군이 다스릴 시기에 체결되었다.

② 부산, 마산, 인천의 3개 항구가 개항되었다.

③ 영국의 간섭을 차단하기 위해 조선을 자주국으로 규정하였다.

④ 강화도의 초지진 포대가 운요호에 경고 사격한 것을 빌미로 체결되었다.

⑤ 러시아를 견제하기 위해 일본을 끌어들이려 하였으나 실패하였다.

(Tip) 강화도 조약의 내용이다. 강화도 조약은(1876) 일본 배인 운요호 사건을 계기로 체결되었다.
① 고종의 통치 시기에 체결되었다.
② 부산, 원산, 인천의 3개 항구가 개항되었다.
③ 청나라의 간섭을 차단하기 위해 조선을 자주국으로 규정하였다.

42 다음은 어떤 단체의 활동에 대한 판결문이다. 어느 단체를 말하는 것인가?

> 이 단체는 1919년 만세소요사건(3·1운동)의 실패에 비추어 조선의 독립을 장래에 기하기 위하여 문화 운동에 의한 민족정신의 환기와 실력양성을 급무로 삼아서 대두된 실력양성운동이 출발점이었고, 그 뒤 1931년 이후에는 피고인 이극로를 중심으로 하는 어문운동을 벌여 조선의 독립을 목적한 실력양성단체를 조직하였다. 「우리말큰사전」을 편찬하려고 했으나 성공하지 못하였다.

① 신간회

② 신민회

③ 조선어학회

④ 조선청년총동맹

⑤ 조선물산장려회

 조선어학회는 조선어연구회를 개편하여 조직한 한글연구단체로서 한글을 보급하여 민족문화의 향상, 민족의식의 고취를 위해 노력하였다. 한글 맞춤법통일안과 표준어를 제정하였으며, 한글 강습회를 개최하였다. 또한 「우리말큰사전」의 편찬에 착수하였으나 일제의 방해로 성공하지 못하였다. 일제는 조선어학회를 독립 운동 단체로 간주하여 관련 인사들을 체포하고 1942년 강제로 해산하였다.

43 광복 이후의 다음 사건을 시대 순으로 바르게 나열한 것은?

> ㉠ 모스크바 3상회의
> ㉡ 남북협상
> ㉢ UN 한국임시위원단 파견
> ㉣ 1차 미·소 공동위원회
> ㉤ 5·10 총선거

① ㉠ - ㉡ - ㉢ - ㉣ - ㉤

② ㉠ - ㉣ - ㉢ - ㉡ - ㉤

③ ㉠ - ㉣ - ㉡ - ㉤ - ㉢

④ ㉣ - ㉠ - ㉢ - ㉡ - ㉤

⑤ ㉣ - ㉢ - ㉠ - ㉡ - ㉤

 ㉠ 모스크바 3상회의 : 45년 12월

㉣ 미소공동위원회 : 46년 3월

㉢ UN 한국임시위원단 파견 : 47년 11월

㉡ 남북협상 : 48년 4월

㉤ 5·10 총선거 : 48년 5월

44 교사의 질문에 대한 학생의 답변으로 적절하지 않은 것은?

> 교사 : 5·18 민주화 운동 후 성립된 전두환 정부는 어떤 활동을 하였을까요?
>
> 학생 : _____

① 언론사를 통폐합하고 뉴스를 사전 검열하였습니다.

② 사회 정화를 명목으로 삼청교육대를 운영하였습니다.

③ 학생 운동과 시민운동 등 민주화 운동을 탄압하였습니다.

④ 외환위기를 극복하고 대북 화해 협력 정책을 추진하였습니다.

⑤ 야간 통행금지 해제, 교복 자율화, 프로 야구단 창단 등의 조치를 통해 국민의 반발을 무마시키려고 하였습니다.

 ④ 외환위기 극복은 김대중 정부 때 이루어졌다.

45 광복 이후 정부의 농지 개혁에 대한 설명으로 옳은 것을 모두 고르면?

> ㉠ 무상 몰수, 무상 분배의 방식으로 시행
> ㉡ 농지 개혁법을 토대로 한 토지 국유화 추진
> ㉢ 전통적인 지주·소작제의 붕괴
> ㉣ 유상매수, 유상 분배의 방식으로 시행

① ㉠, ㉡   ② ㉠, ㉢

③ ㉡, ㉢   ④ ㉢, ㉣

⑤ ㉡, ㉢, ㉣

 이승만 정부는 유상매수·유상 분배의 방식에 따라 1가구 당 3정보로 토지 소유를 제한하여 농지 개혁을 시행하였다. 이로 인해 전통적 지주·소작제는 사라지고 많은 농민들이 자기 땅에서 농사를 지을 수 있었다.

Answer → 42.③ 43.② 44.④ 45.④

1 다음 빈칸에 들어갈 적절한 것은?

> Rather than leaving immediately, they waited for the storm to _____.

① abrade

② abate

③ abolish

④ abridge

⑤ abjure

 immediately : 곧, 즉시, 즉각

① 문질러 벗겨지게 하다, 침식하다   ② 완화시키다, 감소시키다   ③ 폐지하다, 파괴하다

④ 요약하다, 단축하다, 줄이다   ⑤ 포기하다, 회피하다

「즉시 떠나기보다 그들은 폭풍우가 가라앉기를 기다렸다.」

2 다음 빈칸에 공통적으로 들어갈 단어는?

> • Peter invested a lot of money in stocks and lost his _____.
>
> • I'll finish using the computer in a minute. Just keep your _____ on, and you 'll get your turn.
>
> • Smith is such a stuffed _____. He always wears a tie, and he even eats chicken with a knife and fork.

① jacket

② socks

③ skirt

④ shirt

⑤ hat

invest : 투자하다, 쓰다   lose one's shirt : 무일푼이 되다, 알거지가 되다   keep one's shirt on : (화를 내지 않고) 침착을 유지하다   stuffed shirt : 젠체하는 사람, 부자, 유력자

「• Peter는 주식투자에 너무 많은 돈을 투자하여 무일푼 되었다.

• 나는 잠시 후에 컴퓨터 사용을 끝낼 거야. 화내지 말고 조금만 참아줘. 그러면 곧 네 차례가 올 거야.

• Smith는 매우 격식을 차리는 사람이다. 그는 늘 넥타이를 매며, 심지어 닭을 먹을 때도 나이프와 포크를 이용한다.」

3　①Had I have been in my sister's ②shoes, I would have ③acted violently ④in the middle of the ⑤heated argument.

 be in one's shoes : 다른 사람의 입장이 되다　violently : 맹렬하게, 세차게　argument : 논의, 토론 논쟁

가정법에서 조건절의 if는 생략할 수 있으며, 이때 주어와 동사의 어순은 도치된다. 즉 ①은 'If I had been in my sister's shoes,'가 도치된 것이므로 'had I been'의 형태로 써야 한다.

「내가 만약 내 누이의 입장이었다면 나는 아마 격한 논의가 한창인 가운데 난폭하게 행동했을 것이다.」

4　Death sentences have not ①mitigated the crises of ②teeming prisons and a society of victims. Even the phrases death by ③electrocution and death by ④injection sound ⑤absurdly and incongruous with modern society.

 death sentence : 사형선고　mitigated : 누그러뜨리다, 완화하다　teeming : 풍부한, 많은, 다산의　injection : 주입, 주사　absurdly : 불합리한, 부조리한　incongruous : 조화되지 않은, 어울리지 않은

feel, smell, sound, taste, look과 같은 감각동사는 2형식의 불완전자동사로 반드시 형용사가 보어로 위치한다. 그러므로 ⑤의 absurdly는 absurd의 형태로 써야 한다. 또한 and로 연결된 incongruous가 형용사의 형태로 왔으므로 이를 통해서도 형용사가 쓰여야 함을 알 수 있다.

「사형선고는 가득 찬 감옥과 희생자 집단의 위기를 완화시키지 못하였다. 게다가 전기 충격과 약물의 주입에 의한 사형이라는 말조차 불합리하며 현대사회와는 어울리지 않는다.」

Answer┌→ 1.② 2.④ 3.① 4.⑤

5 다음 제시된 문장과 뜻이 가장 유사한 것은?

> We never thought that our teacher would return so early.

① We never expected our teacher to return.

② Nobody knew when our teacher would return.

③ Contrary to our thought, our teacher did not return.

④ Our teacher could have returned earlier.

⑤ Our teacher returned earlier than we thought he would.

 ① 우리는 결코 선생님께서 돌아오실 것이라고 기대하지 않았다.
② 우리 선생님께서 언제 돌아오실 지 아무도 몰랐다.
③ 우리의 생각과는 다르게, 선생님께서는 돌아오지 않으셨다.
④ 선생님께서는 좀더 일찍 돌아오실 수 있었다(그렇지 못하였다).
「우리는 선생님께서 그렇게 일찍 돌아오실 것이라고 생각하지 못했다(= 선생님께서는 우리가 생각했던 것 보다 더 일찍 돌아오셨다).」

6 다음 밑줄 친 단어와 뜻이 가장 유사한 것은?

> I was so <u>gullible</u> that he had little difficulty in selling the property to me.

① easily deceived　　② excitable

③ extremely hungry　　④ so pleased

⑤ too young

 gullible : 잘 속는　deceive : 속이다, 기만하다, 현혹하나　excitable : 흥분하기 쉬운
「나는 너무 쉽게 속기 때문에 그는 내게 그 물건을 파는 데 별 어려움이 없었다.」

7 다음 밑줄 친 곳에 들어갈 단어가 바르게 짝지어진 것은?

> This is an age of _____ with interruptions by telephone, by friend, by noise, by scares and by our own flightiness. Increasingly, work must be done under conditions which are _____ to concentration.

① stress — friendly

② concentration — profitable

③ concentration — hospitable

④ distraction — favorable

⑤ distraction — hostile

 flightiness : 경박, 오두방정   increasingly : 점점, 더욱 더   concentration : 집중, 집결
hospitable : 쾌적한, 친절한   hostile : 적대적인, 악의를 품은
「현재는 전화, 친구, 소음, 공포, 우리 자신의 경박함 등으로 인한 방해 때문에 혼란한 시기이다. 점점 더 일은 집중이 불리한(어려운) 상황에서 이루어지게 된다.」

8 다음 중 밑줄 친 부분이 어법상 옳지 않은 것은?

① She wants to rent the apartment <u>where</u> she saw last Sunday.

② I like to shop at stores <u>where</u> I can find products from different countries.

③ The office <u>where</u> you can get your transcripts is closed now.

④ I have a photograph of the home <u>where</u> I grew up.

⑤ I am tired of shoe stores <u>where</u> there's nothing that fits my style.

 transcript : 등본, 사본, 증명서
관계부사 다음에는 완전한 절이 나와야 하나 ①의 경우 그렇지 못하므로 관계대명사를 사용하는 것이 적절하다. where → that, which
「① 그녀는 지난 일요일에 본 아파트를 임대하고자 하였다.
② 나는 다른 나라에서 온 제품들을 볼 수 있는 가게에서 물건을 사는 것을 좋아한다.
③ 당신이 등본을 발급 받을 수 있는 관공서는 지금 문을 닫았다.
④ 나는 내가 자란 집의 사진을 가지고 있다.
⑤ 나는 취향에 맞는 것이 없는 신발 가게에 싫증이 났다.」

Answer ┌→ 5.⑤ 6.① 7.⑤ 8.①

9 다음 제시된 글을 흐름에 맞게 배열한 것은?

ⓐ We've all known people who knew lots of facts and nothing creative happened.

ⓑ Their knowledge just sat in their crania because they didn't think about what they knew in any new ways.

ⓒ Nonetheless, knowledge alone won't make a person creative.

ⓓ The real key to being creative lies in what you do with your knowledge.

ⓔ Knowledge is the stuff from which new ideas are made.

---

① ⓐ − ⓔ − ⓑ − ⓒ − ⓓ

② ⓐ − ⓓ − ⓔ − ⓑ − ⓒ

③ ⓑ − ⓒ − ⓐ − ⓔ − ⓓ

④ ⓑ − ⓓ − ⓐ − ⓔ − ⓒ

⑤ ⓔ − ⓒ − ⓐ − ⓑ − ⓓ

 crania(cranium의 복수형) : 두개골 stuff : 재료, 원료 nonetheless : 그럼에도 불구하고
「ⓔ 지식은 재료로 여기서부터 새로운 생각이 만들어진다.
 ⓒ 그럼에도 불구하고 지식은 홀로 사람을 창의적으로 만들진 못한다.
 ⓐ 우리는 많은 사실을 알고 있었지만 창의적인 일은 해내지 못한 사람들을 알고 있다.
 ⓑ 그들의 지식은 단지 그들의 뇌속에 있을 뿐인데 이는 그들이 알고 있는 것을 새로운 방법으로 생각하지 못했기 때문이다.
 ⓓ 창의적인 생각을 할 수 있는 가장 중요한 것은 당신의 지식을 가지고 당신이 행하는 것이다.」

---

10 다음 빈칸에 들어가기에 적절한 것은?

Many novels by the Bronte sisters and other nineteenth-century female authors were initially published under masculine _____ in the belief that works by male authors would meet more favorable reception.

---

① anonymity

② aliases

③ monikers

④ pseudonyms

⑤ baptismal

 initially : 처음에, 시초에 publish : 출판하다, 발표하다, 공표하다 masculine : 남성의, 남자다운
① 익명 ②③ 별명 ④ 필명, 가명 ⑤ 세례의
「Bronte 자매와 19세기의 다른 여성 작가들의 많은 소설들은 남성 작가들의 작품이 호의적인 반응을 가져올 것이라는 믿음 하에 처음에는 남성들의 필명으로 출간되었다.」

11 다음 중 어법상 옳은 것은?

① Canadian author Margaret Atwood's selected poems published in 1978.

② Newly considered a major poet of the 19th century, Emily Dickinson did not know to the literary world during her lifetime.

③ In central Georgia, archaeological evidence indicates that Native Americans first inhabited the area thirteen centuries ago.

④ A major application of the science of logic is helped distinguish between correct and incorrect reasoning.

⑤ On one time, Manchester, New Hampshire, was the home of the most productive cotton mills in the world.

 archaeological : 고고학의　　indicate : 지적하다,　나타내다　　application : 적용,　응용
distinguish : 구별하다, 식별하다　mill : 제조 공장, 제작소, 방앗간
① 문장의 주어가 poems이므로 수동태로 써야 한다(published → were published).
② 글의 문맥상 수동태가 되어야 한다(did not know to → was not known to).
④ 글의 내용상 능동태가 되어야 한다[helped distinguish → helps (to) distinguish].
⑤ 일찍이, 한때의 의미는 at one time으로 쓴다.

「① 캐나다의 작가 Margaret Atwood의 시선집은 1978년에 간행되었다.
② 오늘날 19세기의 주요 시인으로 알려진 Emily Dickinson은 그녀가 살아있는 동안 문학계에 알려지지 않았다.
③ 중부 조지아에서는 고고학적 증거들이 원주민들이 13세기 전에 최초로 거주하였다는 것을 알려준다.
④ 논리학의 주요 적용분야는 옳은 것과 그른 것을 구별하는 데 도움을 주는 것이다.
⑤ 한때 뉴햄프셔의 맨체스터는 세계에서 가장 생산적인 면화 제조공장의 근거지이었다.」

Answer→ 9.⑤　10.④　11.③

12 Someone once told me I was lucky to be _____ because I have the best of both worlds. In some ways this is true. I have a huge family that is filled with diversity and is as colorful as a box of Crayons.

① biracial   ② cowardly

③ intimate   ④ arrogant

⑤ exclusive

> diversity : 다양성, 변화
> ① 혼혈의
> ② 비겁한
> ③ 친숙한
> ④ 거만한
> ⑤ 배타적인
> 「언젠가 누군가가 내게 내가 혼혈인 것이 행운이라고 말한 적이 있다. 이는 내가 두 세계의 최상의 것을 가졌기 때문이다. 어떤 점에서 이것은 사실이다. 나는 다양한 색상의 한 상자의 크레용처럼 다양성으로 가득 찬 대가족을 가지고 있다.」

13 He is most generous about forgiving a slight, an insult, and an injury. Never does he harbor resentment, store up petty grudges, or waste energy or thought on means of revenge or retaliation. He's much too _____ a person.

① intrepid   ② impolite

③ versatile   ④ magnanimous

⑤ urbane

> generous : 관대한, 아량 있는, 풍부한 slight : 경멸, 무례 insult : 모욕, 무례 injury : 명예훼손, 모욕 harbor : 품다, 숨겨주다 resentment : 적의, 분노 store up : 쌓아 두다 grudge : 원한, 악의, 유감 revenge : 복수, 앙갚음, 보복
> ① 대담한
> ② 무례한
> ③ 다재다능한
> ④ 도량이 큰
> ⑤ 점잖은
> 「그는 경멸, 무례, 모욕 등을 용서하는 데 매우 관대하다. 그는 절대 적의를 품지 않았고, 약간의 원한도 쌓아 두지 않았으며, 복수나 앙갚음할 방법에 대하여 정력이나 생각을 낭비하지 않는다. 그는 너무 관대한 사람이다.」

14 What is impressive about the way children learn vocabulary?

> According to a study conducted at the end of 1980, the average high school graduate in the United States has a reading vocabulary of 80,000 words, which includes idiomatic expressions and proper names of people and places. This vocabulary must have been learned over a period of 16 years. From the figures, it can be calculated that the average child learns at a rate of about 13 new words per day. Clearly a learning process of great complexity goes on at a rapid rate in children.

① They learn words by rate.

② They learn the most words in high school.

③ They learn words very quickly.

④ They learn words before they learn grammar.

⑤ They learn even very long words.

 conducte : 수행하다, 처리하다　idiomatic : 관용적인, 특유의　calculate : 계산하다, 추정하다

「1980년대 말에 수행된 한 연구에 의하면 미국의 평균적인 고등학교 졸업자들은 8만개의 독서용 어휘를 가지고 있는데 여기에는 관용적인 표현과 사람이나 장소와 같은 고유한 명칭도 포함된다. 이러한 어휘들은 대부분 16년이라는 기간동안 배운 것이 분명하다. 이러한 수치화를 통해 평균적인 아이들은 매일 13개의 새로운 단어를 학습한다는 계산이 가능하다. 분명히 매우 복잡한 학습과정이 아이들에게 빠른 속도로 진행된다.」

Answer ↱ 12.①　13.④　14.③

다음 빈칸에 들어가기에 적절한 표현을 고르시오.

15

A : Can I help you?

B : Yes. _____ with regular, please.

A : Sure thing. Would you like me to check the oil?

B : Please. And could you check the tires, too?

A : Sure. Be glad to.

① Leaded or unleaded   ② Self-service pumps

③ Fill it up   ④ Give me a ball park figure

⑤ Open the petrol cap

 adviceregular : (구어) 보통 (일반) 휘발유 sure thing : 물론입니다 check the oil : 엔진오일을 점검하다 leaded : (가솔린에) 납이 첨가된 unleaded : (가솔린에) 납이 첨가되지 않은, 무연(無鉛)의 pumps : (구어) 주유소 ball-park figure : (구어) 어림셈

「A : 도와 드릴까요?
B : 예. 차에 보통 휘발유로 가득 채워 주세요.
A : 물론입니다. 엔진오일도 점검해 드릴까요?
B : 그렇게 해주세요. 그리고 타이어도 역시 점검해 주실 수 있죠?
A : 물론입니다. 기꺼이 그렇게 해드리지요.」

16

A : Thanks. Without you, I would have lost my luggage.

B : _____

① Not at all. I'm glad I helped you.

② Not at all. You'd better report it to the police.

③ Not at all. I lost my luggage, too.

④ You're welcome. I was not here.

⑤ I hope you don't have anything important in your luggage.

 ① 천만에요, 도와드릴 수 있어서 기쁩니다.
② 천만에요, 경찰에 신고를 하는 것이 더 좋을 것 같습니다.
③ 천만에요, 저 역시 짐을 잃어버렸습니다.
④ 천만에요, 저는 이곳에 없었습니다.
⑤ 나는 당신의 짐에 중요한 것이 없었기를 바랍니다.

「A : 감사합니다. 당신이 아니었다면 나는 내 짐을 잃어버렸을 것입니다.
B : 천만에요, 도와드릴 수 있어서 기쁩니다.」

17 다음 글의 밑줄 친 부분의 의미로 가장 알맞은 것은?

> Asia may face a recession, moreover, that is much steeper than necessary. There is still a slight, though fading, chance for Asia to escape the predicament of financial meltdown. The Asian countries would persuade the International Monetary Fund to put aside its usual prescriptions for fiscal belt-tightening and high interest rates, since these will only reinforce the contradictory force of the financial panic. The name of the game should be confidence-mending, not orthodox austerity. The crisis came from the private markets and not government budget.

① The crucial remedy
② The essential element of the game
③ The most virtual aspect
④ The best name of the crisis
⑤ The next best way

 face : ~에 직면하다, ~에 맞서다, ~에 면하다, ~을 향하다   recession : 경기후퇴, 퇴거, 후퇴   steep : 가파른, 험한, 터무니없는, 무리한   slight : 적은, 약간의, 조금의, 사소한   fade : 사라져 가다, 쇠퇴하다, 자취를 감추다   escape : 달아나다, 탈출(도망)하다, 벗어나다   predicament : 곤경, 궁지   persuade : 설득하다, 권유(독촉)하여 ~시키다, ~을 납득시키다   put aside : (일시) 제쳐놓다, 제거하다, ~을 따로 남겨(떼어)두다, 잊다   usual : 보통의, 평소의   prescription : 처방, 명령, 규정   fiscal : 국고의, 재정의, 회계의   belt-tightening : 긴축 (정책)   contradictory : 모순된, 양립하지 않는   reinforce : 강화하다, 보강하다   panic : 공황, 돌연한 공포   the name of the game : 중요한 것, 요점, 본질   confidence-mending : 신용개선   orthodox : 전통적인, 정통의   austerity : 긴축, 엄격   crucial : 결정적인, 중대한   remedy : 구제책, 치료   virtual : 실제상의, 실질적인, 사실상의   aspect : 양상, 국면, 견해

경기후퇴를 극복할 방안 중 중요한 것이 전통적인 긴축이 아니라 신용개선이라는 의미이므로 ①이 가장 적절하다.

「더욱이 아시아는 필요한 것보다 훨씬 더 가파른 경기후퇴에 직면할지도 모른다. 아시아에는 재정적인 곤경을 탈출할 기회가 점점 사라져가고는 있지만 아직 조금은 남아있다. 아시아 국가들은 국제통화기금(IMF)에 재정긴축과 높은 이자율이라는 평소의 처방을 그만두라고 설득할 것이다. 왜냐하면 이러한 것들은 재정적 공황이라는 모순된 힘을 강화할 뿐일 것이기 때문이다. 본질(주목적)은 신용개선이어야지 전통적인 긴축이 되어서는 안 된다. 그 위기는 민간시장에서부터 온 것이지 정부의 예산에서부터 온 것은 아니다.」

18 다음 문장과 같은 뜻을 지닌 영어 속담은?

> If you don't do the necessary work at once, the work will take you much more time and effort later on.

① One man's meat is another man's poison.

② A stitch in time saves nine.

③ Better late than never.

④ Look before you leap.

⑤ All is not gold that glitters.

 ① 갑의 약은 을에게 독이 된다.
② 호미로 막을 일을 가래로 막는다.
③ 늦어도 안 하는 것보다는 낫다.
④ 돌다리도 두들겨보고 건너라.
⑤ 반짝이는 것이 모두 금은 아니다.
「만일 필요한 일을 즉시 하지 않으면 나중에 계속 그 일은 당신에게 더 많은 시간과 노력이 들게 할 것이다.」

|19~20| 다음 글을 읽고 물음에 답하시오.

> The good news is that risk can be greatly reduced with a mix of lifestyle modifications and medical treatment. Most of us are aware that eating a lighter, more balanced diet, quitting tobacco and exercising regularly are enough to _____ⓐ_____ most cases of heart disease before they ever happen. For those who can afford it, better treatments and medicines are also increasingly effective in curbing the high blood pressure and elevated cholesterol levels that lead directly to cardiovascular disease. These advances are turning what was once an eventual death sentence _____ⓑ_____. But in much of Asia, the best that medical science has to offer is either unavailable or is too expensive for most people. That makes education and prevention programs all the more urgent.

 modification : 변경 quit : 그만두다, 중지하다 increasingly : 점점, 더욱 더 curb : 억제하다 cardiovascular : 심장혈관의 unavailable : 손에 넣을 수 없는, 이용할 수 없는
「좋은 소식은 생활방식의 변화와 약물치료를 병행함으로써 심장질환의 위험을 상당히 줄일 수 있다는 것이다. 우리들 대부분은 더 가볍고 균형잡힌 식사와 금연, 규칙적인 운동이 대부분의 심장질환을 미리 막기에 충분하다는 것을 알고 있다. 이처럼 생활방식을 변화시킬 수 있는 사람들이 혈압과 심혈관계 질환과 직결되는 높은 콜레스테롤 수치를 제어하는 데는 좋은 치료와 약들이 더욱 효과적이다. 의학적 진보는 한때 결국에는 사망선고였던 질병들을 관리될 수 있는 조건으로 변화시키고 있다. 그러나 아시아의 많은 지역에서는, 의료과학이 제공해야 하는 최상의 것들이 이용할 수 없거나 대부분의 사람에게는 너무 비싸서 이용하기 힘들다. 그것이 교육과 예방 프로그램들을 보다 더 긴급하게 만드는 것이다.」

19 다음 중 밑줄 친 ⓐ에 가장 알맞은 것은?

① take out

② head off

③ reduce

④ bring about

⑤ in addition to

 before they ever happen에서 발생하기 전에 해야 하는 것이므로 미리 막는다는 표현이 적절하다.

③ reduce에서 '발생하기 전에 줄이다'는 어구적 효용이 되지 않는다.

20 다음 중 밑줄 친 ⓑ에 가장 알맞은 것은?

① into critical condition

② into manageable condition

③ into urgent condition

④ into unrecoverable condition

⑤ into emergency condition

 의학이 진보했으므로 한때 최후의 사망선고가 바뀌는 방향은 긍정적으로 될 것이다. 그러므로 an eventual death sentence와 대조적 관계에 있는 것이 올 수 있다.

Answer⌐→ 18.② 19.② 20.②

| 21~23 | 다음 중 밑줄 친 부분의 단어와 의미가 가장 유사한 것을 고르시오.

21 Pride goes before destruction and a <u>haughty</u> spirit before a fall.

① holy   ② still

③ arrogant   ④ severe

⑤ humble

 destruction : 파괴, 살인, 절멸, 멸망   haughty : 오만한, 거만한, 건방진
① 신성한, 성스러운, 경건한
② 조용한, 고요한, 정지한
③ 거만한, 거드름 부리는, 오만한
④ 엄한, 엄중한
⑤ 겸손한, 비천한
「교만은 파괴 전에 오고 거만한 마음은 몰락 전에 온다.」

22 Infosys rightly sees itself as more <u>agile</u> than IBM.

① nimble   ② extravagant

③ caustic   ④ suspicious

⑤ zealous

 to see A as B : A를 B로 간주하다   agile : 기민한, 재빠른, 예민한
① 민첩한, 재빠른, 재치있는
② 낭비하는, 사치스러운, 기발한
③ 부식성의, 소작성의, 통렬한
④ 의심하는, 의심많은, 혐의를 일으키는
⑤ 열심인, 열광적인
「Infosys는 IBM보다 그 자신이 더 기민하다고 생각하고 있다.」

23 Having U.S. citizens in the family has also become something of a political <u>liability</u> for public figures.

① benefit
② stance
③ precursor
④ penalty
⑤ disadvantage

> liability : 책임이 있음, 책임, 의무, 부담, 불리한 일
> ① 이익, 이득
> ② (공을 칠 때의)발의 위치, 선 자세
> ③ 선구자, 선임자, 전조
> ④ 형벌, 벌금
> ⑤ 불리한 처지, 손해, 불리
> 「가족 중에 미국시민이 있는 것은 또한 공인들에게 정치적으로 불리한 문제가 되었다.」

24 다음을 바르게 영작한 것은?

> 이 책은 우리 시대의 한 선도적 지식인에 대한 필수불가결한 안내서이다.

① This book essentially a guide to a leading intellect in our time.
② This book guides essentially to our time's one leading intellectuals.
③ This book is essential guide to a leading intellectual figure of our time.
④ This book is an essential guide to one of the leading intellectual figures of our time.
⑤ This book is an essential guide book to one of the leading intellectual figure of our time.

 '이 책은 필수불가결한 안내서이다'에서 guide 앞에 관사가 필요하므로 'This book is an essential guide'가 되고, '우리 시대의 한 선도적 지식인에 대한'에서 지식인들 중에 한 명을 의미하기 위해 'one of the leading intellectual figures of our time'이 되어야 한다.
① This book을 This book is로 수정해야 한다.
② intellectuals를 intellectual로 수정해야 한다.
③ essential guide를 an essential guide로 수정해야 한다.
⑤ intellectual figure를 intellectual figures로 수정해야 한다.

Answer 21.③ 22.① 23.⑤ 24.④

25 다음 대화의 밑줄 부분에 들어갈 말로 가장 알맞은 것은?

> A : David, you didn't attend the board meeting this morning.
> B : I couldn't make it. I called in sick, in fact.
> A : Important agendas were decided.
> B : _____

① Could you fill me in?
② Let's make it together.
③ Let me attend instead.
④ I haven't decided yet.
⑤ Did you see the doctor?

 agenda : 의사일정, 협의사항, 의제, 비망록 fill B in on A : A에게 B에 대해 자세히 알려
주다
① 그것에 대해 자세히 알려줄 수 있겠니?
② 함께 만들자.
③ 내 대신 참석할래?
④ 나는 아직 결정하지 못했어.
⑤ 너는 그 의사를 본 적 있니?

「A : David, 당신은 아침 이사회 회의에 참석하지 않았다.
B : 나는 그렇게 할 수가 없었다. 나는 사실 아프다고 전화했다.
A : 중요한 의제들이 결정되었다.
B : 자세히 알려줄 수 있겠니?」

26 Choose the one underlined word of phrase that needs to be corrected of rewritten.

> The alarming ①underline in childhood obesity rates ②has galvanized parents
> and schools ③across the nation to find ④ways improve children's diets and
> health, and we hope our report ⑤will assist that effort.

 obesity : 비만, 비대 galvanize : 직류 전기로 자극하다. 활기를 띠게 하다. 격려하여 (어
떤 행동을) 하게 하다 improve : 개선하다. 증진하다. 이용하다
④ improve는 원형부정사로 조동사 뒤에 지각동사, 사역동사가 있을 경우 목적보어 자리에
사용되며 'to 부정사'가 되어야 한다. ways improve → ways to improve
「어린이 비만율의 심각한 증가는 전국의 부모와 학교에서 어린이들의 식사와 건강을 개선시키기 위한
방법을 찾도록 자극하였고, 우리는 우리의 보고가 그러한 노력에 도움을 주기를 희망한다.」

27 다음 글의 내용과 일치하는 것은?

> Galileo Galilei was long obsessed with Copernicus's theory of the nature of the universe, and planned to publish a book that supported it. However, his plan was changed by the pope's injunction of 1624 that the should not publish such a book. Although the publication was delayed, Galilei finally published the book in 1632. The book was an immediate success, largely because it was extremely controversial. Clearly violating the ban of the church, Galilei defended the Copernican theory. Certainly, the pope was furious, and Galilei was summoned to Rome to stand trial. He was judged to have supported the Copernican theory against the teachings of the church. He was ordered to recant and did so against his will.

① Galilei's enemies were satisfied when the church imprisoned Galilei.

② Galilei's book of 1632 did not bring forth much response from the public.

③ The Copernican theory was not approved by the church in Galilei's time.

④ The pope encouraged Galilei to develop a new scientific discovery before 1632.

⑤ On trial, Galilei firmly refused to recant his support of the Copernican theory.

 obsess : 사로잡다 injunction : 명령, 훈령 extremely : 극단적으로, 매우 controversial : 논쟁의, 논의의 여지가 있는 violate : 위배하다. ~의 신성을 더럽히다 furious : 노하여 펄펄 뛰는, 격노한 summon : 소환하다. 호출하다 imprison : 교도소에 넣다. 수감하다 firmly : 단단하게, 견고하게
① Galilei의 적들은 교회가 Galilei를 수감하였을 때 만족했다.
② 1632년의 Galilei의 책은 대중으로부터 많은 반응을 끌어내지 못했다.
③ Copernisus의 이론은 Galilei의 시대에 교회에 의해 승인받지 못했다.
④ 교황은 1632년 전에 Galilei에게 새로운 과학적인 발견을 하라고 독려했다.
⑤ 재판을 받으며, Galilei는 Copernicus의 이론에 대한 그의 지지를 철회하는 것을 확고하게 거절했다.

「Galileo Galilei는 오랫동안 우주의 본질에 대한 Copernicus의 이론에 사로잡혀 있었고, 그것을 지지하는 책을 출판할 계획이었다. 그러나 그의 계획은 1624년 그러한 책을 출판해서는 안 된다는 교황의 금지명령으로 인해 바뀌었다. 비록 출판은 지연되었지만 Galilei는 마침내 1632년 책을 출판하였다. 그 책은 극단적인 논란거리가 되었기 때문에 즉각적으로 성공했다. 교회의 명령을 명백히 위반하면서 Galilei는 Copernicus의 이론을 옹호했다. 당연히 교황은 노하였으며 Galilei는 로마로 소환되어 재판을 받게 되었다. 그는 교회의 가르침에 반하여 Copernicus의 이론을 지지한 것으로 판결받았다. 그는 철회할 것을 명령받았고 그래서 그의 의사에 반하여 그렇게 했다.」

Answer ↪ 25.① 26.④ 27.③

28 문맥상 다음의 문장이 들어가기에 적합한 곳은?

> Like most other human scientific feats, however, it threatens social and industrial relations.

> ① The decoding of the human genome is a phenomenal development. ② It is a transcendental discovery in humanity's effort to improve miserable health conditions caused by pollution, wars and poverty. ③ It has the potential to throw people out of work and shake up families. ④ Effective laws must be passed to guard against converting this scientific feat into a tool of racism. ⑤

 scientific : 과학의, 과학적인, 정확한, 숙련된 feat : 위업, 공훈, 묘기, 재주 threaten : 위협하다, ~할 우려가 있다 phenomenal : 자연 현상의, 인지할 수 있는, 놀랄 만한, 경이적인 transcendental : 선험적인, 초월적인, 탁월한, 우월한 miserable : 불쌍한, 비참한, 고약한 poverty : 빈곤, 가난, 결핍

「인간게놈의 해독은 놀랄 만한 사건이다. 그것은 오염, 전쟁, 그리고 빈곤에 의해 야기된 비참한 보건상태의 증진을 위한 인간의 노력에 있어서 탁월한 발견이다. (그러나 다른 인간의 과학적인 위업과 같이 사회적, 산업적 관계를 위협할 수 있다) 그것은 사람들을 실직시키고 가족을 개편할 잠재성을 가지고 있다. 이러한 과학적인 위업이 인종차별의 도구로 전환되는 것을 막기 위해 효과적인 법이 통과되어야 한다.」

29 Choose the part which should be corrected or rewritten in order for the sentence to be grammatical.

> Many students assume ⓐthat textbook writers restrict themselves to fact avoid ⓑto present opinions. Although ⓒthat may be true for some science texts, ⓓit's not true for textbooks in general, particularly ⓔin the areas of psychology, history, and government.

① ⓐ   ② ⓑ

③ ⓒ   ④ ⓓ

⑤ ⓔ

 restrict : 제한하다, 한정하다.
ⓑ에서 avoid는 목적어로 동명사구를 취한다. to present opinions → presenting opinions
「많은 학생들이 교과서의 저자들이 사실만으로 제한하고 자신의 의견을 피한다고 생각한다. 비록 어떤 과학교재들의 경우 사실일 수 있지만, 일반적으로, 특히 심리학, 역사, 정치 분야에서는 사실이 아니다.」

30 다음 대화의 밑줄 부분에 들어갈 말로 가장 알맞은 것은?

> A : Are you getting along well with the new manager?
> B : Sure. He is competent and modest. How about you?
> A : Can't complain. I think the would of him.
> B : _____

① It's luck to have him with us.

② I'll ask him to reconsider.

③ I'm sorry you didn't like him.

④ I can't make it even.

⑤ It's important to think ahead.

> competent : 유능한, 능력이 있는, 충분한   modest : 겸손한, 신중한, 정숙한, 적당한
> ② 나는 그에게 재고해달라고 부탁할 것이다.
> ③ 당신이 그를 좋아하지 않다니 유감입니다.
> ④ 나는 평평하게 할 수가 없습니다.
> ⑤ 앞을 생각하는 것은 중요합니다.
> 「A : 당신은 새로운 관리자와 잘 지내고 있습니까?
> B : 그렇습니다. 그는 능력 있고 겸손합니다. 당신은 어떻습니까?
> A : 불평할 것이 없습니다. 나는 그를 매우 좋아합니다.
> B : 우리가 그와 함께 일하게 된 것은 행운입니다.」

Answer⌐→ 28.③ 29.② 30.①

31 다음 밑줄 친 부분에 가장 적당한 것은?

> Totalitarianism champions the idea that everyone should be subservient to the state. All personal goals and desires should be thrown aside unless they coincide with the common good of society. Freedom for the individual is _____ so that the level of freedom for all can be raised.

① sacrificed
② rewarded
③ advocated
④ expounded
⑤ respected

 totalitarianism : 전체주의 subservient : (~에) 보조적인, 도움이 되는 coincide : 동시에 일어나다, 일치하다
① 희생, 산 제물을 바침, 희생물을 바치다
② 보상하다, 보수
③ 옹호하다, 주장하다, 창도자
④ 상세히 설명하다, 해설하다, 해설자
⑤ 존경, 존중하다
「전체주의는 모든 사람이 국가에 복종해야 한다는 생각을 옹호한다. 모든 개인적인 목표와 욕망은 사회의 공동 선과 일치하지 않는다면 버려야한다. 개인의 자유는 희생되어 모두의 자유의 수준이 향상되도록 해야 한다.」

32 다음 중 어법상 옳지 않은 것은?

> ①Since the poets and philosophers discovered the unconscious ②before him, ③that Freud discovered was the scientific method ④by which the unconscious can ⑤be studied.

 unconscious : 모르는, 알아채지 못하는, 의식을 잃은, 무의식의
③ discover는 타동사로 목적격 관계대명사가 필요하며, 문장에서 선행사가 없으므로 선행사를 포함하고 있는 what으로 고쳐야 한다.
「시인과 철학자들이 프로이드 전에 무의식을 발견한 이래로 프로이드가 발견한 것은 무의식을 연구하는 과학적인 방법이었다.」

33 다음 중 밑줄 친 부분의 단어와 의미가 가장 유사한 것은?

> He reached the age when he can act <u>with impunity</u>.

① with pleasure

② with composure

③ definitely

④ with confidence

⑤ without punishment

 with impunity : 벌을 받지 않고, 무난히   leisure : 자유시간, 틈, 여가 composure : 침착, 평정
① 기꺼이   ② 침착하게   ③ 명확히, 한정적으로   ④ 자신을 갖고
「그는 벌을 받지 않고 행동할 수 있는 나이에 도달했다.」

34 다음 중 해석이 옳지 않은 것은?

① give me the green light : 정식으로 허가하다.

② the black sheep : 애물단지

③ red herrings : 관심을 딴 데로 돌리게 하는 것들

④ be in his black books : 그에게 큰 빚을 지고 있다.

⑤ has a green thumb : 원예의 재능이 있다.

 ④ be in person's black books : ～의 미움(주목)을 받고 있다

Answer ⟶ 31.① 32.③ 33.⑤ 34.④

35 다음 밑줄 부분에 들어갈 말이 순서대로 바르게 짝지어진 것은?

> We all know that a little bit of stress can be a good thing, as it can motivate a person to take action. A lot of stress, though, can seriously affect one's mental and physical health and can prevent a person ___ⓐ___. Many people know that a job, schoolwork, or lifestyle can cause negative stress levels to increase dramatically, but very few are aware that certain kinds of food and drink, ___ⓑ___, can lead to higher levels of stress.

① doing things effectively - if it consumed regular
② doing things effectively - if consuming regularly
③ from doing things effectively - if consumed regularly
④ from doing things effectively - if it consuming regular
⑤ from doing things effective - if it consuming regular

 motivate : ~에게 동기를 주다   dramatically : 극적으로
ⓐ에서 prevent는 금지동사로 from을 써야 한다. ⓑ는 접속사 if로 시작하는 분사구문으로 certain kinds of food and drink가 주어와 동사로 생략되었으며 부사로 분사 consumed 를 수식해야 한다.
「우리 모두 약간의 스트레스는 사람들에게 행동을 취하게 하는 동기를 주는 좋은 것이라고 알고 있다. 그러나 많은 스트레스는 심각하게 사람의 정신과 육체적 건강을 해치게 하고 사람들이 효과적인 일을 하는 것을 방해한다. 많은 사람들은 일, 학교숙제 또는 생활이 부정적인 스트레스를 급격하게 증가시 킨다는 것을 알지만 매우 적은 사람들만이 정기적으로 섭취하는 특정 음식과 음료가 스트레스를 증가 시킨다는 것을 알고 있다.」

▌36~37▐ 밑줄 친 부분에 공통으로 들어갈 것으로 문맥상 가장 적절한 것을 고르시오.

36 A few years ago, a(n) _____ researcher at the University of Washington named Adam Drewnowski ventured into the supermarket to solve a mystery. He wanted to figure out why it is that the most reliable predictor of _____ in America today is a person's wealth. For most of history, after all, the poor have typically suffered from a shortage of calories, not a surfeit. So how is it that today the people with the least amount of money to spend on food are the ones most likely to be overweight?

① nourishment   ② undergrowth

③ pennilessness   ④ starvation

⑤ obesity

 venture : 모험, 모험적 사업 shortage : 부족, 결핍, 결점 surfeit : 폭식, 과도, 포만
① 자양물, 음식, 양식 ② 덤불, 발육 불충분 ③ 무일푼, 빈털터리 ④ 기아, 아사 ⑤ 비만, 비대

「몇 년 전, 워싱턴 대학의 Adam Drewnowski라는 비만 연구가는 미스터리를 풀기 위해서 모험적으로 슈퍼마켓으로 들어갔다. 그는 오늘날 미국에서 비만을 가장 신뢰성 있게 예측하는 척도가 왜 사람들의 부인지 이해하기를 원했다. 어쨌든 대부분의 역사에서 가난한 사람들은 대체로 칼로리의 과다가 아니라 칼로리의 결핍을 겪어왔다. 어째서 오늘날 음식에 소비할 돈이 가장 적은 사람들이 과체중이 될 가능성이 큰가?」

37 In August 1914 Great Britain, with 29 capital ships ready and 13 under construction, and Germany, with 18 and 9, were the two great rival sea powers. Neither of them at first wanted a direct _____ : the British were chiefly concerned with the protection of their trade routes ; the Germans hoped that and submarine attacks would gradually destroy Great Britain's numerical superiority, so that _____ could eventually take place on equal terms.

① bisection   ② confrontation

③ conclusion   ④ reconciliation

⑤ compromise

 capital : 자본의, 가장 중요한, 수도의 chiefly : 주로, 대개, 우두머리의 numerical : 수의, 절대값의 superiority : 우월, 탁월, 우세
① 2등분 ② 대면, 대결 ③ 결말, 결론 ④ 화해, 조정, 조화 ⑤ 타협, 화해, 양보

「1914년 8월에 29척의 주력함이 준비되어 있었고, 13척은 건조 중이었던 영국과 18척의 주력함이 준비되어 있고, 9척을 건조 중이던 독일은 강력한 경쟁관계에 있는 양대 해상 강국이었다. 두 나라 중 어느 쪽도 직접적인 대결을 원하지 않았다. 영국인들은 주로 그들의 무역로를 보호하는데 관심이 있었고, 독일은 그러한 대결이 동등한 상황하에서 발생할 수 있도록 점차적으로 영국의 수적인 우세를 수뢰와 잠수함의 공격으로 파괴하기를 희망했다.」

Answer → 35.③ 36.⑤ 37.②

38 다음 중 문법적으로 옳지 않은 것은?

> Moreover, lawmakers have so many other issues to ① deal during the remainder of the 20-day inspection. Foremost among them are deteriorating economic conditions, ② ranging from slowing growth and the ③ worsening job market to property bubbles and wilting entrepreneurship. Lawmakers would ④ earn our praise if they drew public attention to those ⑤ pressing issues and present alternatives to failing government policies.

 inspection : 정밀검사, 시찰, 감찰   deteriorate : 나쁘게 하다, 악화시키다, 나빠지다
entrepreneurship : 기업가정신
① deal → deal with
「게다가, 국회의원은 20일 동안의 감찰의 나머지 기간 중에 다루어야 할 많은 다른 안건이 있다. 우선 그들 중에는, 느린 성장과 악화된 취업시장에서부터 부동산의 거품과 약해진 기업가 정신에 이르기까지 악화된 경제적 상황이 있다. 국회의원들은 만약 그들이 문제점을 부각시키고 정부의 정책의 실패에 대한 대안을 제시하여 대중의 주의를 끌 수 있다면 우리의 칭찬을 얻을 수 있다.」

39 다음 중 괄호 안에 들어갈 말로 적절한 것은?

> I wish Paul and Ted would forget about their old quarrel. It's time they (   ) and became friend again.

① turned up trumps
② flew of the handle
③ buried the hatchet
④ grew on trees
⑤ broke the ice

 quarrel : 말다툼, 싸움, 불화   hatchet : 전투용 도끼
① 순조롭게 잘 되어가다. 예상 외로 잘 되어가다.
② 이성을 잃다.
③ 화해하다.
④ 쉽게 얻어지다.
⑤ 좌중에서 처음으로 입을 떼다. 긴장을 풀게 하다.
「나는 Paul과 Ted가 그들의 해묵은 싸움을 잊기를 바란다. 그들이 (화해하고) 다시 친구가 될 시점이다.」

40 다음 중 문법적으로 옳지 않은 것은?

ⓐ On the day of surgery, ⓑ a few minutes before my wife went into the operating room, a physician's assistant demanded that ⓒ she signed a consent form for the surgery she did not want. ⓓ When she refused, the anesthesiologist ⓔ threatened to cancel the operation.

① ⓐ   ② ⓑ

③ ⓒ   ④ ⓓ

⑤ ⓔ

 surgery : 외과, 외과수술　　consent : 동의하다, 승낙하다　　anesthesiologist : 마취의사
threaten : 위협하다
ⓒ 문장 앞의 demand는 당위성, 필요성을 나타내는 동사로 that절에서 'should+동사원형'을 사용하거나 should가 생략된 동사원형을 사용해야 한다. she signed→she sign(or should sign)
「수술하는 날 나의 아내가 수술실에 들어가기 몇 분 전에 외과의사의 보조자가 그녀가 원하지 않던 수술 동의서에 서명해야 한다고 요구했다. 그녀가 거절하자 그 마취의사는 그 수술을 취소하겠다고 위협했다.」

PART

IV

면접

01 면접의 기본

1 면접 준비

(1) 면접의 기본 원칙

① **면접의 의미** … 면접이란 다양한 면접기법을 활용하여 지원한 직무에 필요한 능력을 지원자가 보유하고 있는지를 확인하는 절차라고 할 수 있다. 즉, 지원자의 입장에서는 채용 직무수행에 필요한 요건들과 관련하여 자신의 환경, 경험, 관심사, 성취 등에 대해 기업에 직접 어필할 수 있는 기회를 제공받는 것이며, 기업의 입장에서는 서류전형만으로 알 수 없는 지원자에 대한 정보를 직접적으로 수집하고 평가하는 것이다.

② **면접의 특징** … 면접은 기업의 입장에서 서류전형이나 필기전형에서 드러나지 않는 지원자의 능력이나 성향을 볼 수 있는 기회로, 면대면으로 이루어지며 즉흥적인 질문들이 포함될 수 있기 때문에 지원자가 완벽하게 준비하기 어려운 부분이 있다. 하지만 지원자 입장에서도 서류전형이나 필기전형에서 모두 보여주지 못한 자신의 능력 등을 기업의 인사담당자에게 어필할 수 있는 추가적인 기회가 될 수도 있다.

[서류·필기전형과 차별화되는 면접의 특징]

- 직무수행과 관련된 다양한 지원자 행동에 대한 관찰이 가능하다.
- 면접관이 알고자 하는 정보를 심층적으로 파악할 수 있다.
- 서류상의 미비한 사항과 의심스러운 부분을 확인할 수 있다.
- 커뮤니케이션 능력, 대인관계 능력 등 행동·언어적 정보도 얻을 수 있다.

③ **면접의 유형**

    ⊙ **구조화 면접** : 구조화 면접은 사전에 계획을 세워 질문의 내용과 방법, 지원자의 답변 유형에 따른 추가 질문과 그에 대한 평가 역량이 정해져 있는 면접 방식으로 표준화 면접이라고도 한다.

       - 표준화된 질문이나 평가요소가 면접 전 확정되며, 지원자는 편성된 조나 면접관에 영향을 받지 않고 동일한 질문과 시간을 부여받을 수 있다.

- 조직 또는 직무별로 주요하게 도출된 역량을 기반으로 평가요소가 구성되어, 조직 또는 직무에서 필요한 역량을 가진 지원자를 선발할 수 있다.
- 표준화된 형식을 사용하는 특성 때문에 비구조화 면접에 비해 신뢰성과 타당성, 객관성이 높다.

ⓛ 비구조화 면접 : 비구조화 면접은 면접 계획을 세울 때 면접 목적만을 명시하고 내용이나 방법은 면접관에게 전적으로 일임하는 방식으로 비표준화 면접이라고도 한다.
- 표준화된 질문이나 평가요소 없이 면접이 진행되며, 편성된 조나 면접관에 따라 지원자에게 주어지는 질문이나 시간이 다르다.
- 면접관의 주관적인 판단에 따라 평가가 이루어져 평가 오류가 빈번히 일어난다.
- 상황 대처나 언변이 뛰어난 지원자에게 유리한 면접이 될 수 있다.

④ 경쟁력 있는 면접 요령
ㄱ 면접 전에 준비하고 유념할 사항
- 예상 질문과 답변을 미리 작성한다.
- 작성한 내용을 문장으로 외우지 않고 키워드로 기억한다.
- 지원한 회사의 최근 기사를 검색하여 기억한다.
- 지원한 회사가 속한 산업군의 최근 기사를 검색하여 기억한다.
- 면접 전 1주일간 이슈가 되는 뉴스를 기억하고 자신의 생각을 반영하여 정리한다.
- 찬반토론에 대비한 주제를 목록으로 정리하여 자신의 논리를 내세운 예상답변을 작성한다.

ㄴ 면접장에서 유념할 사항
- 질문의 의도 파악 : 답변을 할 때에는 질문 의도를 파악하고 그에 충실한 답변이 될 수 있도록 질문사항을 유념해야 한다. 많은 지원자가 하는 실수 중 하나로 답변을 하는 도중 자기 말에 심취되어 질문의 의도와 다른 답변을 하거나 자신이 알고 있는 지식만을 나열하는 경우가 있는데, 이럴 경우 의사소통능력이 부족한 사람으로 인식될 수 있으므로 주의하도록 한다.
- 답변은 두괄식 : 답변을 할 때에는 두괄식으로 결론을 먼저 말하고 그 이유를 설명하는 것이 좋다. 미괄식으로 답변을 할 경우 용두사미의 답변이 될 가능성이 높으며, 결론을 이끌어 내는 과정에서 논리성이 결여될 우려가 있다. 또한 면접관이 결론을 듣기 전에 말을 끊고 다른 질문을 추가하는 예상치 못한 상황이 발생될 수 있으므로 답변은 자신이 전달하고자 하는 바를 먼저 밝히고 그에 대한 설명을 하는 것이 좋다.

- 지원한 회사의 기업정신과 인재상을 기억 : 답변을 할 때에는 회사가 원하는 인재라는 인상을 심어주기 위해 지원한 회사의 기업정신과 인재상 등을 염두에 두고 답변을 하는 것이 좋다. 모든 회사에 해당되는 두루뭉술한 답변보다는 지원한 회사에 맞는 맞춤형 답변을 하는 것이 좋다.
- 나보다는 회사와 사회적 관점에서 답변 : 답변을 할 때에는 자기중심적인 관점을 피하고 좀 더 넓은 시각으로 회사와 국가, 사회적 입장까지 고려하는 인재임을 어필하는 것이 좋다. 자기중심적 시각을 바탕으로 자신의 출세만을 위해 회사에 입사하려는 인상을 심어줄 경우 면접에서 불이익을 받을 가능성이 높다.
- 난처한 질문은 정직한 답변 : 난처한 질문에 답변을 해야 할 때에는 피하기보다는 정면돌파로 정직하고 솔직하게 답변하는 것이 좋다. 난처한 부분을 감추고 드러내지 않으려 회피하려는 지원자의 모습은 인사담당자에게 입사 후에도 비슷한 상황에 처했을 때 회피할 수도 있다는 우려를 심어줄 수 있다. 따라서 직장생활에 있어 중요한 덕목 중 하나인 정직을 바탕으로 솔직하게 답변을 하도록 한다.

(2) 면접의 종류 및 준비 전략

① 인성면접

㉠ 면접 방식 및 판단기준
- 면접 방식 : 인성면접은 면접관이 가지고 있는 개인적 면접 노하우나 관심사에 의해 질문을 실시한다. 주로 입사지원서나 자기소개서의 내용을 토대로 지원동기, 과거의 경험, 미래 포부 등을 이야기하도록 하는 방식이다.
- 판단기준 : 면접관의 개인적 가치관과 경험, 해당 역량의 수준, 경험의 구체성·진실성 등

㉡ 특징 : 인성면접은 그 방식으로 인해 역량과 무관한 질문들이 많고 지원자에게 주어지는 면접질문, 시간 등이 다를 수 있다. 또한 입사지원서나 자기소개서의 내용을 토대로 하기 때문에 지원자별 질문이 달라질 수 있다.

ⓒ 예시 문항 및 준비전략

• 예시 문항

> • 3분 동안 자기소개를 해 보십시오.
> • 자신의 장점과 단점을 말해 보십시오.
> • 학점이 좋지 않은데 그 이유가 무엇입니까?
> • 최근에 인상 깊게 읽은 책은 무엇입니까?
> • 회사를 선택할 때 중요시하는 것은 무엇입니까?
> • 일과 개인생활 중 어느 쪽을 중시합니까?
> • 10년 후 자신은 어떤 모습일 것이라고 생각합니까?
> • 휴학 기간 동안에는 무엇을 했습니까?

• 준비전략 : 인성면접은 입사지원서나 자기소개서의 내용을 바탕으로 하는 경우가 많으므로 자신이 작성한 입사지원서와 자기소개서의 내용을 충분히 숙지하도록 한다. 또한 최근 사회적으로 이슈가 되고 있는 뉴스에 대한 견해를 묻거나 시사상식 등에 대한 질문을 받을 수 있으므로 이에 대한 대비도 필요하다. 자칫 부담스러워 보이지 않는 질문으로 가볍게 대답하지 않도록 주의하고 모든 질문에 입사 의지를 담아 성실하게 답변하는 것이 중요하다.

② **발표면접**

ⓐ **면접 방식 및 판단기준**

• 면접 방식 : 지원자가 특정 주제와 관련된 자료를 검토하고 그에 대한 자신의 생각을 면접관 앞에서 주어진 시간 동안 발표하고 추가 질의를 받는 방식으로 진행된다.

• 판단기준 : 지원자의 사고력, 논리력, 문제해결력 등

ⓑ **특징** : 발표면접은 지원자에게 과제를 부여한 후, 과제를 수행하는 과정과 결과를 관찰·평가한다. 따라서 과제수행 결과뿐 아니라 수행과정에서의 행동을 모두 평가할 수 있다.

ⓒ 예시 문항 및 준비전략

• 예시 문항

[신입사원 조기 이직 문제]

※ 지원자는 아래에 제시된 자료를 검토한 뒤, 신입사원 조기 이직의 원인을 크게 3가지로 정리하고 이에 대한 구체적인 개선안을 도출하여 발표해 주시기 바랍니다.

※ 본 과제에 정해진 정답은 없으나 논리적 근거를 들어 개선안을 작성해 주십시오.

- A기업은 동종업계 유사기업들과 비교해 볼 때, 비교적 높은 재무안정성을 유지하고 있으며 업무강도가 그리 높지 않은 것으로 외부에 알려져 있음.
- 최근 조사결과, 동종업계 유사기업들과 연봉을 비교해 보았을 때 연봉 수준도 그리 나쁘지 않은 편이라는 것이 확인되었음.
- 그러나 지난 3년간 1~2년차 직원들의 이직률이 계속해서 증가하고 있는 추세이며, 경영진 회의에서 최우선 해결과제 중 하나로 거론되었음.
- 이에 따라 인사팀에서 현재 1~2년차 사원들을 대상으로 개선되어야 하는 A기업의 조직문화에 대한 설문조사를 실시한 결과, '상명하복식의 의사소통'이 36.7%로 1위를 차지했음.
- 이러한 설문조사와 함께, 신입사원 조기 이직에 대한 원인을 분석한 결과 파랑새 증후군, 셀프홀릭 증후군, 피터팬 증후군 등 3가지로 분류할 수 있었음.

〈동종업계 유사기업들과의 연봉 비교〉　　〈우리 회사 조직문화 중 개선되었으면 하는 것〉

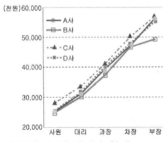 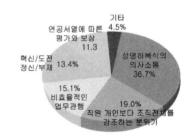

〈신입사원 조기 이직의 원인〉

- 파랑새 증후군
- 현재의 직장보다 더 좋은 직장이 있을 것이라는 막연한 기대감으로 끊임없이 새로운 직장을 탐색함.
- 학력 수준과 맞지 않는 '하향지원', 전공과 적성을 고려하지 않고 일단 취업하고 보자는 '묻지마 지원'이 파랑새 증후군을 초래함.
- 셀프홀릭 증후군
- 본인의 역량에 비해 가치가 낮은 일을 주로 하면서 갈등을 느낌.
- 피터팬 증후군
- 기성세대의 문화를 무조건 수용하기보다는 자유로움과 변화를 추구함.
- 상명하복, 엄격한 규율 등 기성세대가 당연시하는 관행에 거부감을 가지며 직장에 답답함을 느낌.

- 준비전략 : 발표면접의 시작은 과제 안내문과 과제 상황, 과제 자료 등을 정확하게 이해하는 것에서 출발한다. 과제 안내문을 침착하게 읽고 제시된 주제 및 문제와 관련된 상황의 맥락을 파악한 후 과제를 검토한다. 제시된 기사나 그래프 등을 충분히 활용하여 주어진 문제를 해결할 수 있는 해결책이나 대안을 제시하며, 발표를 할 때에는 명확하고 자신 있는 태도로 전달할 수 있도록 한다.

③ 토론면접

　㉠ 면접 방식 및 판단기준

- 면접 방식 : 상호갈등적 요소를 가진 과제 또는 공통의 과제를 해결하는 내용의 토론 과제를 제시하고, 그 과정에서 개인 간의 상호작용 행동을 관찰하는 방식으로 면접이 진행된다.
- 판단기준 : 팀워크, 적극성, 갈등 조정, 의사소통능력, 문제해결능력 등

　㉡ 특징 : 토론을 통해 도출해 낸 최종안의 타당성도 중요하지만, 결론을 도출해 내는 과정에서의 의사소통능력이나 갈등상황에서 의견을 조정하는 능력 등이 중요하게 평가되는 특징이 있다.

　㉢ 예시 문항 및 준비전략

- 예시 문항

> - 군 가산점제 부활에 대한 찬반토론
> - 담뱃값 인상에 대한 찬반토론
> - 비정규직 철폐에 대한 찬반토론
> - 대학의 영어 강의 확대 찬반토론
> - 워크숍 장소 선정을 위한 토론

- 준비전략 : 토론면접은 무엇보다 팀워크와 적극성이 강조된다. 따라서 토론과정에 적극적으로 참여하며 자신의 의사를 분명하게 전달하며, 갈등상황에서 자신의 의견만 내세울 것이 아니라 다른 지원자의 의견을 경청하고 배려하는 모습도 중요하다. 갈등상황을 일목요연하게 정리하여 조정하는 등의 의사소통능력을 발휘하는 것도 좋은 전략이 될 수 있다.

④ 상황면접

　㉠ 면접 방식 및 판단기준

- 면접 방식 : 상황면접은 직무 수행 시 접할 수 있는 상황들을 제시하고, 그러한 상황에서 어떻게 행동할 것인지를 이야기하는 방식으로 진행된다.
- 판단기준 : 해당 상황에 적절한 역량의 구현과 구체적 행동지표

ⓛ 특징 : 실제 직무 수행 시 접할 수 있는 상황들을 제시하므로 입사 이후 지원자의 업무 수행능력을 평가하는 데 적절한 면접 방식이다. 또한 지원자의 가치관, 태도, 사고방식 등의 요소를 통합적으로 평가하는 데 용이하다.

ⓒ 예시 문항 및 준비전략

• 예시 문항

> 당신은 생산관리팀의 팀원으로, 생산팀이 기한에 맞춰 효율적으로 제품을 생산할 수 있도록 관리하는 역할을 맡고 있습니다. 3개월 뒤에 제품A를 정상적으로 출시하기 위해 생산팀의 생산 계획을 수립한 상황입니다. 그러나 원가가 곧 실적으로 이어지는 구매팀에서는 최대한 원가를 줄여 전반적 단가를 낮추려고 원가절감을 위한 제안을 하였으나, 연구개발팀에서는 구매팀이 제안한 방식으로 제품을 생산할 경우 대부분이 구매팀의 실적으로 산정될 것이므로 제대로 확인도 해보지 않은 채 적합하지 않은 방식이라고 판단하고 있습니다. 당신은 어떻게 하겠습니까?

• 준비전략 : 상황면접은 먼저 주어진 상황에서 핵심이 되는 문제가 무엇인지를 파악하는 것에서 시작한다. 주질문과 세부질문을 통하여 질문의 의도를 파악하였다면, 그에 대한 구체적인 행동이나 생각 등에 대해 응답할수록 높은 점수를 얻을 수 있다.

⑤ 역할면접

㉠ 면접 방식 및 판단기준

• 면접 방식 : 역할면접 또는 역할연기 면접은 기업 내 발생 가능한 상황에서 부딪히게 되는 문제와 역할을 가상적으로 설정하여 특정 역할을 맡은 사람과 상호작용하고 문제를 해결해 나가도록 하는 방식으로 진행된다. 역할연기 면접에서는 면접관이 직접 역할연기를 하면서 지원자를 관찰하기도 하지만, 역할연기 수행만 전문적으로 하는 사람을 투입할 수도 있다.

• 판단기준 : 대처능력, 대인관계능력, 의사소통능력 등

ⓛ 특징 : 역할면접은 실제 상황과 유사한 가상 상황에서의 행동을 관찰함으로서 지원자의 성격이나 대처 행동 등을 관찰할 수 있다.

ⓒ 예시 문항 및 준비전략

• 예시 문항

> [금융권 역할면접의 예]
> 당신은 ○○은행의 신입 텔러이다. 사람이 많은 월말 오전 한 할아버지(면접관 또는 역할담당자)께서 ○○은행을 사칭한 보이스피싱으로 500만 원을 피해 보았다며 소란을 일으키고 있다. 실제 업무상황이라고 생각하고 상황에 대처해 보시오.

• 준비전략 : 역할연기 면접에서 측정하는 역량은 주로 갈등의 원인이 되는 문제를 해결하고 제시된 해결방안을 상대방에게 설득하는 것이다. 따라서 갈등해결, 문제해결, 조정·통합, 설득력과 같은 역량이 중요시된다. 또한 갈등을 해결하기 위해서 상대방에 대한 이해도 필수적인 요소이므로 고객 지향을 염두에 두고 상황에 맞게 대처해야 한다. 역할면접에서는 변별력을 높이기 위해 면접관이 압박적인 분위기를 조성하는 경우가 많기 때문에 스트레스 상황에서 불안해하지 않고 유연하게 대처할 수 있도록 시간과 노력을 들여 충분히 연습하는 것이 좋다.

2 면접 이미지 메이킹

(1) 성공적인 이미지 메이킹 포인트

① 복장 및 스타일

㉠ 남성

• 양복 : 양복은 단색으로 하며 넥타이나 셔츠로 포인트를 주는 것이 효과적이다. 짙은 회색이나 감청색이 가장 단정하고 품위 있는 인상을 준다.
• 셔츠 : 흰색이 가장 선호되나 자신의 피부색에 맞추는 것이 좋다. 푸른색이나 베이지색은 산뜻한 느낌을 줄 수 있다. 양복과의 배색도 고려하도록 한다.
• 넥타이 : 의상에 포인트를 줄 수 있는 아이템이지만 너무 화려한 것은 피한다. 지원자의 피부색은 물론, 정장과 셔츠의 색을 고려하며, 체격에 따라 넥타이 폭을 조절하는 것이 좋다.
• 구두 & 양말 : 구두는 검정색이나 짙은 갈색이 어느 양복에나 무난하게 어울리며 깔끔하게 닦아 준비한다. 양말은 정장과 동일한 색상이나 검정색을 착용한다.
• 헤어스타일 : 머리스타일은 단정한 느낌을 주는 짧은 헤어스타일이 좋으며 앞머리가 있다면 이마나 눈썹을 가리지 않는 선에서 정리하는 것이 좋다.

ⓛ 여성

- 의상 : 단정한 스커트 투피스 정장이나 슬랙스 슈트가 무난하다. 블랙이나 그레이, 네이비, 브라운 등 차분해 보이는 색상을 선택하는 것이 좋다.
- 소품 : 구두, 핸드백 등은 같은 계열로 코디하는 것이 좋으며 구두는 너무 화려한 디자인이나 굽이 높은 것을 피한다. 스타킹은 의상과 구두에 맞춰 단정한 것으로 선택한다.
- 액세서리 : 액세서리는 너무 크거나 화려한 것은 좋지 않으며 과하게 많이 하는 것도 좋은 인상을 주지 못한다. 착용하지 않거나 작고 깔끔한 디자인으로 포인트를 주는 정도가 적당하다.
- 메이크업 : 화장은 자연스럽고 밝은 이미지를 표현하는 것이 좋으며 진한 색조는 인상이 강해 보일 수 있으므로 피한다.
- 헤어스타일 : 커트나 단발처럼 짧은 머리는 활동적이면서도 단정한 이미지를 줄 수 있도록 정리한다. 긴 머리의 경우 하나로 묶거나 단정한 머리망으로 정리하는 것이 좋으며, 짙은 염색이나 화려한 웨이브는 피한다.

② 인사

ⓘ 인사의 의미 : 인사는 예의범절의 기본이며 상대방의 마음을 여는 기본적인 행동이라고 할 수 있다. 인사는 처음 만나는 면접관에게 호감을 살 수 있는 가장 쉬운 방법이 될 수 있기도 하지만 제대로 예의를 지키지 않으면 지원자의 인성 전반에 대한 평가로 이어질 수 있으므로 각별히 주의해야 한다.

ⓛ 인사의 핵심 포인트

- 인사말 : 인사말을 할 때에는 밝고 친근감 있는 목소리로 하며, 자신의 이름과 수험번호 등을 간략하게 소개한다.
- 시선 : 인사는 상대방의 눈을 보며 하는 것이 중요하며 너무 빤히 쳐다본다는 느낌이 들지 않도록 주의한다.
- 표정 : 인사는 마음에서 우러나오는 존경이나 반가움을 표현하고 예의를 차리는 것이므로 살짝 미소를 지으며 하는 것이 좋다.
- 자세 : 인사를 할 때에는 가볍게 목만 숙인다거나 흐트러진 상태에서 인사를 하지 않도록 주의하며 절도 있고 확실하게 하는 것이 좋다.

③ 시선처리와 표정, 목소리
  ㉠ **시선처리와 표정** : 표정은 면접에서 지원자의 첫인상을 결정하는 중요한 요소이다. 얼굴 표정은 사람의 감정을 가장 잘 표현할 수 있는 의사소통 도구로 표정 하나로 상대방에게 호감을 주거나, 비호감을 사기도 한다. 호감이 가는 인상의 특징은 부드러운 눈썹, 자연스러운 미간, 적당히 볼록한 광대, 올라간 입 꼬리 등으로 가볍게 미소를 지을 때의 표정과 일치한다. 따라서 면접 중에는 밝은 표정으로 미소를 지어 호감을 형성할 수 있도록 한다. 시선은 면접관과 고르게 맞추되 생기 있는 눈빛을 띄도록 하며, 너무 빤히 쳐다본다는 인상을 주지 않도록 한다.
  ㉡ **목소리** : 면접은 주로 면접관과 지원자의 대화로 이루어지므로 목소리가 미치는 영향이 상당하다. 답변을 할 때에는 부드러우면서도 활기차고 생동감 있는 목소리로 하는 것이 면접관에게 호감을 줄 수 있으며 적당한 제스처가 더해진다면 상승효과를 얻을 수 있다. 그러나 적절한 답변을 하였음에도 불구하고 콧소리나 날카로운 목소리, 자신감 없는 작은 목소리는 답변의 신뢰성을 떨어뜨릴 수 있으므로 주의하도록 한다.

④ 자세
  ㉠ 걷는 자세
   • 면접장에 입실할 때에는 상체를 곧게 유지하고 발끝은 평행이 되게 하며 무릎을 스치듯 11자로 걷는다.
   • 시선은 정면을 향하고 턱은 가볍게 당기며 어깨나 엉덩이가 흔들리지 않도록 주의한다.
   • 발바닥 전체가 닿는 느낌으로 안정감 있게 걸으며 발소리가 나지 않도록 주의한다.
   • 보폭은 어깨넓이만큼이 적당하지만, 스커트를 착용했을 경우 보폭을 줄인다.
   • 걸을 때도 미소를 유지한다.
  ㉡ 서있는 자세
   • 몸 전체를 곧게 펴고 가슴을 자연스럽게 내민 후 등과 어깨에 힘을 주지 않는다.
   • 정면을 바라본 상태에서 턱을 약간 당기고 아랫배에 힘을 주어 당기며 바르게 선다.
   • 양 무릎과 발뒤꿈치는 붙이고 발끝은 11자 또는 V형을 취한다.
   • 남성의 경우 팔을 자연스럽게 내리고 양손을 가볍게 쥐어 바지 옆선에 붙이고, 여성의 경우 공수자세를 유지한다.

ⓒ 앉은 자세

• 남성

> • 의자 깊숙이 앉고 등받이와 등 사이에 주먹 1개 정도의 간격을 두며 기대듯 앉지 않도록 주의한다. (남녀 공통 사항)
> • 무릎 사이에 주먹 2개 정도의 간격을 유지하고 발끝은 11자를 취한다.
> • 시선은 정면을 바라보며 턱은 가볍게 당기고 미소를 짓는다. (남녀 공통 사항)
> • 양손은 가볍게 주먹을 쥐고 무릎 위에 올려놓는다.
> • 앉고 일어날 때에는 자세가 흐트러지지 않도록 주의한다. (남녀 공통 사항)

• 여성

> • 스커트를 입었을 경우 왼손으로 뒤쪽 스커트 자락을 누르고 오른손으로 앞쪽 자락을 누르며 의자에 앉는다.
> • 무릎은 붙이고 발끝을 가지런히 하며, 다리를 왼쪽으로 비스듬히 기울이면 단정해 보이는 효과가 있다.
> • 양손을 모아 무릎 위에 모아 놓으며 스커트를 입었을 경우 스커트 위를 가볍게 누르듯이 올려놓는다.

(2) 면접 예절

① 행동 관련 예절

ⓐ 지각은 절대금물 : 시간을 지키는 것은 예절의 기본이다. 지각을 할 경우 면접에 응시할 수 없거나, 면접 기회가 주어지더라도 불이익을 받을 가능성이 높아진다. 따라서 면접 장소가 결정되면 교통편과 소요시간을 확인하고 가능하다면 사전에 미리 방문해 보는 것도 좋다. 면접 당일에는 서둘러 출발하여 면접 시간 20~30분 전에 도착하여 회사를 둘러보고 환경에 익숙해지는 것도 성공적인 면접을 위한 요령이 될 수 있다.

ⓑ 면접 대기 시간 : 지원자들은 대부분 면접장에서의 행동과 답변 등으로만 평가를 받는다고 생각하지만 그렇지 않다. 면접관이 아닌 면접진행자 역시 대부분 인사실무자이며 면접관이 면접 후 지원자에 대한 평가에 있어 확신을 위해 면접진행자의 의견을 구한다면 면접진행자의 의견이 당락에 영향을 줄 수 있다. 따라서 면접 대기 시간에도 행동과 말을 조심해야 하며, 면접을 마치고 돌아가는 순간까지도 긴장을 늦춰서는 안 된다. 면접 중 압박적인 질문에 답변을 잘 했지만, 면접장을 나와 흐트러진 모습을 보이거나 욕설을 한다면 면접 탈락의 요인이 될 수 있으므로 주의해야 한다.

ⓒ 입실 후 태도 : 본인의 차례가 되어 호명되면 또렷하게 대답하고 들어간다. 만약 면접장 문이 닫혀 있다면 상대에게 소리가 들릴 수 있을 정도로 노크를 두세 번 한 후 대답을 듣고 나서 들어가야 한다. 문을 여닫을 때에는 소리가 나지 않게 조용히 하며 공손한 자세로 인사한 후 성명과 수험번호를 말하고 면접관의 지시에 따라 자리에 앉는다. 이 경우 착석하라는 말이 없는데 먼저 의자에 앉으면 무례한 사람으로 보일 수 있으므로 주의한다. 의자에 앉을 때에는 끝에 앉지 말고 무릎 위에 양손을 가지런히 얹는 것이 예절이라고 할 수 있다.

ⓔ 옷매무새를 자주 고치지 마라. : 일부 지원자의 경우 옷매무새 또는 헤어스타일을 자주 고치거나 확인하기도 하는데 이러한 모습은 과도하게 긴장한 것 같아 보이거나 면접에 집중하지 못하는 것으로 보일 수 있다. 남성 지원자의 경우 넥타이를 자꾸 고쳐 맨다 거나 정장 상의 끝을 너무 자주 만지작거리지 않는다. 여성 지원자는 머리를 계속 쓸 어 올리지 않고, 특히 짧은 치마를 입고서 신경이 쓰여 치마를 끌어 내리는 행동은 좋지 않다.

ⓜ 다리를 떨거나 산만한 시선은 면접 탈락의 지름길 : 자신도 모르게 다리를 떨거나 손가락 을 만지는 등의 행동을 하는 지원자가 있는데, 이는 면접관의 주의를 끌 뿐만 아니라 불안하고 산만한 사람이라는 느낌을 주게 된다. 따라서 가능한 한 바른 자세로 앉아 있는 것이 좋다. 또한 면접관과 시선을 맞추지 못하고 여기저기 둘러보는 듯한 산만한 시선은 지원자가 거짓말을 하고 있다고 여겨지거나 신뢰할 수 없는 사람이라고 생각될 수 있다.

② 답변 관련 예절

ⓝ 면접관이나 다른 지원자와 가치 논쟁을 하지 않는다. : 질문을 받고 답변하는 과정에서 면 접관 또는 다른 지원자의 의견과 다른 의견이 있을 수 있다. 특히 평소 지원자가 관심 이 많은 문제이거나 잘 알고 있는 문제인 경우 자신과 다른 의견에 대해 이의가 있을 수 있다. 하지만 주의할 것은 면접에서 면접관이나 다른 지원자와 가치 논쟁을 할 필 요는 없다는 것이며 오히려 불이익을 당할 수도 있다. 정답이 정해져 있지 않은 경우 에는 가치관이나 성장배경에 따라 문제를 받아들이는 태도에서 답변까지 충분히 차이 가 있을 수 있으므로 굳이 면접관이나 다른 지원자의 가치관을 지적하고 고치려 드는 것은 좋지 않다.

ⓒ 답변은 항상 정직해야 한다. : 면접이라는 것이 아무리 지원자의 장점을 부각시키고 단점을 축소시키는 것이라고 해도 절대로 거짓말을 해서는 안 된다. 거짓말을 하게 되면 지원자는 불안하거나 꺼림칙한 마음이 들게 되어 면접에 집중을 하지 못하게 되고 수많은 지원자를 상대하는 면접관은 그것을 놓치지 않는다. 거짓말은 그 지원자에 대한 신뢰성을 떨어뜨리며 이로 인해 다른 스펙이 아무리 훌륭하다고 해도 채용에서 탈락하게 될 수 있음을 명심하도록 한다.

ⓒ 경력직을 경우 전 직장에 대해 험담하지 않는다. : 지원자가 전 직장에서 무슨 업무를 담당했고 어떤 성과를 올렸는지는 면접관이 관심을 둘 사항일 수 있지만, 이전 직장의 기업문화나 상사들이 어땠는지는 그다지 궁금해 하는 사항이 아니다. 전 직장에 대해 험담을 늘어놓는다든가, 동료와 상사에 대한 악담을 하게 된다면 오히려 지원자에 대한 부정적인 이미지만 심어줄 수 있다. 만약 전 직장에 대한 말을 해야 할 경우가 생긴다면 가능한 한 객관적으로 이야기하는 것이 좋다.

ⓔ 자기 자신이나 배경에 대해 자랑하지 않는다. : 자신의 성취나 부모 형제 등 집안사람들이 사회·경제적으로 어떠한 위치에 있는지에 대한 자랑은 면접관으로 하여금 지원자에 대해 오만한 사람이거나 배경에 의존하려는 나약한 사람이라는 이미지를 갖게 할 수 있다. 따라서 자기 자신이나 배경에 대해 자랑하지 않도록 하고, 자신이 한 일에 대해서 너무 자세하게 얘기하지 않도록 주의해야 한다.

3 면접 질문 및 답변 포인트

(1) 가족 및 대인관계에 관한 질문

① 당신의 가정은 어떤 가정입니까?

면접관들은 지원자의 가정환경과 성장과정을 통해 지원자의 성향을 알고 싶어 이와 같은 질문을 한다. 비록 가정 일과 사회의 일이 완전히 일치하는 것은 아니지만 '가화만사성'이라는 말이 있듯이 가정이 화목해야 사회에서도 화목하게 지낼 수 있기 때문이다. 그러므로 답변 시에는 가족사항을 정확하게 설명하고 집안의 분위기와 특징에 대해 이야기하는 것이 좋다.

② 친구 관계에 대해 말해 보십시오.

지원자의 인간성을 판단하는 질문으로 교우관계를 통해 답변자의 성격과 대인관계능력을 파악할 수 있다. 새로운 환경에 적응을 잘하여 새로운 친구들이 많은 것도 좋지만, 깊고 오래 지속되어온 인간관계를 말하는 것이 더욱 바람직하다.

(2) 성격 및 가치관에 관한 질문

① 당신의 PR포인트를 말해 주십시오.

PR포인트를 말할 때에는 지나치게 겸손한 태도는 좋지 않으며 적극적으로 자기를 주장하는 것이 좋다. 앞으로 입사 후 하게 될 업무와 관련된 자기의 특성을 구체적인 일화를 더하여 이야기하도록 한다.

② 당신의 장·단점을 말해 보십시오.

지원자의 구체적인 장·단점을 알고자 하기 보다는 지원자가 자기 자신에 대해 얼마나 알고 있으며 어느 정도의 객관적인 분석을 하고 있나, 그리고 개선의 노력 등을 시도하는지를 파악하고자 하는 것이다. 따라서 장점을 말할 때는 업무와 관련된 장점을 뒷받침할 수 있는 근거와 함께 제시하며, 단점을 이야기할 때에는 극복을 위한 노력을 반드시 포함해야 한다.

③ 가장 존경하는 사람은 누구입니까?

존경하는 사람을 말하기 위해서는 우선 그 인물에 대해 알아야 한다. 잘 모르는 인물에 대해 존경한다고 말하는 것은 면접관에게 바로 지적당할 수 있으므로, 추상적이라도 좋으니 평소에 존경스럽다고 생각했던 사람에 대해 그 사람의 어떤 점이 좋고 존경스러운지 대답하도록 한다. 또한 자신에게 어떤 영향을 미쳤는지도 언급하면 좋다.

(3) 학교생활에 관한 질문

① 지금까지의 학교생활 중 가장 기억에 남는 일은 무엇입니까?

가급적 직장생활에 도움이 되는 경험을 이야기하는 것이 좋다. 또한 경험만을 간단하게 말하지 말고 그 경험을 통해서 얻을 수 있었던 교훈 등을 예시와 함께 이야기하는 것이 좋으나 너무 상투적인 답변이 되지 않도록 주의해야 한다.

② 성적은 좋은 편이었습니까?

면접관은 이미 서류심사를 통해 지원자의 성적을 알고 있다. 그럼에도 불구하고 이 질문을 하는 것은 지원자가 성적에 대해서 어떻게 인식하느냐를 알고자 하는 것이다. 성적이 나빴던 이유에 대해서 변명하려 하지 말고 담백하게 받아드리고 그것에 대한 개선노력을 했음을 밝히는 것이 적절하다.

③ 학창시절에 시위나 집회 등에 참여한 경험이 있습니까?

기업에서는 노사분규를 기업의 사활이 걸린 중대한 문제로 인식하고 거시적인 차원에서 접근한다. 이러한 기업문화를 제대로 인식하지 못하여 학창시절의 시위나 집회 참여 경험을 자랑스럽게 답변할 경우 감점요인이 되거나 심지어는 탈락할 수 있다는 사실에 주의한다. 시위나 집회에 참가한 경험을 말할 때에는 타당성과 정도에 유의하여 답변해야 한다.

(4) 지원동기 및 직업의식에 관한 질문

① 왜 우리 회사를 지원했습니까?

이 질문은 어느 회사나 가장 먼저 물어보고 싶은 것으로 지원자들은 기업의 이념, 대표의 경영능력, 재무구조, 복리후생 등 외적인 부분을 설명하는 경우가 많다. 이러한 답변도 적절하지만 지원 회사의 주력 상품에 관한 소비자의 인지도, 경쟁사 제품과의 시장점유율을 비교하면서 입사동기를 설명한다면 상당히 주목 받을 수 있을 것이다.

② 만약 이번 채용에 불합격하면 어떻게 하겠습니까?

불합격할 것을 가정하고 회사에 응시하는 지원자는 거의 없을 것이다. 이는 지원자를 궁지로 몰아넣고 어떻게 대응하는지를 살펴보며 입사 의지를 알아보려고 하는 것이다. 이 질문은 너무 깊이 들어가지 말고 침착하게 답변하는 것이 좋다.

③ 당신이 생각하는 바람직한 사원상은 무엇입니까?

직장인으로서 또는 조직의 일원으로서의 자세를 묻는 질문으로 지원하는 회사에서 어떤 인재상을 요구하는 가를 알아두는 것이 좋으며, 평소에 자신의 생각을 미리 정리해 두어 당황하지 않도록 한다.

④ 직무상의 적성과 보수의 많음 중 어느 것을 택하겠습니까?

이런 질문에서 회사 측에서 원하는 답변은 당연히 직무상의 적성에 비중을 둔다는 것이다. 그러나 적성만을 너무 강조하다 보면 오히려 솔직하지 못하다는 인상을 줄 수 있으므로 어느 한 쪽을 너무 강조하거나 경시하는 태도는 바람직하지 못하다.

⑤ 상사와 의견이 다를 때 어떻게 하겠습니까?

과거와 다르게 최근에는 상사의 명령에 무조건 따르겠다는 수동적인 자세는 바람직하지 않다. 회사에서는 때에 따라 자신이 판단하고 행동할 수 있는 직원을 원하기 때문이다. 그러나 지나치게 자신의 의견만을 고집한다면 이는 팀원 간의 불화를 야기할 수 있으며 팀 체제에 악영향을 미칠 수 있으므로 선호하지 않는다는 것에 유념하여 답해야 한다.

⑥ 근무지가 지방인데 근무가 가능합니까?

근무지가 지방 중에서도 특정 지역은 되고 다른 지역은 안 된다는 답변은 바람직하지 않다. 직장에서는 순환 근무라는 것이 있으므로 처음에 지방에서 근무를 시작했다고 해서 계속 지방에만 있는 것은 아님을 유의하고 답변하도록 한다.

(5) 여가 활용에 관한 질문 – 취미가 무엇입니까?

기초적인 질문이지만 특별한 취미가 없는 지원자의 경우 대답이 애매할 수밖에 없다. 그래서 가장 많이 대답하게 되는 것이 독서, 영화감상, 혹은 음악감상 등과 같은 흔한 취미를 말하게 되는데 이런 취미는 면접관의 주의를 끌기 어려우며 설사 정말 위와 같은 취미를 가지고 있다하더라도 제대로 답변하기는 힘든 것이 사실이다. 가능하면 독특한 취미를 말하는 것이 좋으며 이제 막 시작한 것이라도 열의를 가지고 있음을 설명할 수 있으면 그것을 취미로 답변하는 것도 좋다.

(6) 지원자를 당황하게 하는 질문

① 성적이 좋지 않은데 이 정도의 성적으로 우리 회사에 입사할 수 있다고 생각합니까?

비록 자신의 성적이 좋지 않더라도 이미 서류심사에 통과하여 면접에 참여하였다면 기업에서는 지원자의 성적보다 성적 이외의 요소, 즉 성격·열정 등을 높이 평가했다는 것이라고 할 수 있다. 그러나 이런 질문을 받게 되면 지원자는 당황할 수 있으나 주눅 들지 말고 침착하게 대처하는 면모를 보인다면 더 좋은 인상을 남길 수 있다.

② 우리 회사 회장님 함자를 알고 있습니까?

회장이나 사장의 이름을 조사하는 것은 면접일을 통고받았을 때 이미 사전 조사되었어야 하는 사항이다. 단답형으로 이름만 말하기보다는 그 기업에 입사를 희망하는 지원자의 입장에서 답변하는 것이 좋다.

③ 당신은 이 회사에 적합하지 않은 것 같군요.

이 질문은 지원자의 입장에서 상당히 곤혹스러울 수밖에 없다. 질문을 듣는 순간 그렇다면 면접은 왜 참가시킨 것인가 하는 생각이 들 수도 있다. 하지만 당황하거나 흥분하지 말고 침착하게 자신의 어떤 면이 회사에 적당하지 않는지 겸손하게 물어보고 지적당한 부분에 대해서 고치겠다는 의지를 보인다면 오히려 자신의 능력을 어필할 수 있는 기회로 사용할 수도 있다.

④ 다시 공부할 계획이 있습니까?

이 질문은 지원자가 합격하여 직장을 다니다가 공부를 더 하기 위해 회사를 그만 두거나 학습에 더 관심을 두어 일에 대한 능률이 저하될 것을 우려하여 묻는 것이다. 이때에는 당연히 학습보다는 일을 강조해야 하며, 업무 수행에 필요한 학습이라면 업무에 지장이 없는 범위에서 야간학교를 다니거나 회사에서 제공하는 연수 프로그램 등을 활용하겠다고 답변하는 것이 적당하다.

⑤ 지원한 분야가 전공한 분야와 다른데 여기 일을 할 수 있겠습니까?

수험생의 입장에서 본다면 지원한 분야와 전공이 다르지만 서류전형과 필기전형에 합격하여 면접을 보게 된 경우라고 할 수 있다. 이는 결국 해당 회사의 채용 방침상 전공에 크게 영향을 받지 않는다는 것이므로 무엇보다 자신이 전공하지는 않았지만 어떤 업무도 적극적으로 임할 수 있다는 자신감과 능동적인 자세를 보여주도록 노력하는 것이 좋다.

02 면접기출

1 한국산업인력공단 면접기출

① 자기소개

② 지원동기

③ 입사 후 하고 싶은 업무

④ 공단의 외부환경 위협요인과 이를 극복하기 위한 방안

⑤ 우리 공단의 경쟁관계에 있다고 생각되는 조직은?

⑥ 국민이 우리 공단에 요구하는 역할

⑦ 국민이 공직자에게 요구하는 역할

⑧ 직무지식, 역량, 태도 중 가장 중요하다고 생각하는 것과 그 이유

⑨ 직업기초능력 중 가장 중요하다고 생각하는 것과 그 이유

⑩ 우리 공단의 주요 사업 중 가장 관심 있는 사업

⑪ 워크숍 담당자에게 가장 중요한 자질은 무엇이며 그 이유

⑫ 지금껏 했던 경험 중 우리 공단에 도움이 될 만한 경험

⑬ 일요일에 출근을 해야 한다면?

⑭ 공문서를 효율적으로 정리할 수 있는 자신만의 방법이 있다면?

⑮ 취업준비를 위한 정보를 쉽게 검색하는 자신만의 방법이 있다면?

⑯ 외부 행사 업무 종료 후 임대한 장소의 기물이 파손된 사실이 확인되었을 때 어떻게 처리할 것인가?

⑰ 최근 발생한 보안 관련 이슈를 하나 선정하여 어떤 문제점이 있었는지 설명

⑱ 자격시험 접수 고객에게서 특정 브라우저에서 자격시험 접수가 되지 않는다고 항의 전화가 왔을 때 어떻게 대처할 것인가?

⑲ 고등학생을 대상으로 '능력중심구현'을 설명한다면?

⑳ 마지막으로 하고 싶은 말

2 공기업 면접기출

① 상사가 부정한 일로 자신의 이득을 취하고 있다. 이를 인지하게 되었을 때 자신이라면 어떻게 행동할 것인가?

② 본인이 했던 일 중 가장 창의적이었다고 생각하는 경험에 대해 말해보시오.

③ 직장 생활 중 적성에 맞지 않는다고 느낀다면 다른 일을 찾을 것인가? 아니면 참고 견뎌내겠는가?

④ 자신만의 특별한 취미가 있는가? 그것을 업무에서 활용할 수 있다고 생각하는가?

⑤ 면접을 보러 가는 길인데 신호등이 빨간불이다. 시간이 매우 촉박한 상황인데, 무단횡단을 할 것인가?

⑥ 원하는 직무에 배치 받지 못할 경우 어떻게 행동할 것인가?

⑦ 상사와 종교·정치에 대한 대화를 하던 중 본인의 생각과 크게 다른 경우 어떻게 하겠는가?

⑧ 타인과 차별화 될 수 있는 자신만의 장점 및 역량은 무엇인가?

⑨ 자격증을 한 번에 몰아서 취득했는데 힘들지 않았는가?

⑩ 오늘 경제신문 첫 면의 기사에 대해 브리핑 해보시오.

⑪ 무상급식 전국실시에 대한 본인의 의견을 말하시오.

⑫ 공기업인·공무원이 갖추어야 하는 덕목을 말해보시오.

⑬ 외국인 노동자와 비정규직에 대한 자신의 의견을 말해보시오.

⑭ 장래에 자녀를 낳는다면 주말 계획은 자녀와 자신 중 어느 쪽에 맞춰서 할 것인가?

⑮ 공사 진행과 관련하여 민원인과의 마찰이 생기면 어떻게 대응하겠는가?

⑯ 직장 상사가 나보다 다섯 살 이상 어리면 어떤 기분이 들겠는가?

⑰ 현재 심각한 취업난인 반면 중소기업은 인력이 부족하다는데 어떻게 생각하는가?

⑱ 지방이나 오지 근무에 대해서 어떻게 생각하는가?

⑲ 상사에게 부당한 지시를 받으면 어떻게 행동하겠는가?

⑳ 최근 주의 깊게 본 시사 이슈는 무엇인가?

3 최근 면접기출

① 시급한 일과 중요한 일이 겹친다면 지원자는 어떻게 할 것인가?

② 오늘 아침 식사를 했는가? 어떤 메뉴였는가?

③ FTA 득실에 관해서 토론해 보시오

④ 전공이 업종과 맞지 않은데, 지원한 이유는 무엇인가?

⑤ 지원자 자신을 채용해야 하는 이유를 말해보시오

⑥ 지원자 자신만의 경쟁력을 말해보시오

⑦ 당사 업종에서 중요한 점은 무엇이며, 이를 위해 필요로 하는 능력은 무엇인가?

⑧ 당사가 어떠한 사업을 하고 있는지 알고 있는가?

⑨ 성형수술에 대한 찬반토론을 해 보시오

⑩ 양심적 병역거부에 대한 찬반토론을 해 보시오

서원각과 함께

꿈의 날개를

펴라

한국전력공사

국가철도공단

한국지역난방공사

한국보훈복지의료공단